Gavin Slade

·

Reorganizing Crime

Mafia and Anti-Mafia in Post-Soviet Georgia

Oxford

University Press

2013

Гэвин Слейд

·

Реорганизованная преступность

Мафия и антимафия в постсоветской Грузии

Academic Studies Press

Библиороссика

Бостон / Санкт-Петербург

2021

УДК 343.9
ББК 67.51
С47

Перевод с английского Михаила Тарасова

Серийное оформление и оформление обложки Ивана Граве

Слейд Г.

С47   Реорганизованная преступность. Мафия и антимафия в постсоветской Грузии / Гэвин Слейд ; [пер. с англ. М. Тарасова]. — Санкт-Петербург : Academic Studies Press / Библиороссика, 2021. — 303 с. : ил. — (Серия «Современная западная русистика» = «Contemporary Western Rusistika»).

ISBN 978-1-6446975-8-0 (Academic Studies Press)
ISBN 978-5-6045354-7-9 (Библиороссика)

Правительства разных стран по всему миру борются с организованной преступностью. Грузия представляет собой особый интерес в этом отношении: государство смогло провести мощную кампанию по борьбе с мафией. В своем анализе ситуации Г. Слейд уделяет большое внимание как стратегиям государства и правоохранительных органов, так и пониманию динамики криминального мира Грузии. Привлечение данных полицейских досье, архивных материалов и многочисленных интервью придают книге особую ценность.

УДК 343.9
ББК 67.51

ISBN 978-1-6446975-8-0
ISBN 978-5-6045354-7-9

Предисловие главного редактора серии *Clarendon Studies In Criminology*

Предназначение книжной серии «Кларендонские исследования в области криминологии» (*Clarendon Studies in Criminology*) — обеспечить публикацию знаковых теоретических и эмпирических работ по всем аспектам криминологии и уголовного правосудия в их широком понимании. Редакторы с воодушевлением принимают к публикации труды состоявшихся ученых, а также талантливые кандидатские диссертации. Начало серии, первым главным редактором которой стал Роджер Худ, было положено в 1994 году в результате переговоров между издательством Оксфордского университета и тремя криминологическими центрами: Кембриджским институтом криминологии, Мангеймским центром криминологии Лондонской школы экономики и Центром криминологии Оксфордского университета. Под эгидой этих центров — каждый из них делегирует членов редколлегии и, в порядке очередности, редактора серии — она издается и сейчас.

Книга «Реорганизованная преступность: мафия и антимафия в постсоветской Грузии» Гэвина Слейда — желанное и весьма самобытное пополнение нашей серии. Это исследование организованной преступности (а точнее, мафии, известной как «воры в законе») в Грузии, преимущественно после распада Советского Союза. Как объясняет доктор Слейд, словосочетание «в законе» имеет значение «связанные кодексом», а именно воровским кодексом чести, также известным как «понятия». В книге анализируется первоначальное укрепление этой преступной сети в первые постсоветские годы, однако особое внимание уделяется пониманию причин ее упадка и фактического исчезновения после «революции роз» 2003 года, которая положила начало согласованной кампании, направленной против организованной преступности и коррупции. Как получилось, что к 2012 году Грузия превратилась из типичной постсоветской республики, охваченной организованной преступностью, в страну, в которой нет места для людей мафии? Анализируя это в убедительном повествовании, включающем в себя множество ярких, красочных историй о ворах в законе, автор предполагает, что успех стратегии борьбы с преступностью был обеспечен комбинацией как внешнего давления со стороны реформированных полиции, прокуратуры и судов, так и подорвавших устойчивость организованного преступного братства внутренних факторов, таких как упадок доверия к нему и понижение его статуса. И то, и другое связано с более масштабными процессами в политической экономике Грузии, в частности с заботой нового правительства о снижении коррупции и обеспечении (часто с большими социальными издержками) физической безопасности граждан с целью создания привлекающих внутренние инвестиции условий.

Книга Гэвина Слейда оригинальна и ценна как пример исследования в области, в которую трудно проникнуть. Свои языковые навыки и личные контакты он использовал для того, чтобы ознакомиться с массой оригинальных данных, таких как полицейские досье, судебные дела и архивные документы — а также провести пятьдесят одно интервью с целым рядом респондентов, включая полицейских и судебных чиновников, а также информаторов за пределами системы уголовного правосудия. Но книга важна еще и тем, что имеет значение для анализа организованной преступности в более общем плане. Она особенно примечательна в качестве редкой, хотя и вполне применимой «истории успеха», предлагающей стратегии, которые могут принести пользу, поскольку демонстрируют в устойчивости преступных сетей уязвимые точки.

В то же время, указывая на способные благоприятствовать преступности слабые места в системе мер уголовного правосудия в социально-экономическом контексте, она предостерегает от чрезмерного оптимизма.

> Важно не делать слишком поспешные выводы, не проявлять самонадеянность, объявляя конец воров в законе в этой стране, не исключать возможность появления альтернативных мафий в разных обличьях. Правительство Михаила Саакашвили изначально нажило большой политический капитал благодаря своему противостоянию коррупции, борьбе с мафией и войне с преступностью, однако безработица, бедность и неравенство все еще остаются на чрезвычайно высоком уровне... С отсутствием жизненных перспектив во многих районах страны и тысячами людей, проходящих через тюрьмы, нельзя уверенно сказать, не обратятся ли некоторые люди, как только политика нулевой терпимости будет ослаблена, снова к преступности как к средству выживания, возможно, взяв за образец старый шаблон воровского мира, чтобы руководствоваться им в своих действиях.

Книга Гэвина Слейда является значительным вкладом в литературу, посвященную организованной преступности и возможному ее контролю, а также постсоветской преступности и уголовному правосудию в области, едва ли охваченной исследованиями. Мы рады возможности опубликовать ее в серии *Кларендонские исследования в области криминологии*.

Роберт Райнер
Лондонская школа экономики
октябрь 2013 года

Благодарности

Идею этой книги помогла мне сформулировать в 2006 году Лела Чахая. Это было в Тбилиси. Я также в огромном долгу перед семьей Мачарашвили, в доме которой я жил во время моих продолжительных исследований. Эта книга, возможно, никогда не была бы завершена без них. В Кутаиси меня приютила и заботилась обо мне семья Иоселиани. Мне очень помогли знания Георгия Глонти, Гиви Лобжанидзе и Лаши Брегвадзе. Большую помощь оказала мне организация Penal Reform International в Тбилиси: спасибо Майе Хасии, Эке Якобишвили, Цире Чантурии и Раиту Куузе. Морета Бобохидзе, Мари Габедава и Нана Лобджанидзе также активно содействовали мне в ходе исследования.

Спасибо Александру Купатадзе и Вахтангу Кекошвили, которые разделили мой исследовательский интерес к криминальному миру Грузии. За уделенное мне время и щедрую помощь я также хотел бы поблагодарить Ираклия Котетишвили, Хиору Тактакишвили, Шоту Утиашвили и Гию Сирадзе. Мое пребывание в качестве иностранного научного сотрудника в Caucasus Research Resource Center в Тбилиси в течение всего 2011 года оказалось чрезвычайно плодотворным. Спасибо за это Кобе Турманидзе и Гансу Гутброду. Я также благодарен Тимоти Блаувельту за советы по работе с архивами. И Элу Уотту и Уильяму Данбару за хорошую компанию в Тбилиси.

В Оксфорде, Великобритания, где я написал и защитил диссертацию, которая легла в основу этой книги, мне помогали Ян Лоудер, Федерико Варезе, Мэри Босуорт, Джудит Паллот, Лаура Пьячентини и Диего Гамбетта. Огромное спасибо Лие Чокошвили из Оксфордского языкового центра за долгие часы судейства в моем почти проигранном поединке с грузинской глагольной системой.

В Торонто, Канада, где я заканчивал эту книгу, мне очень помогли Мэтью Лайт, Мариана Вальверде, Питер Соломон и Анна Долидзе. Тобиас Акерлунд, Кристофер Берглунд и Паоло Кампана прочитали черновики отдельных глав книги и предоставили отзывы перед отправкой ее в издательство. Неоценимую помощь при подготовке русского перевода мне оказала Мира Аубакирова — я очень ей благодарен.

Мое исследование было поддержано стипендией Совета экономических и социальных исследований Великобритании, работа над английской версией книги стала возможна благодаря стипендии для постдокторантских исследований, финансируемой правительством Канады. Русский перевод этой книги был поддержан грантом социальной политики Назарбаев Университета, Казахстан.

Проведению исследований и написанию книги очень способствовала поддержка Андриани Фили. Моя сестра энтомолог Элеонора Слейд познакомила меня с биологическими и экологическими идеями, которые также нашли отражение в этой книге. Наконец, я выражаю благодарность моим родителям, Элисон и Виктору, которые воспитали во мне приверженность идее, что каждый должен иметь возможность получать образование; они возбудили во мне любопытство и привили любовь к получению знаний. Эта книга посвящена им.

1

Грузия: жизнь «по понятиям»

В январе 2012 года на окраине города Афины (Греция) полиция арестовала человека, разыскиваемого за множество преступлений в Испании, Франции, России и Грузии. Эти преступления включали в себя покушение на убийство, создание вооруженной группы, вымогательство, отмывание денег и, наконец, членство в мафиозном сообществе. Арестованного звали Лаша Шушанашвили. Лаша родился в грузинском городе Рустави, отсюда и его кличка — Лаша Руставский. Важно отметить, что Лаша считался правой рукой недавно убитого руководителя тбилисской организованной преступной группировки Аслана Усояна, также известного как Дед Хасан[1]. Тбилисская группировка действовала большей частью в российской столице, городе Москве, и состояла в основном из грузинских экспатриантов, приехавших из столицы Грузии города Тбилиси и его окрестностей. Более того, у Лаши был особый, элитный криминальный статус большого босса, именуемого по-грузински *каноньери курди*, то есть «вор в законе», и живущего по особому кодексу чести, называемому «понятия»[2].

---

[1]   Дед Хасан был застрелен снайпером в Москве в январе 2013 года в связи с конфликтом его группировки с другими группами грузинского и азербайджанского происхождения [Roth 2013]. Конфликт, приведший к смерти Хасана, рассматривается в главе 5.

[2]   В оригинале используется английский термин «thief-in-law», прямой перевод с русского «вор в законе», что означает «связанный законом», то есть кодексом чести воров, известным как «понятия». [Serio, Razinkin 1994] предлага-

Он был возведен в ранг вора в законе в 1979 году во время отбытия шестимесячного тюремного заключения. Обладание этим статусом делает его признанным членом изначально советского, но пережившего распад Советского Союза преступного братства, существующего с 1930-х годов.

После ареста ему грозила экстрадиция из Греции в любую из вышеупомянутых стран. Сами греки обвинили его в подделке документов. Однако больше всего Лаша не хотел, чтобы его высылали на родину. По сообщениям прессы, «на допросе Шушунашвили неожиданно заявил, что готов отсидеть срок где угодно, кроме Грузии» [Грузия Online 2012]. На первый взгляд это кажется удивительным. После распада в 1991 году Советского Союза Грузия, небольшая горная республика с населением 4,4 миллиона человек, расположенная к югу от России между Черным и Каспийским морями, считалась одной из самых коррумпированных и криминогенных республик постсоветского пространства. Государственные институты были слабы, и им недоставало правового обеспечения; экономическая и социальная жизнь большей части населения Грузии протекала вне рамок законности. На фоне слабости центрального правительства особенно высок был статус полевых командиров и преступников. Подобные Лаше воры в законе были романтизированы и воспринимались как честные и несгибаемые люди, гибрид советского узника ГУЛАГа, известного как *блатной*, и кавказского преступника-горца, известного как «*абрек*»[3]. Именно в них видели тех, кто осуществ-

---

ют перевод «thieves professing the code» («воры, исповедующие кодекс»), хотя этот вариант довольно громоздкий. В Грузии используется грузинское выражение «канонери курди», что опять же является непосредственной калькой с русского. Автор предпочитает использовать английский термин «thief-in-law» для простоты и в связи с его широким использованием в настоящее время в посвященных соответствующим преступникам англоязычных публикациях. В конце книги приводится глоссарий с некоторыми ключевыми терминами.

[3] Понятие «*абрек*» на Кавказе воспринимается очень эмоционально. Подобно «социальному бандиту» Хобсбаума [Hobsbawm 1971], борющемуся за справедливость, хоть и рассматриваемому государством в качестве преступника, *абреки*, особенно в XIX веке, были преступниками, связанными с сопротив-

ляет неформальное управление, арбитраж и принудительное исполнение приговоров.

В течение многих лет для людей вроде Лаши Грузия была подлинной вотчиной. Тем не менее, как признал он сам, к 2012 году из образцовой постсоветской республики, в которой царит организованная преступность, Грузия превратилась в страну, совсем не подходящую для боссов преступного мира. Что же изменилось? На этот вопрос отвечает данная книга. Говоря коротко, она посвящена изменчивой устойчивости преступных групп и успеху государственных мер, направленных на снижение влияния организованной преступности. Если об организованной преступности в России написано много, книг, посвященных остальному постсоветскому пространству, весьма мало[4]. Тем не менее настоящая работа не является очередным повествованием об организованной преступности, просто перенесенным в нерусскую, но все же постсоветскую, обстановку[5]. Цель, как я объясню далее в этой главе и в главе 2, скорее, состоит в том, чтобы объяснить, как и почему организованные преступные группы могут (или не могут) противостоять натиску государства. При этом рассматриваются как государственная политика, так и динамика адаптации самих этих групп к меняющимся социально-экономическим условиям. В постсоветском пространстве Грузия является важным для изучения примером: ни одна другая республика бывшего СССР не проводила такой прямой антимафиозной политики, как эта страна в 2005 году, и не заявляла о таких успе-

---

лением имперскому правлению. Хотя само слово, возможно, имеет осетинское происхождение [Ботяков 2004], образ *абрека* стал широко распространен в Чечне и других республиках и автономных областях северного и южного Кавказа. В Грузии абреки также являются популярными фигурами и героями большого количества литературных произведений.

[4] Несмотря на это см. [Kupatadze 2012], автора превосходного сравнительного анализа организованной преступности в Грузии, Украине и Кыргызстане с точки зрения государствоведения.

[5] В частности, о России см. [Гуров 1995; Williams 1997; Shelley 1999; Varese 2001; Galeotti 2002; Volkov 2002; Oleinik 2003; Satter 2004; Serio 2008]. Книга опирается на лучшие из источников, в частности на Гурова, Варезе и Волкова.

хах в борьбе с организованной преступностью. Как в указанном пространстве, так и за его пределами опыт Грузии можно рассматривать для демонстрации того, как организованные преступные группы становятся уязвимыми и как относительно бедная страна, погрязшая, казалось бы, в проблемах, связанных с организованной преступностью, занимается ими, что приносит обществу как положительный, так и отрицательный результат.

Особое внимание в книге уделяется постепенной адаптации воров в законе к новым грузинским социально-экономическим реалиям постсоветского периода и помехам, которые эта адаптация создает государственным усилиям по борьбе с мафией. В ней также рассматриваются направленные против мафии законы и проводящаяся начиная с 2005 года политика. В сущности, книга рассказывает о том, как мафия и государство прошли через имевший место в Грузии после распада Советского Союза процесс «реорганизации» преступности, во многих смыслах этого слова. В следующей ниже вводной главе излагается краткая история Грузии и воров в законе с момента обретения этой страной в 1991 году независимости. Устойчивость указанной преступной группы, пережившей огромные изменения в социально-экономическом и политическом ландшафте последних лет, делает ее начавшееся в 2005 году движение к утрате своего влияния в Грузии еще более любопытным.

Независимость Грузии и слабость ее государственности

Грузия провозгласила свою независимость от Советского Союза в апреле 1991 года[6]. Грузинам было не впервой добиваться свободы от колониального господства. Зажатая между империями Грузия на протяжении веков сталкивалась с нашествиями монголов, персов, османов и русских, сохраняя тем не менее

---

[6] Грузия была захвачена и покорена Советским Союзом в 1921 году. До этого, в 1918 году, она провозгласила независимость от России, создав недолговечную Демократическую Республику Грузия.

уникальный язык[7] и яростную, древнюю приверженность христианству и Грузинской православной церкви[8]. После получения независимости в 1991 году страна, однако, покатилась по пути насилия, упадка и обнищания, поскольку с отделившимися автономными регионами Южной Осетией и Абхазией вспыхнули конфликты и, сначала в Тбилиси (декабрь 1991 — январь 1992), а затем в Западной Грузии (1993) разыгралась гражданская война. К середине 1990-х годов Грузия превратилось в ослабевшее государство — правительство не контролировало значительные территории, поступление налогов с населения прекратилось, а государственный бюрократический аппарат был коррумпирован и деморализован.

В это время люди по всей стране стали вооружаться. Часто это были этнические ополченцы, связанные с сепаратистской борьбой. Им противостояли национальные грузинские группы, включавшие сформированную в 1989 году организацию *Мхедриони* (в переводе с грузинского «Всадники») и Национальную гвардию. Обе группы были основаны и управлялись прошедшими через тюрьмы преступниками и, укомплектованными недисциплинированными рекрутами, быстро отделились о твластных структур и занялись корыстной и вымогательской деятельностью. Эти группы входили в коалицию, силой свергнувшую в декабре 1991 года первого президента независимой Грузии Звиада Гамсахурдиа. В условиях вакуума власти Эдуард Шеварднадзе, бывший первый секретарь ЦК КП Грузинской ССР (1972–1985) и советский министр иностранных дел в правительстве М. С. Горбачева,

---

[7] Грузинский язык не родственен индоевропейским и семитским языкам и является основным языком картвельской языковой семьи, не имеющей родственных языков за пределами Кавказского региона, хотя попытки связать грузинский язык с баскским и древним шумерским языками предпринимались.

[8] Грузия была одной из первых стран в мире, принявших христианство. Подавляющее большинство грузин (около 90 % по данным переписи 2002 года) являются православными, хотя наличествует небольшой процент других конфессий и малочисленное мусульманское население, сконцентрированное в Аджарии, регионе, граничащим с Турцией.

был снова приглашен в Грузию и в 1992 году начал снова руководить страной.

Присутствие Шеварднадзе придало Грузии международный авторитет. Он приступил к созданию конституционной основы государства. А к 1995 году кооптировал такие внеправовые военизированные формирования, как *Мхедриони*, в государственные структуры и договорился о временном прекращении на территории Грузии вооруженных конфликтов. Шеварднадзе находился у власти в 1992–2003 годах. В течение этого времени его положение нередко было шатким. Правительство в Тбилиси утратило контроль над территорией страны, управляло одним из самых коррумпированных государств мира [Transparency International 2003][9] и имело в своем распоряжении минимальный бюджет.

Шеварднадзе оставался зависимым от неформальных договоренностей между центром и региональными лидерами, предоставляя им относительную автономию в обмен на лояльность режиму [Stefes 2006]. Грузины, народ, известный в советское время тесными социальными связями и культурой неформальной взаимопомощи, обращались к неформальным защитникам и помощникам в разрешении споров, что помогало налаживать жизнь.

В этом отношении конкурентное преимущество имела одна группа действующих лиц — воры в законе. С отступлением государства эти люди становились все более заметными. Профессиональные преступники, они имели в грузинском социуме тщательно культивируемую и основанную на мифологизированном прошлом репутацию почетных нарушителей закона. Среди всех советских республик Грузия была крупнейшим поставщиком воров в законе. После распада Советского Союза эта сомнительная честь сохранилась. По состоянию на 2004 год из примерно 1000 воров в законе на постсоветском пространстве 350 были выходцами из Грузии, что для страны, население которой состав-

---

[9] В 2003 году Индекс восприятия коррупции, публикуемый «Трансперенси Интернешнл», поставил Грузию на 124-е место из 133 государств в мире с результатом 1,8 балла из 10.

ляло 2 % всего советского населения ([Глонти, Лобжанидзе 2004: 34]; см. также [Калинин 2001; Утицин 2006; Воросбин 2006; Данилкин 2006])[10] является крайне непропорциональным числом.

В 1990-е годы воры в законе действовали в Грузии безнаказанно, внедряясь в легальную экономику и поддерживая своих покровителей в грузинском парламенте. Временами они казались более могущественными, чем правительство. Как утверждают, в июне 2003 года, председательствуя на заседании правительства в Тбилиси, Шеварднадзе признал: «воры в законе съели страну». При этом в марте 1992 года он сам был приглашен в Грузию известным вором в законе Джабой Иоселиани, который в то время входил в свергнувший президента Гамсахурдиа [Wheatley 2005; Zurcher 2006; Areshidze 2007] правящий триумвират. Вышеприведенными словами Шеварднадзе отреагировал на известие о том, что один из известных воров в законе Тариэл Ониани сыграл важную роль в освобождении трех сотрудников Организации Объединенных Наций, взятых в заложники в Кодорском ущелье в Западной Грузии. Полномочный представитель Шеварднадзе в этом ущелье Эмзар Квициани с гордостью сообщил прессе о своих связях с ворами в законе и примененных методах спасения заложников [Devdariani 2003]. Действительно, Квициани был знаком с криминальным миром, поскольку его племянник Бачо Аргвлиани являлся инициированным вором в законе, и, используя неуправляемую полувоенную организацию *Монадире* («Охотник»), якобы подчиненную Министерству обороны Грузии [Edilashvili 2006], они вместе преследовали собственные цели на границе с отколовшимся регионом Абхазией.

Ко времени этого похищения недовольство правлением Шеварднадзе выросло, в особенности из-за ошеломляющей кор-

---

[10] Напрашивается очевидный вопрос: учитывая, что воры в законе в принципе могли быть выходцами из всех национальностей и уголков советского, а затем и постсоветского региона, почему именно Грузия произвела их так много? На этот вопрос нет простого ответа. Я приведу основные пункты объяснения выдающегося положения Грузии (и отдельных ее регионов) в производстве воров в законе в заключительной части работы и коснусь этой темы в главах 3, 5 и 6.

рупции в стране и отсутствия функционирующего государственного бюджета. В ноябре 2003 года спорные результаты парламентских выборов вызвали массовые протесты, приведшие к мирному свержению Шеварднадзе. Этот захват власти стал известен как «революция роз»[11]. В результате молодой юрист и бывший министр юстиции Михаил Саакашвили и его партия «Единое национальное движение» (ЕНД) на относительно свободных и справедливых выборах [OSCE 2004a; OSCE 2004b] в 2004 году на волне популярности вошли в правительство.

Несмотря на то что реформы были зачастую спорными, они отличались быстрыми темпами, масштабностью и сумели преобразить Грузию. Их суть заключалась в возрождении монополии государства на насилие на всей контролируемой им территории. Местным лидерам был брошен вызов, и центральное правительство одержало верх. Полиция и тюрьмы были массово очищены от коррумпированных чиновников, а 17 тысяч сотрудников Министерства внутренних дел были уволены и заменены новыми людьми [Kupatadze et al. 2007]. Ввиду возросшей нагрузки на суды были введены в юридическую практику соглашения о признании вины, были также построены новые тюрьмы и введен принцип нулевой терпимости ко всем преступлениям, в результате чего число заключенных в период с 2003 по 2010 год подскочило на 300 % [Slade 2012a].

В этом контексте организованная преступность стала главной мишенью нового правительства. В 2005 году была развернута кампания по борьбе с мафией. Ее главной мишенью были воры

---

[11] «Революция роз» была одной из так называемых «цветных революций», которые произошли в середине 2000-х годов на постсоветском пространстве. К ним относятся «оранжевая революция» на Украине (2004) и «тюльпановая революция» в Кыргызстане (2005). Эти революции имели некоторые общие черты. Все они использовали молодежные группы, которые в той или иной степени самоорганизовались по образцу движения «Отпор», сыгравшего значительную роль в успешном свержении Слободана Милошевича в Сербии в 2000 году. Все цветные революции возникли как мирные уличные протестные движения после спорных выборов. Они требовали политических перемен, прекращения политической коррупции и получали прямую и косвенную поддержку Запада.

в законе. Развернутая в соответствии с сицилийским опытом, эта кампания имела три направления атаки. Во-первых, в законодательство были внесены изменения, которые криминализировали саму принадлежность к преступным сообществам, известным как *курдули самкаро*, или «воровской мир», а также обладание статусом вора в законе. Новые законы позволяли конфискацию имущества, приобретенного незаконным путем. Уголовный кодекс был изменен так, чтобы выделить для содержания воров в законе специальную тюрьму вдали от других заключенных при исключительно суровом режиме. Во-вторых, как уже упоминалось, пенитенциарная система и полиция были очищены от коррумпированных элементов, которые ранее вступали в сговор с ворами в законе. Этим был ликвидирован буфер покровительства, который в прошлом защищал воров в законе от действий государства. В-третьих, несколько позже на низовом уровне была начата программа гражданского просвещения, которая способствовала «правовой социализации» и объясняла негативные последствия организованной преступности.

Кампания, несомненно, была успешной. К июню 2006 года генеральный прокурор сообщил, что в Грузии не осталось ни одного не сидящего в тюрьме вора в законе [Лента 2006]. К 2007 году только 7 % респондентов в национальном опросе избирателей сообщили о положительном отношении к ворам в законе [International Republican Institute 2007]. В недавнем репрезентативном исследовании преступности, проведенном Грузинским международным центром общественного мнения и маркетинга [GORBI 2010], 70 % респондентов заявили, что авторитет воров значительно снизился; 10 % — что он несколько снизился; а 6 % — что он был потерян. Индекс организованной преступности Всемирного экономического форума (World Economic Forum's Organized Crime Index), показав заметные улучшения в период с 2004 по 2006 год [Kupatadze 2012: 10][12], подтверждает прогресс Грузии.

---

[12] Показатели верховенства права в Грузии, измеренные Всемирным банком, также значительно улучшились, опять же см. [Kupatadze 2012].

Конечно, это не означает, что вся организованная преступность, более широкая категория, определяемая как долговременные преступные действия, совершаемые с участием многочисленных координируемых субъектов, пытающихся монополизировать торговлю каким-либо незаконным продуктом или услугой с использованием насилия или угрозы насилия [Schelling 1984; Varese 2010], была в Грузии полностью ликвидирована. Организованная преступная деятельность, такая как торговля наркотиками, организованная проституция, незаконные игорные синдикаты и контрабандная перевозка людей, все еще имеет место. Однако есть некоторые свидетельства того, что с началом борьбы с ворами в законе число таких случаев значительно уменьшилось. Хотя трудно судить об уровне организованной преступности конкретно, последние исследования в этой области показывают, что уровень виктимизации среди жителей Грузии значительно снизился и достиг уровня, существовавшего до 1991 года, более низкого, чем во многих частях Западной Европы, а чувство безопасности значительно усилилось. Респонденты неизменно объясняли это двумя взаимосвязанными реформами: полицейской реформой и политикой борьбы с мафией [GORBI 2010].

Существует целый ряд причин, по которым в грузинском контексте борьба с ворами в законе должна была предшествовать общему ослаблению организованной преступности. Во-первых, воры в законе и их сообщники не только часто действовали в сфере организованной преступности, такой как незаконный оборот наркотиков или отмывание денег, но и, будучи мафией[13], обеспечивали дополнительные функции управления — защиту и арбитраж — в преступном мире, что делало возможной координацию между преступниками и, следовательно, способствовало организованной преступности. В сущности, воры в законе создали трест, необходимый для функционирования преступного мира. Во-вторых, правила и иерархия «воровского мира» были ориентиром для большей части криминального бизнеса

---

[13] Рассмотрение того, как я использую этот термин, см. в главе 2.

в Грузии. Именно из-за этого политика борьбы с мафией предусматривала забрасывание широкой сети, вылавливающей людей, которые, лично имея с ворами в законе очень мало общего, вели организованную преступную деятельность в условиях «воровского мира», тем самым подвергая себя риску сурового наказания в соответствии с новыми законами.

Таким образом, политика борьбы с мафией играет важную роль в объяснении более общих тенденций к повышению уровня безопасности, снижению уровня виктимизации и сокращению организованной преступности в отличающемся высоким уровнем насилия регионе мира. Важно подчеркнуть значение государства и его политических установок, включающих в себя использование как наилучших международных практик в форме копирования передовой политики и перенимания опыта, так и наихудшей местной практики в виде нарушений прав человека и существования карательного и жестокого режима. Посвященная этому дискуссия рассматривается в главе 4. Однако нам еще предстоит поинтересоваться, почему сам воровской мир не смог противостоять государству. Как показано в главе 2, устойчивость организованных силовых групп к государственному давлению во всем мире весьма неодинакова. Как же объяснить такую вариативность?

Вопрос устойчивости

Последствия политики борьбы с ворами в законе чувствуются в Грузии очень остро. Успешный на первый взгляд результат и победа государства вызывают недоумение по целому ряду причин. Во-первых, непонятно, почему эта политика практически не встречала устойчивого сопротивления — по сравнению, например, с реакцией сицилийской мафии, которая убивала судей и проводила кампанию террора, когда государство выступило против нее в 1992 году [Jamieson 2000; Schneider, Schneider 2003][14].

---

[14] Тем не менее в главе 4 рассматриваются возможные акты сопротивления, имевшие место в Грузии.

Во-вторых, результат тем более загадочен, поскольку за свою долгую историю воры в законе уже пережили множество внешних ударов. Что же изменилось на этот раз, если вообще что-то изменилось? В-третьих, как мы можем объяснить все эти успехи, учитывая, что до «революции роз» проблема организованной преступности на постсоветском пространстве и в Грузии в частности рассматривалась как неразрешимая и считалась естественной особенностью культуры, а также социально-экономического ландшафта в этой части мира? Ответы на эти вопросы имеют значение за пределами Грузии, как в ближайшем регионе, так и вообще в странах, где организованную преступность якобы невозможно искоренить. Они также явно имеют отношение к общему исследованию организованной преступности и политике борьбы с ней.

Вот кажущийся очевидным ответ: политика борьбы с мафией, проводимая грузинским правительством, была настолько широкомасштабной и жесткой, что фактически эту мафию уничтожила. Однако это слишком упрощенная точка зрения, что и продемонстрировано в данной книге. Отдавая должное политике грузинских властей, она рассмотрит загадку того, что случилось с ворами в законе в Грузии, с другой точки зрения — с точки зрения самих преступников. Вопрос, на который эта книга ищет ответ, таков: почему мафия в Грузии не смогла дать отпор, когда государство бросило ей вызов? Этот вопрос можно более специфично сформулировать следующим образом: *как объяснить низкий уровень устойчивости имеющих авторитетный криминальный статус вора в законе лиц к антимафиозной политике в Грузии, проводившейся с 2005 года?*

Для того чтобы показать, как воры в законе стали уязвимы для государственного давления, исследование будет опираться на теорию устойчивости к экзогенным шокам. Главный аргумент в этом случае будет состоять в том, что организованная преступность далеко не всегда получает удовольствие от вакуума власти. Так что в условиях неопределенности, высокого риска и нестабильности в Грузии после обретения независимости, под влиянием новых социально-экономических условий эффективность действий местной мафии снизилась, криминальная составляющая ее структуры оказалась неспособна к адаптации. Таким образом, как только в 2005 году в Грузии началась кампания по борьбе с мафией, воры в законе оказались дезорганизованными, крайне уязвимыми и неспособными оказать какое-либо скоординированное или устойчивое сопротивление. Данное тематическое исследование дополняет литературу, посвященную устойчивости преступных сетей и пониманию организованной преступности и политики борьбы с ней в бывшем Советском Союзе.

Книга включает шесть основных (3–8) глав, в которых анализируются переменные, влияющие на уязвимость и устойчивость организованных преступных групп применительно к ворам в законе. До перехода к ним следующая глава коснется более глубокой истории воров в законе до 1991 года. В ней также приводится краткое рассмотрение теории упадка мафиозных организаций и их устойчивости, которая служит основой остальной части книги. Эта глава также содержит примечание, посвященное используемым в книге методологии и источникам.

2

Устойчивость и упадок мафиозных организаций

Воры в законе появились несколько десятилетий тому назад, скорее всего, в 1930-е годы. С тех пор произошли огромные потрясения и глубокие социальные преобразования. В 1950-е и 1980-е годы воры в законе были объектами целенаправленной политики. В период с 1930-х по 1980-е годы и вновь в 1990-е годы в социально-экономических условиях произошли резкие изменения. Учитывая долгую и бурную историю воров в законе, их с полным основанием можно назвать гибкими людьми. Эта устойчивость, по-видимому, была значительно снижена после того, как в 2005 году грузинское государство начало борьбу с ворами в законе — основная задача исследования состоит в том, чтобы объяснить снижение этой устойчивости. Главная цель данной главы — определить и рассмотреть важнейшие концепции книги, дать обзор литературы, посвященной упадку мафиозных организаций, и заложить основу для понимания переменных факторов, связанных с устойчивостью мафии. В этой главе также кратко комментируются источники данных и примененные методы. Сначала, однако, здесь дается очень сжатый обзор истории воров в законе, поскольку она тесно связана с ситуацией в Грузии. Эта история неопровержимо свидетельствует о проверенной способности своих героев противостоять государственному давлению и общественным изменениям.

Очень краткая история советских воров

В марте 2007 года президент Грузии Михаил Саакашвили обратился к парламенту с посланием о положении дел в стране. В 2005 году правительство Грузии ввело в действие политику борьбы с мафией, и теперь, похоже, настало время объявить о победе. Говоря о ворах в законе, Саакашвили заявил:

> Костяк системы криминальных авторитетов сломан ... некоторые из сидящих в этом зале говорили, что парламент маленькой независимой Грузии вряд ли сможет сделать то, что не смог сделать сам Сталин. Я хотел бы сообщить вам сегодня, что ... десятки криминальных авторитетов предстали перед судом и были изолированы от общества [President's Office 2007].

Советского диктатора Иосифа Сталина, являвшегося этническим грузином, Саакашвили упомянул не случайно: воры в законе возникли в трудовых лагерях ГУЛАГа 1930-х годов [Солженицын 1974; Чалидзе 1977; Шаламов 1994; Эпплбаум 2015]. В расширяющейся лагерной системе Советского Союза при Сталине воры в законе составляли преступное братство, возглавлявшее тюремную иерархию. Такие иерархии существовали и до Советского Союза. До революции существовала категория *воров*, но она не была высокой и имела двадцать пять подкатегорий [Oleinik 2003: 64]. По мере того как после революции тюремное общество перестроилось, одна из этих подкатегорий, *урки*, в конечном счете заняла в иерархии первое место. Выражение *вор в законе* стало титулом для тех, кто его получил, достигнув вершины тюремной иерархии, и таким образом были ассимилированы многие аспекты культуры *урок*. Именно в это время, в первые годы ГУЛАГа, возникли основные аспекты так называемого *воровского мира* — социального института иерархий, норм и ритуалов. Эти основные аспекты вкратце описаны ниже.

Слова «в законе» в именовании соответствующих воров служат отсылкой к кодексу чести, также известному как «понятия». Воры должны были придерживаться этого закона, подчиняясь ему так же, как это делают члены монашеского ордена [Tevzadze б.д.]. Наиболее важными положениями этого закона были:

— вор в законе никогда не должен работать, теперь или когда-либо, в тюрьме или за ее пределами;

— вор в законе не должен жениться, заводить семью или поддерживать семейные связи;

— вор в законе не должен сотрудничать с государством ни в какой форме;

— вор в законе должен участвовать в криминальном общем фонде (известном как *общак*) и воровских судах (известных как *сходки*);

— вор в законе должен быть честен с другими ворами;

— вор в законе должен быть предан воровской идее;

— вор в законе должен привлекать новых рекрутов, особенно из числа молодежи;

— вор в законе должен контролировать свою тюрьму и вводить там воровскую юрисдикцию, то есть превращать эту тюрьму в «черную» [Serio, Razinkin 1994; Подлесских, Терешонок 1995; Гуров 1995; Varese 2001; Глонти, Лобжанидзе 2004].

Из этих основных правил вытекало много других, касающихся таких вещей, как игра в карты и поведение с заключенными других рангов[1]. Практики, которые были сформулированы на основе этих правил, были в высшей степени ритуализированы. Братство собирало общие ресурсы, определяло права и обязанности членов друг перед другом, осуществляло взаимный контроль и предоставляло поддержку, охраняло границы своей группы [Гуров 1995; Varese 2001; Volkov 2002; Oleinik 2003; Глонти, Лобжанидзе 2004].

Инициация представляла собой сложную процедуру (см. главу 6), включающую в себя «коронование» кандидата. В Грузии

---

[1] Эти правила касались именно воров в законе и их ближайших помощников. Их не следует путать с более расплывчатыми «кодексами заключенных», которые предусматривают солидарность заключенных и враждебность к тюремной администрации. Они также существовали в ГУЛАГе, как и в тюремных системах по всему миру (см. [Akers 1977]).

эта процедура называется «крещение». Тот, пройдя ее, становился вором в законе, и его ближайшие помощники были известны как *блатные* и являлись главными носителями и распространителями криминальной субкультуры. Представители этой субкультуры были разделены на ранги, именуемые «*масти*», подобно тому, как это сделано в игре в карты. После инициации воры в законе были формально равны по статусу и объединялись друг с другом для рекрутирования и инициирования новых членов, осуществления наказаний, а также «развенчивания», то есть снятия титула вора в законе с тех, кто нарушил воровской кодекс.

Обмен информацией был ключевым элементом расширения воровского мира в тюрьмах, а также стандартизации нормативных рамок и передачи ритуалов из одного места заключения в другое. Свою роль в этом играла и играет до сих пор ритуальная татуировка, а также рассылка своего рода информационного бюллетеня, известного как *малява* или *воровской прогон*. Благодаря такой практике ценности, ранги и правила воровского мира воспроизводились по всем тюрьмам. Индивидуальная репутация и статус были столь же подвижны, как и воровские нормы. Так, работавший в начале 1930-х годов с другими заключенными на Беломорканале Д. С. Лихачев описал «общие "коллективные представления", которые делают поразительно похожими воров различных национальностей» [Лихачев 1935: 56].

Воры в законе тогда, как и сейчас, возглавляли тюремную иерархию и делегировали полномочия тем, кто находился непосредственно под их управлением. Последние известны как *авторитеты*. Воры вымогают деньги у занимающих подчиненное положение заключенных и коллективно объединяют ресурсы в общий фонд, известный как *общак*. Их помощники, именуемые *смотрящие* или, по-грузински, *макурэбэли*, следят за денежными ресурсами воров и блюдут их интересы[2]. Смотрящие — это прямые представители воров в законе. Они могут присматривать за *общаком* в камере или тюрьме, регулировать доступ к нему,

---

[2] По мнению Олейника [Oleinik 2003], это была гораздо более поздняя категория заключенных, появившаяся в позднесоветский период.

оказывать поддержку содержащимся в тюремной больнице, а также контролировать карточные игры.

Смотрящие также руководят деятельностью тех, кому поручено выполнять для воров текущую работу. Такие люди называются *шестерки*, они собирают деньги, другие ресурсы, исполняют наказания, а также устраивают беспорядки, если им дано такое задание. Шестерки обычно входили в более крупную группу тех, кто поддерживал воров и отказывался работать, — таких называли *хорошлаки*, или, по-грузински, *кай бичеби*, то есть члены мафии. Далее следуют многочисленные категории заключенных из низших слоев тюремного общества. Одна из них — так называемые *мужики*, то есть «трудяги». Они не поддерживают воровской закон, выполняют различные работы и часто подвергаются эксплуатации. Ниже *мужиков* стоят *козлы*, заключенные, имеющие дурную репутацию и, возможно, являющиеся осведомителями или сообщниками администрации тюрьмы. На самом дне находятся *опущенные* — пониженные в звании — такие как гомосексуалисты, известные как *петухи*, и педофилы. Они считались самой низкой категорией заключенных, их никто не уважал, и все остальные помыкали ими [Долгова 2003: 355–56; Oleinik 2003; Глонти, Лобжанидзе 2004: 163].

Мириады правил регулировали отношения между различными категориями заключенных. Это касалось многих аспектов тюремной жизни, включая то, где люди спят, с кем едят, а также таких вопросов, как пользование и владение имуществом. Воры в законе, смотрящие, сторожа и хорошлаки считались живущими *по понятиям*, или, по-грузински, *гагебаши*. Понятия — это кодекс чести воров, их закон. Нижестоящие трудяги, козлы и петухи считались «мастями» более низкого уровня, *по понятиям* не живущими.

Эта иерархия сохранялась в советских тюрьмах и лагерях десятилетиями, претерпевая, впрочем, некоторые изменения. Период до 1940-х годов представляет собой время, когда воровской мир сохранял единообразие — с внутренними различиями, объясняемыми либо этнической принадлежностью, либо иными причинами, сглаживаемыми общим подчинением воровскому кодексу. Однако после окончания Второй мировой войны единообразие воровского мира, потрясенного до основ войной как таковой, подверглось испытанию на прочность. Нуждаясь в дополнительных людских ресурсах для остановки натиска фашистов в ходе их операции «Барбаросса» в 1941 году, Сталин освободил из лагерей часть заключенных для службы в так называемых *штрафных батальонах*. Тех воров в законе, которые ушли на фронт воевать с нацистами, коллеги обвинили в предательстве исконного воровского кодекса, запрещавшего иметь дело с государством, и, когда те вернулись в лагеря ГУЛАГа после войны, определили их статус словом «суки».

Так называемая *сучья война*, которая началась после Второй мировой войны между традиционными ворами, также известными как *законники*, и теми *суками*, которые нарушили кодекс, фактически уничтожила преступное братство. Это был, однако, не просто конфликт, который ослабил воров. Внутренние противоречия и негибкость воровского кодекса затрудняли следование ему во времена смуты. Глонти и Лобжанидзе предполагают, что в это время всеобщего дефицита чрезмерно усилилось вымогательство всего и вся у тюремных рабочих, то есть *мужиков*, которые в результате усилили свое сопротивление законникам [Глонти, Лобжанидзе 2004: 33–41]. Кроме того, массовый приток закаленных в боях арестантов, попавших в лагеря во время сталинской послевоенной паранойи, создал в них группы, которые примкнули к сукам. Сговор *сук* с лагерными властями также принес им в администрации влиятельных друзей, которые видели в *законниках* общего врага.

Последовавшие за окончанием Второй мировой войны изменения в Уголовном кодексе нанесли ворам в законе еще более сильный удар. Государственная собственность на имущество означала, что воровство является преступлением против государства и должно быть сурово наказано. Указ Президиума Верховного Совета СССР от 4 июня 1947 года «Об уголовной ответственности за хищение государственного и общественного имущества» послужил поводом для казни многих воров [Глонти, Лобжанидзе 2004: 37]. Начавшаяся политика десталинизации с самого своего начала не предполагала остановки наступления на воров в законе. К 1956 году на Северном Урале в Соликамске был создан исправительно-трудовой лагерь ИТК-6, предназначенный для содержания исключительно воров в законе, для того чтобы отделить их от основной массы обычных заключенных. Таким образом, к концу 1950-х годов институт воров в законе был настолько ослаблен, что практически прекратил свое существование.

Тем не менее, как указал Чалидзе,

> несмотря на официальные заявления, преступный мир сохранился до наших дней, особенно его сектор, известный как воровской мир, который заслуживает того, чтобы считаться социальным институтом, поскольку он обладает внутренней сплоченностью и собственным этическим кодексом» [Chalidze 1977: 34].

К этому позднему советскому периоду «коллективные представления» 1930–50-х годов, описанные ранее Лихачевым, начали распадаться по этническому признаку. К 1985 году Министерство внутренних дел Советского Союза отметило этническое различие и продолжающуюся борьбу между славянскими ворами и грузинами [Глонти, Лобжанидзе 2004: 125]. Главным фактором, испортившим отношения, стало отношение к воровскому кодексу. Грузины стали охотно заводить семьи и создавать династии, накапливать богатства и владеть собственностью [Serio, Razinkin 1994; Долгова 2003; Oleinik 2003][3].

---

[3] Хотя было бы неправильно утверждать, что между ворами в законе славянского севера и ворами кавказского юга произошел полный разрыв, термин, появившийся для определения тех, кто носит титул вора в законе, но не живет по первоначальным воровским понятиям, очень часто применяется к грузинам. Они стали известны как *апельсины*, или *лаврушники*, то есть «рыночные торговцы лавровым листом». Некоторые из них могли просто купить титул вора в законе у других воров (см. главу 6). Эта практика не была исключительно грузинской, есть подобные случаи и за пределами Грузии, см. [Varese 2001; Lambert 2003]. Однако использование нового термина *апельсин* именно в применении к грузинам свидетельствует о том, что она более характерна для них, чем для кого-либо еще [Долгова 2003].

У воров в законе появлялось все больше возможностей становиться богатыми. Период пребывания Л. И. Брежнева на посту Генерального секретаря Коммунистической партии Советского Союза (1964–1982) был временем экономического застоя с острым дефицитом множества товаров. Благодаря этому «вторая экономика» выросла до огромных размеров, особенно в периферийных республиках, таких как Грузия и Узбекистан, где местная советская администрация организовала преступные группы с целью хищения государственных ресурсов. Воры в законе взаимодействовали друг с другом, распоряжаясь общими ресурсами, доступ к которым имели только они. В Грузии 1970-х годов вышедшие на свободу воры в законе начали в частном порядке осуществлять защиту и покровительство на бурно развивающемся черном рынке Советского Союза. В Грузии, по сравнению с большинством других советских республик, этот рынок оказался развит сильнее [Feldbrugge 1989; Alexeev, Pyle 2003]. Обеспечивая защиту и арбитраж действующим лицам черного рынка, воры в законе стали заметными фигурами в теневой экономике Грузии. Рынок подобных услуг расширился после 1985 года, когда М. С. Горбачев провел экономические реформы, названные *перестройка*. Он разрешил некоторые формы частного предпринимательства, известные как кооперативы, которые подвергались рэкету со стороны мафиозных групп [Jones, Moskoff 1991; Volkov 2002].

К концу 1991 года Горбачев ушел, и Советский Союз распался. Грузия была повергнута в смятение. Государственные институты рухнули, официальная экономика вошла в штопор. Тем не менее возможности для рэкета и криминала пережили взлет, поскольку капиталистические отношения были разрешены практически без защиты прав собственности. Как говорилось в главе 1, 1990-е годы в Грузии были для воров в законе временем беспрецедентных возможностей и влияния. Тем не менее к 2005 году государство провело против них успешную кампанию, нацеленную на борьбу с мафией. Снижение исторической устойчивости явления воров в законе к давлению государства и социальным изменениям является главным сюжетом данной книги. В следующей главе мы

2. Устойчивость и упадок мафиозных организаций | 31

obsдим эту концепцию, однако прежде мы должны задаться
вопросом: что такое устойчивость? Как определить воров в законе? Прежде всего я обращусь к этому вопросу.

Определение воров в законе

Прежде чем полностью концептуализировать составляющие
части устойчивости, мы должны сначала подумать о том, чья
именно устойчивость имеется в виду. Долгова дала рассматри-
ваемым нами действующим лицам вполне адекватное определение: «вор в законе — термин, ныне обозначающий лидера организованной преступной среды. Данный "титул" получает актив-
ный криминальный деятель, доказавший свою верность
преступным идеям, связям, соучастникам, выполняющий широкие организационные функции в преступной среде» [Долгова
2003: 361]. Такие черты, как звание, лидерство, организационные
функции и приверженность, очень важны и будут подробно
рассмотрены в некоторых следующих главах этой книги. Развивая
сказанное далее, полезно также подчеркнуть общие нормы,
обычаи и ритуалы, которые проводят границу между ворами
в законе и другими преступниками. Я определяю воров в законе
как сетевых криминальных лидеров, которые коллективно участвуют в мафиозной деятельности, а также инвестируют в определенный социальный институт, известный как «воровской мир»,
состоящий из набора фиксированных ритуализованных практик
и статусных маркеров, управляемый четко сформулированным,
кодифицированным, но изменчивым сводом правил, который
сам основан на более широких, более расплывчатых нормах поведения. Символы и нарративы, которые формируют практику
этого института, являются еще одним конститутивным аспектом
самого института. Представители этого института координиру-
ют свои действия, рефлексивно идентифицируют как носителей
общего имени, предъявляют друг к другу претензии в плане прав
и обязанностей, имеют общие «товарные знаки» своей коллективной идентичности и охраняют границы, отделяющие их от

других. Эти аспекты указывают на особую форму социальной организации, известную как «сети доверия» [Tilly 2005].

Нам также должно быть ясно, что подразумевается под словом «мафия». Некоторые исследователи (например, [Serio 2008]) вполне справедливо предполагают, что использование термина «мафия» может затуманить смысл больше, чем прояснить. Это особенно верно на постсоветском пространстве, где понятие «мафия» обычно трактуется по-разному и чаще всего относится к слиянию политики, бизнеса и преступности [Ваксберг 1991; Galeotti 2002; Serio 2008; Kupatadze 2012] или даже просто к типу поведения [Reddaway, Glinski 2001]. В таком контексте термин «мафия» становится всем и ничем, и поэтому некоторые ученые просто отвергают его использование. Несмотря на эту путаницу, термин «мафия» будет использоваться в настоящем исследовании, но только в строго аналитическом смысле, для того чтобы отличить воров в законе от других типов организованных преступных субъектов.

Мафии определяются здесь как автономные образования, которые стремятся к монополии на предоставление услуг по защите, основанной, в конечном счете, на силе, в пределах данной территории [Gambetta 1993; Varese 2010]. Термин «организованная преступность» будет использоваться здесь как более широкая понятийная категория, включающая в себя, как классически определено Шеллингом [Schelling 1984], монополию на предоставление некоторых незаконных товаров или услуг на данной территории в рамках преступного мира. Воры в законе, как и мафия, являются, согласно этой точке зрения, подвидом организованной преступности, ключевой особенностью которого является функция управления и регулирования, выполняемая на нелегальных и незащищенных легальных рынках, основанная в конечном счете на угрозе и на воспроизводстве насилия [Reuter 1985; Gambetta 1993; Skaperdas 2001; Varese 2010]. Это отличие является важным: во многих отношениях мафии являются субъектами, которые обеспечивают доверие к преступному миру, обеспечивают соблюдение договоренностей и монополизируют защиту организованной преступной деятельности. В этом смысле давление на мафию может иметь чрезвычайно важное значение для ускорения снижения уровня организованной преступности в целом.

Однако это не означает, что мафия занимается только обеспечением защиты [Nelken 1995; Paoli 2003]. Она также может быть вовлечена в организованную преступную деятельность, такую как производство и распространение определенных товаров в незаконном секторе экономики. Объектами такой деятельности могут быть наркотики, проституция, угнанные автомобили, поддельные документы, торговля людьми и т. д. Тем не менее основная функция мафии заключается в арбитраже и обеспечении исполнения решений, защите легальных участников процесса и вымогательстве у них денег, а также в том, чтобы служить жизненно важной смазкой для винтиков механизма организованной преступной деятельности, снижая вовлеченным субъектам трансакционные издержки и обеспечивая доверительные отношения в естественно изменчивом преступном мире.

Очевидно, что существуют и другие характерные черты мафий с точки зрения их деятельности и структуры. Некоторые утверждают, например, что отличительной чертой мафии является использование коррупции для манипулирования государственными институтами [Anderson 1996] или развитие централизованных организационных структур [Franzini 1996; Skaperdas 2001; Leeson, Rogers 2012]. Однако неясно, в какой степени эти особенности отличают мафию от любого другого вида организованной преступности. Поэтому именно продажа защиты рассматривается нами как определяющая особенность мафии. Многочисленные задачи, которые мафия выполняет и за выполнение которых берет деньги, являются производными этой функции защиты. К таким задачам относятся разрешение споров, защита с использованием устрашения от других мнимых и реальных вымогателей, а также конкурентов, обеспечение исполнения договоренностей и простое вымогательство.

В реальности различие между защитой и простым вымогательством может быть размыто. До тех пор, пока нет конкуренции, предлагаемая рэкетиром защита исходит от опасности, которую для приобретателя защиты представляет сам рэкетир. Однако вымогательство может быстро превратиться в настоящую защиту — поскольку защитить клиента от других вымогателей, которые могут появиться на сцене, рэкетиру выгодно, и тогда акцент смещается с бизнеса вымогательства на обычную продажу защиты. Индустрия защиты пожинает плоды экономии, обусловленной ростом своего масштаба: с учетом расходов по обеспечению защиты одного человека, расширение такой деятельности до обеспечения защиты многих людей приносит увеличение отдачи при уменьшении затрат [Lane 1958; Нозик 2008; Tilly 1985]. Эта книга покажет, что указанные действия для грузинских воров в законе составляли их основной доход и что эти субъекты справедливо могут быть названы мафией.

У воров в законе как мафии есть и другие характерные черты, которые являются общими для других организаций, названных Чарльзом Тилли «сетями доверия». В своей идеальной форме такая организация в большей степени зависит от отношений (часто неформальных) доверия, солидарности и взаимности, чем другие формы социальной организации, такие как институты сотрудничества (профсоюзы, торговые гильдии и рынки) или авторитарные организации (например, предприятия или правительства) [Williamson 1983; Thorelli 1986; Burt 1995; Thompson 2003]. Сети доверия также отличаются от обычных межличностных связей, составляющих социальную жизнь. Они характеризуются следующими особенностями:

> а) отношения между теми, кто входит в сеть доверия, имеют определенное название (например, рыцари-тамплиеры, масоны, «Аль-Каида», триады, воры в законе), взаимно известное ее членам, которые могут коммуницировать как представители их общности;
> б) участие в этих отношениях дает всем членам некоторый минимум общих прав и обязанностей;
> в) члены сети отмечают и охраняют границы, которые отделяют их от внешнего мира, действуя исключительно за счет привлечения узкого круга избранных из широких народных масс, назначая за выход из сети высокую цену и делая его дорогостоящим и редким;

г) сети доверия объединяют ресурсы, и это подвергает их членов большему риску неудач и неправомерных действий других членов, чем это бывает в других типах социальных организаций;

д) для структурирования отношений между своими членами сети доверия могут использовать некоторую степень принуждения и материального стимулирования, однако они всегда больше полагаются на нормативные обязательства [Tilly 2005: 44].

С точки зрения обязательств и подчинения нормам такие сети требуют от своих членов очень многого, однако отдача приходит в виде снижения трансакционных издержек, обладания общими правами и повышения безопасности. Члены сети пользуются доступом к общим ресурсам и льготам социального страхования от несчастного случая и инвалидности. Воры в законе демонстрируют многие из определяющих характеристик сетей доверия, хотя, как и во всех социальных организациях, эти характеристики могут с течением времени меняться.

Короче говоря, воры в законе действуют как мафия, и их организация имеет все особенности сети доверия. Ниже я покажу, какие выводы можно сделать из этой концептуализации воров в законе. Но сперва нам необходимо задаться вопросом, почему такие, как воры в законе, мафии приходят в упадок и что об этом говорят другие. А потом мы будем должны построить теорию устойчивости к разрушительным воздействиям. Я покажу, как сделанное Тилли описание особенностей сетей доверия поможет это сделать.

Упадок мафиозных организаций

Объяснить банкротство какой-то конкретной мафии или организованной преступной группы в каком-то конкретном случае пытаются многие исследования [Reuter 1995; Jacobs et al. 2001; Schneider, Schneider 2003; Zhang, Chin 2003; Vigna 2006; Huisman, Nielsen 2007; Paoli 2007; Johnson, Soeters 2008]. Большая часть этих исследований дает государственно-ориентированное объяснение такого банкротства. Использованию законодательства в стиле акта «О подпавших под влияние рэкетиров и коррумпированных организациях» для криминализации мафиозных ассоциаций[4] и созданию административных инструментов для обеспечения прозрачности, таких как создание попечительских советов в отраслях, связанных с организованной преступностью, приписывают снижение влияния мафии в таких городах, как Нью-Йорк и Амстердам [Jacobs et al. 2001; Huisman, Nelen 2007]. В США изменения в демографии и управлении городов, деятельности в них полиции, усиление федерального надзора и совершенствование законодательства привели к снижению уровня коррупции и инфильтрации в жизнь городов традиционных мафий на местном уровне [Reuter 1995].

Прямые стратегии борьбы с мафией в Италии, включающие в себя реформу законодательства и правоохранительных органов, а также мобилизацию гражданского общества, осуществлявшиеся после убийства судей Фальконе и Борселлино в 1992 году, считаются относительно эффективными, по крайней мере на Сицилии [Jamieson, Violante 2000; Schneider, Schneider 2003; Paoli 2007]. В случае с Италией особое внимание уделялось новым методам правоприменения и усилению координации действий полиции, включавшим в себя увеличение сроков расследования, более широкое использование прослушивания телефонных разговоров, провоцирование на уголовно наказуемое деяние,

---

[4] Акт «О подпавших под влияние рэкетиров и коррумпированных организациях», или РИКО, был принят в США в 1970 году. Цель этого закона состояла в том, чтобы криминализировать практику влияния преступных объединений на бизнес. Он позволил ужесточить наказание за шаблонное преступное поведение — рэкет — и позволил компаниям, находящимся под контролем мафии, перейти под контроль попечительских советов, которые могли бы контролировать их деятельность. Он также позволил привлекать руководителей бизнеса к ответственности за заказ преступных деяний в составе преступного сообщества. Принятые наряду с этим законом программы защиты свидетелей и сделки с правосудием о признании вины способствовали сбору информации о деятельности организованных преступных групп и преследованию их членов [Reuter 1995; Jacobs et al. 2001].

заслушивание в суде государственных свидетелей и криминализацию пособничества мафии [Vigna 2006].

Однако действия государства не всегда приводят к поражению мафии. Крайне жесткий подход к борьбе с наркокартелями в Мексике, применение военной силы в различных районах страны и преднамеренное преследование и убийство главарей картелей, по-видимому, только укрепили власть картелей [Philip, Berruecos 2012]. В этом случае, как представляется, действия государства просто способствовали дроблению раздутых централизованных картелей на более мелкие, более жестокие и мстительные организации, которые труднее уничтожить.

Это дает возможность предположить, что ключевым моментом в развитии мафиозных организаций и их способности предотвратить негативные последствия, как только они испытывают изменение окружающей среды или давление со стороны государства, является их внутренняя структура. Как Паоли [Paoli 2007; 2008], так и Рейтер [Reuter 1995] упоминают плохо поставленную и ретроградную практику рекрутирования, которая вызывает некомпетентность и снижение адаптационных возможностей американской и итальянской мафий. Для Эриксона [Erickson 1981] рекрутирование также является ключевой переменной, влияющей на выживание тайных обществ в целом. Диверсификация деятельности также может иметь непредвиденные последствия, влияющие на живучесть мафии. Например, в Италии неадекватные шаги мафиозных боссов по освоению таких новых рынков, как рынок героина, оказались рискованными и сомнительными, оказав влияние на внутреннюю структуру и преданность членов организации, снижая престиж мафии и терпимость к ее деятельности в обществе, а также привлекая гражданское население на сторону государства.

Подчеркивая организационные факторы, некоторые ученые перешли подобным образом от понятия «организованная преступность» к понятию «организующая преступность», когда организация преступной деятельности рассматривается как рискованный обратимый процесс, обусловленный постоянной незащищенностью и неопределенностью и изменяющийся в этих условиях [Block 1980; Southerland, Potter 1993; McIllwain 1999, 2001; Morselli 2008]. Настоящее исследование демонстрирует, что в действительности организованная преступность может быть плохо адаптирована к реальности и дезорганизована, а потому совсем не так широко распространена и сильна, как это изображается в средствах массовой информации [Woodiwiss, Hobbs 2009]. Подход к рассматриваемому явлению как к «организованной преступности» хотя и не делает особого акцента на сопротивляемости давлению извне как таковому, примечателен тем, что показывает, каким образом организованные преступные сети могут оказаться уязвимыми и способными подвергнуться разрушению, хотя и не обязательно уничтожению.

Другие исследования выходят за рамки взгляда сверху вниз, рассматривающего государственные подходы, или снизу вверх, изучающего организационные вопросы, и занимаются макроуровнем, учитывая такие его переменные, как структурирование международных криминальных рынков или природа переходных периодов в политике. Чжан и Чинь [Zhang, Chin 2003] предполагают, что китайские триады пришли в упадок, поскольку наиболее прибыльная деятельность, такая как контрабанда героина и людей из Азии в США и Европу, не выгодна хорошо структурированной и заметной преступной организации, поскольку связана с короткими цепочками возникающих и исчезающих двухэлементных отношений. Такой рынок трудно монополизировать и принуждать к повиновению, поэтому по сравнению с другими сообществами преступников, не имевших четкой групповой криминальной идентификации, триады имели «структурный недостаток». Купатадзе [Kupatadze 2012] в своем исследовании последствий политических перемен и организованной преступности в Грузии, Кыргызстане и на Украине утверждает, что при переходе от одного политического режима к другому на организованную преступность влияют местные факторы. К таким факторам относятся единство приходящих к власти партий, постепенность характера перехода, а также уровень и устойчивость активности гражданского общества. Все это влияет на возможности организованной преступности в этих трех постсоветских странах влиять на политические процессы и минимизировать тем самым последствия государственного давления.

При объяснении причин кризисов мафии основное внимание уделяется правоохранительным органам, управлению, политическим процессам и, в некоторых случаях, структуре криминальных рынков и организационным изменениям в рамках самой организованной преступности. Понятие устойчивости обсуждается редко, хотя отсутствие этого качества должно подразумеваться, по крайней мере, в любом обсуждении кризиса, связанного с давлением со стороны государства или с обусловленной внешними обстоятельствами системной нагрузкой. Например, Чжан и Чинь [Zhang, Chin 2003] в своей работе, посвященной рассмотрению «структурного дефицита», утверждают, что триады были просто неспособны воспользоваться новыми рыночными возможностями в области контрабанды людей и героина и поэтому уступили конкурентам и оказались под угрозой банкротства. Это предполагает, что они не были устойчивы к изменениям на криминальных рынках и не могли к этим изменениям адаптироваться, для того чтобы на этих рынках выжить. Однако недостаточно просто констатировать, что структура триад была несовершенной. Структура может меняться, поэтому в данном случае вопрос состоит в том, изменилась ли она, а если нет, то почему? Кроме того, почему борьба итальянского государства с «Кóза ностра» увенчалась успехом, несмотря на высокий уровень сопротивления последней? И чем объясняется провал тотальной атаки вооруженного до зубов мексиканского государства на наркокартели? Является ли такое различие просто вопросом политики? Что можно сказать о внутренней прочности вовлеченных групп? Если мы распространим наши рассуждения на повстанческие движения и партизанские группы всего мира, то колумбийские, чеченские, баскские, уйгурские, тамильские и североирландские сепаратисты и повстанцы явятся примером организаций, в одинаковой степени применяющих насилие, однако имеющих чрезвычайно разную устойчивость к системному стрессу и государственному давлению.

Таким образом, цель этой книги состоит в том, чтобы поставить вопрос о такой устойчивости или неустойчивости во главу угла соответствующего анализа. Приступая к теме Грузии и воров в законе, я рассмотрю антимафиозную государственную политику и ее последствия, но основное внимание уделю разладу, изменениям и способности к адаптации в самом криминальном мире, которые, возможно, уменьшили его сопротивляемость давлению государства. Перейдем к концепции устойчивости. Исследуя эту тему, я использую рассуждения Тилли [Tilly 2005] о жизнеспособности сетей доверия. Он задается вопросом: как и почему работают такие сети? Что делает их жизнеспособными? Почему некоторые из них более устойчивы, чем другие? Что делает их уязвимыми для внешних ударов, что приводит их к упадку и когда они прекращают свое существование?

Устойчивость

Ученые, занимающиеся вопросами социальных наук и политики, попытались перенести концепцию устойчивости с экологии и экосистем на общество и социально-экономические системы и применить ее к ним [Gunderson et al. 1995; Levin et al. 1998; Gunderson 2000]. В ходе изучения различных организаций и институтов они старались понять, почему некоторые из них продолжают существовать во враждебном окружении, а другие в то же время терпят неудачу или полностью изменяются [Hannan, Freeman 1984; Haveman 1992; Barnett, Carroll 1995]. В криминологии и социологии понятие устойчивости все более явно становится объектом внимания в попытках понять причины успехов или неудач «темных сетей», будь то организаторы мятежей, террористические ячейки, распространители наркотиков или коррумпированные полицейские, однако литература по этой теме еще не включает в себя никаких явных исследований мафий [Bouchard 2007; Bakker et al. 2012; Lauchs et al. 2012]. Согласно этим исследованиям, устойчивость определяется, подобно тому, как это делается в экологии, как способность объекта или системы продолжать свое существование под давлением экзогенного шока или системного стресса, а также адаптироваться и восстанавливаться после шоков [Bakker et al. 2012]. Уровни устойчивости изменчивы и порождаются динамическим взаимодействием между организациями и их окружением. Чтобы нечто проявило себя устойчивым, к нему должна быть приложена некая внешняя сила, несмотря на воздействие которой это нечто останется в прежнем состоянии [Carpenter et al. 2001; Bouchard 2007]. Устойчивость подобного объекта, социальной или экологической системы, могут помочь объяснить его характеристики, такие как способность к адаптации, обучаемость, замещение ресурсов и скорость обновления [Adger 2000; Carpenter et al. 2001; Bakker et al. 2012]. Способность к адаптации в социальной системе включает в себя способность институтов или сетей рефлектировать по поводу предшествующего опыта, учиться, гибко организовываться и принимать решения, а также, по мере необходимости, контролировать каждый фрагмент обратной связи.

Факторы, влияющие на устойчивость, могут меняться. Их изменения могут быть преднамеренными и направленными на повышение устойчивости к системному стрессу или вынужденными и непроизвольными. На степень и скорость изменений могут влиять размер организации или сети, ее возраст, конкурентоспособность в окружающей обстановке, а также внешнее влияние научно-технического прогресса [March 1981; Hannan, Freeman 1984; North 1990; Amburgey, Kelly 1991; Barnett, Carroll 1995]. Однако там, где окружающая обстановка не благоприятствует ориентации в ней или быстро меняется, существует риск того, что осуществление преобразований окажется пагубным для организации, в связи с чем наилучшей стратегией выживания может оказаться инерция [Hannan, Freeman 1984: 151]. Инерция может также проявить себя не как стратегия, а как результат невозместимых издержек, внутренней политической грызни, проблемности коллективных действий и несовершенства информации [Haveman 1992]. Хотя организации способны учиться и адаптироваться, организационные изменения часто происходят бессистемно, при неполной информированности и с незначительными представлениями о том, как они повлияют на устойчивость и выживание.

Преступные организации ничем не отличаются от упомянутых выше: для повышения собственной устойчивости они могут целенаправленно проводить изменения, однако, особенно в быстро меняющейся среде, такие изменения могут иметь непреднамеренные пагубные последствия.

В применении к преступным организациям некоторые факторы были выделены как важные для устойчивости этих организаций. К таким факторам относятся баланс между интеграцией и дифференциацией ролей, доступ к ресурсам, легитимность — как внутри, среди членов преступной организации, так и за ее рамками, в тех слоях общества, которые оказались в сфере интересов организации, — степень централизации и иерархии, а также типы мотиваций, стимулирующих вовлеченность и активность участников и имеющих в своей основе недовольство или возможность получения выгоды, — все это влияет на устойчивость [Bakker et al. 2012]. Распределив вышеописанные переменные величины по категориям, Тилли [Tilly 2005] использует большую их часть в своем исследовании сетей доверия. Он рассматривает жизнеспособность и выживание таких сетей в историческом аспекте и во взаимодействии с контрагентами, чаще всего государствами, ресурсы которых являются исключительно их добычей. По его мнению, существуют четыре ключевые переменные, которые влияют на жизнеспособность и выживание в столкновении с таким хищничеством. Это:

1) обеспечение ресурсами или средствами к существованию;
2) внешние связи;
3) внутренние коммуникации;
4) сохранение социальных и символических границ.

Для последующего рассмотрения устойчивости воров в законе я буду использовать эти переменные в качестве основных. Поскольку они будут структурировать остальную часть книги, я приведу ниже некоторые более подробные сведения о каждой из них.

Ресурсы: в главе 3 я расскажу о секвестрации ресурсов ворами в законе. По мнению Тилли, для продолжения своей деятельности сети доверия должны накапливать и объединять ресурсы. Такие ресурсы могут быть человеческими, но также финансовыми или материальными. Согласно Тилли [Tilly 2005], в накоплении общих активов важны три фактора. Это связи с источниками получения ресурсов, уровни секвестрации и количество доступных ресурсов. Ниже я рассматриваю каждый аспект в том виде, в каком он относится к мафиям.

Применительно к организованным преступным группам и мафиям наиболее очевидным примером таких источников ресурсов являются средства, льготы и выгоды, получаемые в результате предоставления услуг по арбитражу и защите. Как подчеркивает Гамбетта [Gambetta 1993], мафия должна быть автономным поставщиком этой защиты и поэтому поддерживать связи с широким кругом клиентов, от которых она не зависит. Представители этого круга варьируются от политиков, стремящихся получить голоса избирателей, до банд, ищущих покровительства, и предприятий, стремящихся обеспечить соблюдение нелегальных картельных соглашений. Путем сохранения такого разнообразия можно уменьшить воздействие на поступление ресурсов неконтролируемых внешних изменений, таких как чья-то смерть, нестабильность экономики и политические перемены.

Мафии секвестрируют ресурсы у своих клиентов в форме регулярных платежей за защиту, долевого участия в бизнесе или политических уступок. Однако чрезмерное хищничество может привести к истощению контролируемых ими совокупных ресурсов. Таким образом, чтобы обеспечить устойчивость, необходимо найти баланс в секвестрировании ресурсов. Конечно же, лучше всего мафии чувствуют себя в среде, богатой доступными ресурсами. Такая среда подразумевает развитие как легальных, так и нелегальных рынков, к которым мафия может получить доступ для регулирования, вымогательства или рэкета. Однако наличие большего объема ресурсов может привести к усилению конкуренции, стимулированию экспансии и потенциальному конфликту. Верно и обратное: конфликты может порождать также нехватка ресурсов. Таким образом, хоть мафия заинтересована в сохранении обстановки недоверия, ей не выгодно полностью отбивать у людей желание вести бизнес и осушать источники поступления ресурсов. Это означает, что издержки, связанные с выходом на контролируемый мафией рынок и получением в аренду защиты от конкуренции, не должны превышать издержки, связанные с существованием в условиях подлинно свободной рыночной конкуренции [Lane 1958; Tilly 1985; Varese 2010].

Внешние связи: в главе 4 я обращаюсь к вопросу о взаимоотношениях воров в законе и государства. Ни одна преступная сеть не может быть полностью изолирована от общества, в которое она встроена. В связи с чем очевидно, что ресурсы, которые она хочет контролировать, могут стать мишенью для ориентированных на хищничество субъектов, таких как государства или другие склонные к насилию группы. Поэтому укрепление связей со стратегическими участниками за пределами сети может повысить ее устойчивость. Это может повысить ее устойчивость и снизить чувствительность к экзогенным шокам прежде всего. При изучении организованной преступности отношения с представителями государства являются ключевым элементом понимания того, как выживают организованные преступные группы [Landesco 1968; Arlacchi 1988; Anderson 1995; Jacobs et al. 2001; Schneider, Schneider 2003; Hill 2006].

Внутренние связи: важную роль в определении чувствительности криминальной сети к внешним потрясениям и ее дальнейшей жизнеспособности играют структура внутренних взаимоотношений, стимулы и правила взаимодействия. В этой сфере наличествуют особенности коммуникации, которые, как подчеркивает Тилли [Tilly 2005], могут повлиять на выживание сети доверия. Во-первых, ее члены должны испытывать и, желательно, увеличивать взаимное притяжение. Это подразумевает, что они должны иметь сходное происхождение и похожие судьбы, а также придерживаться общей для сети системы ценностей. Это классически демонстрировалось и демонстрируется до сих пор практикой рекрутинга сицилийской мафии: новобранцы должны иметь в своих жилах сицилийскую кровь. Во-вторых, на формирование сети доверия негативно влияет появление в ней группировок или фракций, поскольку это создает конкурирующие центры власти, что может вызвать внутренние конфликты. В-третьих, сети доверия состоят в основном из горизонтальных связей и не имеют сильной централизации, однако сплочение их членов вокруг харизматической фигуры, если это повышает преданность делу или позволяет быстрее принимать решения, в краткосрочной перспективе может помочь сетям доверия выжить. Однако в долгосрочной перспективе централизация может нанести ей ущерб, поскольку ставка на одного человека становится ненадежной и персонифицированной. Поскольку сеть становится более иерархичной, проблемой может стать преемственность, и это также создает потенциал для конфликтов.

Наконец, сети доверия характеризует преданность делу как главный стимул для участия в их деятельности. Однако там, где эта преданность угасает и для обеспечения вовлеченности сеть доверия начинает полагаться на денежные стимулы или механизмы принуждения, она может быть поражена сосредоточением на достижении краткосрочных целей, и для нее может стать угрозой состоятельность предлагающих больший доход или способных на более сильное принуждение конкурентов. Внутренние отношения и стимулы к принятию обязательств будут рассмотрены в главах 5 и 7 соответственно.

Сохранение границ: барьеры для вхождения в сети доверия и выхода из них варьируются. Однако Тилли [Tilly 2005] утверждает, что сеть доверия более жизнеспособна, когда сохраняет практику осознания своими членами собственной исключительности и создает четкие границы между внутренним и внешним миром. Это важно для того, чтобы вызвать чувство общности и преданности группе. Для криминальных сетей это особенно важно, учитывая риски, связанные с участием в них, и угрозу внедрения агентов полиции [Morselli 2008]. Препятствующие вхождению в сеть высокие барьеры также важны для осознания исключительности и, благодаря этой исключительности, ценности членства. Человек, способный преодолеть эти барьеры и стать членом сети, пожинает плоды доступа к коллективным ресурсам и обладания поддерживаемой сетью репутацией. Поэтому сети очень важно, чтобы в нее попадали достойные ее люди; недостойные могут нанести ущерб ее коллективной репутации. Поддержание незыблемости границ обсуждается в главах 6, 7 и 8. Прежде чем перейти к анализу, я приведу ниже краткое описание методов исследования и источников информации.

Методы и данные

В 1924 году, путешествуя по Кавказу, французская путешественница и эссеистка Одетт Кеун писала, что «социальные условности — это совершенная тирания среди грузин ... снова и снова я приезжала полумертвой в деревню, замученная плохим седлом ... и меня заставляли ждать ... часами ... пока они готовили пир ... когда я говорила о том, чтобы лечь спать, я узнавала, к своему невыразимому ужасу, что они пошли убивать овцу» [Chetwin 2001: 182]. Ее печальный опыт был бы и сегодня знаком большинству путешественников по Грузии. Проведение исследований там было утомительным, хотя зачастую давало мне весьма полезный опыт. Я кратко опишу здесь источники информации и методы ее получения.

Эта книга опирается на широкий спектр информации, включая интервью, судебные дела, полицейские досье, официальную документацию и архивы. Начнем с интервью. В течение почти двух лет в ходе исследовательских поездок в Тбилиси, Кутаиси и Зугдиди в 2008, 2009, 2011 и 2012 годах мною было проведено пятьдесят одно экспертное интервью и совершено четыре посещения тюрем. Информация, полученная в их ходе, цитируется по всей книге. В этом случае интервьюируемые обозначаются как (R), что означает «респондент», и указывается номер интервью. Список опрошенных можно найти в библиографии. Интервью проводились с устного согласия участников в соответствии с этическими гарантиями. В некоторых случаях респондентам выдавались информационные листы участников на грузинском языке. Однако чаще всего об исследовании рассказывалось устно. Его описание зависело от аудитории; в некоторых случаях, чтобы не подавлять респондентов, оно было представлено в более общем виде как исследование правовой реформы. В таких интервью я старался затронуть конкретную тему организованной преступности, не упоминая ее сам. Мой статус (невежественного) иностранца, возможно, помогал мне в этом. Во всех случаях я представлялся собирающим материалы для публикации исследователем из Великобритании.

На диктофон было записано совсем немного интервью. В такой постсоветской стране, как Грузия, диктофоны не вызывают положительных эмоций. Поэтому сразу же после интервью я делал подробные заметки. Заметки гораздо менее угрожающи, чем запись голоса, так что в результате мне пришлось пойти на некоторый компромисс между точностью записи и значительностью того, о чем говорилось.

Все интервью проводились на русском или английском языках, а в одном случае — на грузинском с переводом. В соответствии с данными этическими гарантиями все интервью анонимизированы — даже в тех случаях, когда личность респондента может оказаться очевидной. Первый контакт с потенциальными интервьюируемыми осуществлялся через посредников или со ссылкой на посредника. Звонки потенциальному респонденту без предварительной договоренности практиковались редко. Во время поездок велся дневник исследований. В нем я собирал записи бесчисленных неофициальных бесед и неофициальных интервью, которые, хотя и не цитировались в книге непосредственно, помогали в некотором роде добираться до сути проблем в исследовании и вырабатывать идеи.

В ходе исследовательских поездок был собран целый ряд вспомогательных источников. В него входят судебные дела осужденных за мафиозную деятельность и данные Генеральной прокуратуры. Я провел несколько недель в архиве Центрального Комитета Коммунистической партии Грузии, а также искал материалы в архиве Министерства внутренних дел, который, к сожалению, не был упорядочен. Я использовал официальные публикации правительственных учреждений и НПО, в том числе информационных центров Пенитенциарной службы Грузии, Министерства юстиции, Народного защитника (омбудсмена) Грузии, Международной пенитенциарной реформы, проекта «Гармония», Национального демократического института и Информационного центра кавказских исследований. Центр транснациональной преступности и коррупции в Тбилиси предоставил мне доступ к архиву газетных материалов, посвященных преступности в Грузии.

Основным источником информации явились комплекты полицейских досье на отдельных воров в законе и их сообщников, полученные из Департамента особых заданий и подразделений по борьбе с организованной преступностью в Тбилиси и Кутаиси. Всего было собрано более 400 досье. Из них 279 были пригодны для моих целей. Они охватывают примерно 80 % всех известных полиции грузинских воров в законе. Количество информации в досье варьируется от человека к человеку. Она была закодирована вместе с материалами судебных дел для того, чтобы создать базу данных по различным соответствующим индивидуальным признакам. Некоторые из этих данных представлены на протяжении всей книги. До этого источника данных было трудно добраться. Я провел много времени, посещая различных людей из полиции и взаимодействуя с ними, чтобы завоевать их доверие и получить от них информацию. Там, где упоминаются полицейские досье, я использую аббревиатуру ПБОП для обозначения Подразделения по борьбе с организованной преступностью и год создания соответствующего документа. Когда я говорю об упомянутых в документах конкретных лицах, то использую только инициалы последних — из уважения к тому факту, что не получил от них разрешения использовать эту информацию лично. Подобным же образом я использую только инициалы тогда, когда меняю имя интервьюируемого в целях соблюдения анонимности.

В зависимости от типа источников я подходил к их анализу по-разному. База данных, созданная на основе полицейских досье и судебных дел, была проанализирована с помощью программного обеспечения для статистического и сетевого анализа.

Данные интервью были закодированы и проанализированы на предмет их содержания и повторяющихся в них тем. Кодирование происходило по системе «от общего к частному» и следовало стратегии «разбиения на блоки» [Miles, Huberman 1994: 52], что позволило классифицировать данные в соответствии с содержащимися в них переменными величинами, например, по запасам ресурсов или по поддержанию незыблемости границ и, если возможно, по взаимосвязи между этими величинами. Архивные материалы были тщательно проанализированы, что дало возможность дополнить исследование соответствующей значимой информацией, касающейся конкретных вопросов, в частности ресурсов и внешних связей. Аналогичный процесс был проведен с отчетами НПО и различными информационными базами данных, включая огромный архив газетных статей East View из Восточной Европы, доступ к которому мне предоставил Оксфордский университет.

Вопросы обоснованности

В отношении концепций и источников, используемых в этой книге, необходимо сделать ряд уточнений. Во-первых, такие термины, как «организованная преступность» и «мафия», семантически перегружены [Naylor 1997; Woodiwiss, Hobbs 2009; Albini, McIllwain 2012]. В частности, их использование имеет смысл, когда они связаны с этническими маркерами, такими как «русский», или «грузин», или «итальянец», либо когда существуют четкие институциональные и политические цели, связанные с борьбой с обозначаемыми ими явлениями [Smith, Dwight 1976; Finckenauer, Waring 1998; Sheptycki 2003]. Конечно, о возникновении угрозы организованной преступности в постсоветских странах, как внутри этих стран, так и на международном уровне, может быть написана еще одна полноценная книга (см. в качестве хорошей отправной точки [Serio 2008]). В отличие от Северной

Америки, где понятие «организованная преступность» сформировалось еще в конце XIX века [Woodiwiss, Hobbs 2009], в Советском Союзе полиция преследовала «групповую преступность» и «воров-рецидивистов» до тех пор, пока в 1980-х годах ее внимание не переключилось на новую угрозу — «организованную преступность».

В этой книге упомянутые термины не воспринимаются некритически. В соответствующих местах в ней будут рассмотрены некоторые случаи использования и злоупотребления угрозой «организованной преступности» в Грузии и полезность «мафиозного мифа» как для политиков, так и для преступников (см. главы 4 и 8). Однако в других случаях, как уже говорилось ранее, я буду использовать термины «организованная преступность» и «мафия» только в строго аналитическом смысле, для того чтобы обозначить различие между двумя сюжетами — монопольной продажей защиты (мафия) и монополией на предоставление любого другого незаконного продукта или услуги (организованная преступность), — оба из которых основаны на применении насилия.

Что касается источников, то, во-первых, к изложенным в интервью самоотчетам о событиях, связанных с организованной преступностью, следует относиться с осторожностью. Я подходил к каждому собеседованию с учетом этого, проводя в некоторых случаях дополнительные интервью, если чувствовал, что необходимы дополнительные вопросы или прояснение какой-либо неясности. Каждое слово, сказанное в интервью, я воспринимаю не как объективное отражение реальности, но как ее восприятие конкретным респондентом, дающим интервью иностранцу, и именно с этой оговоркой использую эти интервью на протяжении всей книги. Тем не менее, прежде чем использовать какой-либо элемент интервью в своей работе, я пытался сопоставить поведанные мне истории с рассказами других людей, часто имевшими место в неформальных беседах, и, если это вообще возможно, с газетными репортажами, полицейскими документами и официальными отчетами.

В частности, я старался проверять сообщения сотрудников правоохранительных органов. Такие люди часто могут дать очень подробные и убедительные отчеты о деятельности и структуре преступного мира. Однако на то, что они говорят, очень влияют как их конкретная жизненная и трудовая траектория, так и ситуация, в которой проходит интервью. В связи с широко признанной и успешной реформой полиции в Грузии сотрудники правоохранительных органов часто источали уверенность в себе и, конечно, стремились поговорить с иностранным исследователем о том, «как Грузия это сделала». Между тем рядовые граждане были, что неудивительно, обеспокоены масштабами происходящих в стране судебных преследований, легкостью организации прослушек и все новыми и новыми преступлениями «мафиозных организаций». Это создавало трудности в обеспечении баланса имеющихся в наличии респондентов. Я сумел частично обойти эти трудности, ведя записи неформальных бесед в исследовательском дневнике, с тем чтобы составить обзор взглядов, альтернативных взглядам правоохранительного сообщества.

Я также вовлекал всех респондентов в разговоры об их собственном жизненном опыте за пределами официального статуса. Следует помнить, что респонденты-полицейские также являются членами общества. В Грузии многие из них работают в полиции недолго и в отношении того, как организованная преступность воздействует на повседневную жизнь, обладают опытом обычных людей. Поэтому некоторые из них признавались в том, что до того, как стали полицейскими, ощущали привлекательность преступного мира. Аналогичный подход был использован в интервью с людьми, занимающими другие официальные должности, будь то государственные служащие, директора школ или работники НПО. В каждом случае меня интересовал личный опыт, а также основные позиции по вопросам политики и мнения по правовым вопросам.

Во-вторых, и вполне справедливо, по причине утилитарной функции и потенциальных предубеждений полицейских источников использование их в исследовательских целях представляется сомнительным [Rawlinson 2008; Serio 2008]. Я все же делал это, но сверил содержащиеся в полицейских досье данные с данными других источников, в том числе неофициальных бесед из дневника исследований, интервью, новостных репортажей и судебных дел. Все, что фиксируется полицией, должно восприниматься как информация, собранная и сохраненная в целях предупреждения преступности и обеспечения правопорядка, что определяет тип собираемых данных и способ их сохранения. Учитывая это, однако, следует прежде всего подчеркнуть, что классификация преступника как вора в законе основана не на каком-то полицейском определении, а на той границе, которую воры в законе строго соблюдают сами и которая, как элитная маркировка, намеренно делается преступниками очень заметной и, соответственно, с легкостью фиксируется полицией. Помимо того, в полицейских досье меня интересовала внесенная туда объективная информация о ворах в законе, такая как клички, место и дата рождения, количество судимостей и передвижения. Таким образом, хотя полицейские данные вряд ли будут свободны от оценочных суждений, эти их аспекты не могут быть легко искажены в интересах полиции.

Аналогичные опасения существуют и в отношении использования судебных дел. Их данные являются доказательствами, используемыми для осуждения людей, и в такой стране, как Грузия, с ее политически зависимой судебной системой, эти доказательства и связанные с ними обвинения могут быть оспорены. Признавая эту проблему, я попытался обсудить дела, которые изучал, с привлеченными адвокатами. Я оценивал полезность всех судебных источников в каждом конкретном случае, хотя, опять же, ключевой областью моего интереса были совсем будничные факты о прошлом обвиняемого. Судебные дела также дали мне представление о том, как на самом деле применялись законы против мафии, что происходило зачастую очень неудовлетворительно.

Наконец, я использовал архивные источники, и к ним тоже следует относиться с осторожностью. В основном это были документы Центрального Комитета Коммунистической партии Грузии 1980-х годов. Большей частью они были помечены грифом «секретно» и не предназначались для открытого доступа. Некоторые из них оказались директивами, описывающими проблемные области, которыми должны были заниматься различные местные советы и чиновники. Во всяком случае, эти документы показывают, в чем партия была заинтересована с политической точки зрения. Они представляют собой отражение стоящих перед режимом проблем, которые он не мог признать в то время открыто. Например, в архивах того времени хранятся бесконечные посвященные незаконной деятельности, связанной с теневой экономикой, отчеты с заседаний одного из комитетов, и к 1980-м годам это действительно было вполне очевидной проблемой.

В общем и целом в таких случаях важно задаться вопросом, почему и к чьей выгоде был составлен данный документ. Подобной полезной процедуре я подверг также публикации НПО и новостные репортажи. Последние, содержащие существенные факты, касающиеся судебного процесса или уголовного конфликта, были предпочтены мнениям и комментариям, которые часто могут быть слишком претенциозными или необоснованными.

В тематических исследованиях, таких как это, рефлексивный сбор данных из разных источников может повысить уверенность, с которой делаются выводы о взаимосвязи между явлениями и причинно-следственными отношениями. Ключ к умозаключениям в таких исследованиях лежит в аналитической (а не в перечисляющей) индукции. Это требует указания «необходимых связей между набором теоретически значимых элементов, проявляющихся … в данных» [Mitchell 2000: 178]. Таким образом, когда p-критерий достоверности, на котором основаны выводы, отсутствует, процесс аналитической индукции может давать скорее логические, чем статистические, основанные на глубине и диапазоне данных, выводы о причинных процессах и общей теории [Robinson 1951]. Поскольку настоящее исследование является единичным и тематическим, его целью является создание сильной аналитической аргументации, которая сможет помочь построить теорию и сделать предварительные выводы в выходящих за ее пределы случаях.

Наконец, хотелось бы отметить, что ритмы грузинской жизни совершенно непредсказуемым образом повлияли на итоговое содержание этой книги. Общительность людей была ключевым элементом в поиске контактов, получении разрешений и организации интервью или сборе данных. Поэтому проведение исследований в Грузии часто было рискованным и впечатляющим опытом. Оно также могло быть невероятно утомительным. В его процессе имело место множество случайных событий и совпадений, а также тупиков и возвращений. Повседневная грузинская жизнь, к огорчению и в то же время к удовольствию большинства грузин, часто включает в себя много незапланированного, неожиданного и непредсказуемого. И данная книга приобрела свой вид также во многом благодаря этому.

Заключительная часть

Подводя итог, следует сказать, что в следующих главах будет обсуждаться вариативность в области ресурсов, внешних отношений, внутренних отношений и границ как важное обстоятельство, определяющее устойчивость воров в законе к внешнему давлению. В книге предпринята попытка описать движущие факторы, лежащие в основе изменений устойчивости, а не просто описать эти изменения. Хотя там, где это необходимо, будут сделаны ссылки на период, непосредственно предшествующий распаду Советского Союза, основное внимание в книге уделяется именно постсоветскому периоду. Это был период больших потрясений в грузинском обществе, экономике и политике. В то время неопределенность была неизбежным обстоятельством, социальные изменения происходили очень быстро. В подобных условиях преобразования и необходимая адаптация к ним чреваты последствиями для любой организации. Однако в результате фактического коллапса государства возможности мафии обзаводиться ресурсами возрастают. В следующей главе рассматриваются деятельность воров в законе и порождаемые ею источники средств к их существованию.

3

Воры в законе как советская и постсоветская мафия в Грузии

В советское время в районе города Тержола в Западной Грузии действовал государственный завод по производству фруктовых соков. В 1978 году власти раскрыли действовавшую на заводе группу, которая заработала более полумиллиона рублей, используя фальшивые документы, по которым закупала фрукты, производила на заводе неучтенный сок и продавала его через торговую сеть[1]. По утверждению Министерства внутренних дел Советской Грузии, такие торговые сети, не имеющие возможности заключать в своей торговой деятельности контракты с официальными службами безопасности, были тесно переплетены с преступными сетями, представленными ворами в законе. В то время преступники обеспечивали защиту от мошенничества и арбитраж в конфликтах и спорах. Забегая вперед, в 1990-е годы, скажу, что такие фабрики, как завод фруктовых соков Тержолы,

---

[1] 1-й Отдел II Архива Министерства внутренних дел Грузии (*сакартвелос шсс аркиви*/sakartvelos shss arkivi II, ранее известный как партийный архив Центрального Комитета Коммунистической партии Грузии или *партархив* ЦК КПГ), 14/117/331/24. Цифры обозначают местоположение в архиве — *фонд/опись/дело/страница*. Здесь и далее *sakartvelos shss arkivi* II. Архивные ссылки будут представлены в виде сносок на протяжении всей книги.

оказались в эти годы не у дел. Большая часть советской промышленности в Грузии оказалась разрушена. А ее оставшиеся в живых представители, такие как, например, крупный производитель мороженого в Гурджаани на востоке страны, обнаружили, что, хоть вся частная экономическая деятельность и стала законной, государство оказалось слишком слабым, чтобы защитить от вымогателей законные доходы от нее. Точно так же, как подпольный фруктовый сок Тержолы в 1970-х годах, мороженое Гурджаани в 1990-х годах попало под протекцию местного вора в законе [R9]. В обоих случаях воры в законе делали одно и то же: обеспечивали защиту. Главным изменением за это время стал масштаб спроса на эту защиту и лежащие в его основе причины.

Устойчивость преступной сети доверия, такой как «воры в законе» в Грузии, в немалой степени зависит от поддержания разнообразного и глубокого объединения ресурсов. У мафии такие ресурсы чаще всего находятся путем получения дани или фиксированной ренты в обмен на какую-то услугу, прежде всего защиту и разрешение споров в легальной и нелегальной экономических сферах. Условия обзаведения такими ресурсами и влиянием в Грузии как до, так и после распада Советского Союза оказались в высшей степени благоприятными, но по совершенно разным структурным причинам. В советский период явная сила государства и криминализация огромных областей экономической деятельности означали, что те, кто занимался деятельностью в области «второй экономики», рисковали подвергнуться суровому наказанию и по определению не могли обратиться к государству для разрешения конфликтов или обеспечения защиты своих доходов. В постсоветский период, напротив, слабость государства означала, что, хотя права собственности и частная экономическая деятельность теперь разрешались, они оказывались не защищены государственными институтами — полицией и судами — или развитым коммерческим правом и необходимой юридической помощью.

По этим причинам в данной главе утверждается, что в Грузии существовал высокий спрос на услуги воров в законе. В первую очередь эти услуги заключались в предоставлении защиты и разрешении споров. В этом смысле они представляли собой не своего рода симптом социальной дисфункции, а альтернативный государству институциональный механизм снижения трансакционных издержек в условиях недоверия между взаимодействующими субъектами [Gambetta 1993]. Будь то защита, разрешение споров, устрашение или другие действия, предоставляемая услуга проистекает из наличия какого-то на этих субъектов влияния — это влияние обычно называют рэкетом. На постсоветском пространстве оно было удачно зафиксировано с возникновением такой метафоры, как *крыша* [Humphreys 2002; Volkov 2002]. «Крышевание» включает в себя взятие объекта под свое покровительство и, таким образом, несет идею предоставления универсальной защиты, которая может проявляться по-разному. Например, коррумпированность советского режима означала, что *крыша* часто могла быть высокопоставленным чиновником, который был способен защитить нелегальные предприятия за долю от их прибыли [Ваксберг 1992]. В механизме обеспечения физической защиты преступники могли найти себе нишу или создать собственные *крыши* и рэкетирские предприятия [Plekhanov 2003].

Воры в законе имели на рынке *крыш* конкурентное преимущество, поскольку состоялись как создававшийся десятилетиями бренд и обладали на всей советской и постсоветской территории коллективной репутацией, важным фрагментом которой были жесткость и справедливость. Эта репутация была отполирована их аскетическим кодексом чести и мифологизированной историей самопожертвования в советских трудовых лагерях. Вопрос репутации я рассмотрю в главе 8. Здесь же подробно расскажу о том, чем занимались воры в законе, приведу доводы в пользу того, что в своей деятельности они, по сути, представляли собой мафию, как в позднесоветский период 1980-х годов, так и в постсоветский период вплоть до 2003 года. Прежде всего я обращусь к источнику спроса на их услуги в советское время: «второй экономике» Грузии.

Спрос: «вторая экономика» в Советской Грузии

Несмотря на стремление к полностью командной экономике, позднее советское государство по ряду причин не имело полной монополии на собственность. Во-первых, оно само прошло через «либеральные» фазы, когда была проведена некоторая приватизация. К 1960-м годам 10 % ВНП приходилось на легальные частные источники, главным образом в сельскохозяйственном секторе [Feldbrugge 1989: 307]. Во-вторых, чрезмерным регулированием и объявлением противозаконным огромного спектра деятельности, связанной с «частнособственническими», как их называли, тенденциями, государство загнало в подполье большую долю частной экономической деятельности. В этом разросшемся до огромных размеров подполье незаконная экономическая деятельность не могла регулироваться государством по определению.

Фактическое отсутствие государственной монополии на все формы обмена в поздний советский период привело к требованию доверия при совершении незаконных экономических операций. Особенно это касалось Грузии. В постсталинский (после 1953 года) период Советская Грузия стала одной из самых коррумпированных республик. Ее «вторая экономика» имела огромные масштабы, и коммунистическое правительство СССР часто выделяло ее как место, которое необходимо очистить от нечестных элементов. Как утверждает Гроссман: «Грузия имеет удручающую репутацию... По форме эта деятельность может не сильно отличаться от того, что происходит в других регионах, но в Грузии она, кажется, осуществляется в беспрецедентном масштабе и с непревзойденными размахом и смелостью» [Grossman 1977: 35]. Однако, хотя подобное часто просто утверждается как факт, общеизвестно, что оценить размер «второй экономики» по сравнению с другими аспектами человеческой деятельности достаточно трудно.

Методы измерения размера «второй экономики» включают в себя корреляцию легального дохода на душу населения с зависимыми от дохода переменными, такими как покупаемые в государственных магазинах товары [Grossman 1998: 39], расчет количества затраченного в частной экономической деятельности труда [Treml 1992], использование данных обследований домашних хозяйств из официальных и неофициальных источников [Grossman et al. 1991] и расчет роста ВВП на основе изменения потребления электроэнергии, предполагая, что случаи, когда последние опережают первый, указывают на активность «второй экономики» [Kaufmann, Kaliberda 1996]. Объединив вышеприведенные подходы, Алексеев и Пайл [Alexeev, Pyle 2003] рассматривают указанные источники данных. Они оценивают «вторую экономику» 1989 года как 22 % ВВП Советского Союза, с вариациями по республикам. Масштабируя полученные Гроссманом [Grossman 1991] данные обследования домашних хозяйств и добавляя их к своим результатам, Алексеев и Пайл пришли к выводу, что наряду с Азербайджаном, Казахстаном и Узбекистаном Грузия имела самую большую в Советском Союзе «вторую экономику» с 33 % ВВП, производимыми за пределами закона.

Этот результат согласуется с общепринятыми представлениями, современным мнением и историческими исследованиями Советского Союза [Law 1974; Sampson 1987; Grossman 1998]. Согласно Экедалю и Гудману, в смысле черного рынка Грузия была «непревзойденной» [Ekedahl, Goodman 2001: 10] и, по словам Ламперта, «самой печально известной» [Lampert 1984: 372] среди закавказских республик. Фельдбрюгге утверждал, что вышеназванные республики занимали по части коррупции «особое положение», добавляя: «особенно Грузия» [Feldbrugge 1989: 309]. Сравнивая все советские республики с точки зрения размера «второй экономики», Фельдбрюгге приходит к выводу, что «сельская Грузия возглавляет данную лигу с 32 % личных доходов, полученными в нелегальном секторе "второй экономики"» [Feldbrugge 1989: 309]. Крестьяне, трудившиеся на частных участках, могли зарабатывать в три раза больше обычного. Суни сообщает, что грузины продавали на черном рынке больше продуктов, чем где-либо еще, и пишет, что «только 68 процентов фруктов и овощей, произведенных в Грузии в 1970 году, были закуплены [проданы государству в соответствии с требованиями закона], по сравнению с 88 процентами в Азербайджане и 97 процентами в Армении» [Suny 1994: 306]. В том же году финансовые сбережения среднего грузина были вдвое больше, чем в среднем по СССР [Suny 1994: 304]. Работа в сфере услуг была крайне желательна, поскольку такие услуги предоставляли большие возможности для получения взяток. Таким образом, к 1973 году в Грузии было самое большое в мире число врачей на душу населения [Suny 1994: 307].

Объяснения содержащихся в вышеприведенных исследованиях вариаций активности в области «второй экономики» апеллируют в основном к культурным факторам, таким как способствующие развитию значимых сетей тесные родственные связи, непотизм как моральная ценность и отсутствие доверия к государству. Марс и Альтман, однако, идут дальше, утверждая, что Грузия имеет «фундаментальные культурные отличия» [Mars, Altman 1983: 559], проявляющиеся в соревновательности (особенно в потребительских привычках), склонности к риску, доверию и установлению деловых контактов на основе понятий о чести. Все это решительно не вписывалось в советскую систему ценностей, однако создавало теневой спрос и предложение на теневые товары. И все же не совсем ясно, в какой степени описываемое отличие было исключительно «культурным». Для того чтобы описываемые нами сети могли процветать и приносить Грузии славу коррумпированной республики, существовали политико-экономические причины.

Во-первых, это амплуа В. П. Мжаванадзе, являвшегося первым секретарем компартии республики с 1953 по 1972 год. Эти девятнадцать лет позволили грузинской коммунистической элите стать глубоко укоренившейся местной сетью закадычных друзей[2]. Как пишет Суни [Suny 1994: 306], непрерывная власть в течение 19 лет дала постсталинской клике почти полную свободу действий

---

[2] Это не значит, что коррупция и клиентелизм каким-то образом начались с Мжаванадзе. Фактически Грузия и Кавказ уже до этого, а особенно в сталинский период, имели репутацию мест, где сильны патронажные сети. См. [Fairbanks 1983; Blauvelt 2008, 2011].

внутри республики. Главной причиной окончательного отстранения Мжаванадзе, по воспоминаниям многих бывших коммунистов того времени, был расцвет в республике негативных тенденций: злоупотребления служебным положением, коррупции, присвоения государственной и общественной собственности и многого другого [Ростиашвили 2002: 7]. Во-вторых, несмотря на советское стремление к модернизации, к 1979 году Грузия оставалась одной из самых сельскохозяйственных республик Советского Союза [Suny 1994: 296]. Климат и география естественным образом ориентировали республику большей частью на сельское хозяйство, а незаконная экономическая деятельность была больше распространена в небольших организациях сельскохозяйственного сектора, чем в крупной промышленности [Lampert 1984: 378]. В-третьих, попытки Шеварднадзе, ставшего с 1968 года министром внутренних дел республики, а затем, с 1972 года, ее первым секретарем, вытеснить коррупцию, оказались безуспешными. Число осужденных не очень возросло, хотя громкие дела и кампания в средствах массовой информации способствовали распространению мнения о том, что изменения имеют место [Ростиашвили 2002: 12]. Вместо этого, в качестве прелюдии к своей поддержке горбачевских реформ в 1980-х годах, Шеварднадзе проявил в это время либеральное отношение к экономической реформе, «сделав Грузию первой республикой, разрешившей семейную собственность на малые предприятия» [Ekedahl, Goodman 2001: 18]. Абашинский эксперимент, начатый в 1973 году, допускал определенный уровень частной собственности на мелкие земельные участки, при этом часть продукции с этих участков шла государству, а часть оставалась в частных руках. Сам Шеварднадзе утверждал: «наша республика превратилась в испытательный полигон для экономических экспериментов» [Ekedahl, Goodman 2001: 18].

Каковы бы ни были причины развития в Грузии значительной «второй экономики», действующие лица черного рынка, известные как *теневики* или *дельцы*, были обычным явлением. В их число входили спекулянты (*фарцовщики*) и уличные мошенники (*наперсточники*). Были и те, кто поставлял пользующиеся повышенным спросом товары, *цеховики*; они контролировали мелкие, часто нелегальные предприятия (*цеха*), которые либо производили контрафактные товары на официальных производственных площадях, либо получали на реализацию произведенные законным образом товары, предназначенные для государственных магазинов, и продавали их частным образом, извлекая прибыль.

Примерами *цеховиков* являются производители фруктовых соков региона Тержола, упомянутые в начале главы[3]. Другой пример — текстильная фабрика № 4 в Тбилиси. Это предприятие было открыто в 1960 году, но к 1968 году на нем произошли крупные хищения. В том же году тридцать три его работника были осуждены за присвоение государственного имущества на сумму свыше миллиона рублей. В число осужденных входили директора, инженеры, бухгалтеры, начальник склада и руководители различных подразделений; всего под следствие попали 350 человек. Способ хищения заключался в фальсификации результатов учета и незаконном присвоении изготовленной на фабрике одежды. Из тридцати трех привлеченных к суду двенадцать оказались так называемыми *дельцами*, бизнесменами или спекулянтами, которые «объединились на заводе». Согласно отчету прокурора, *дельцы* были связаны с торговцами, которые могли продавать незаконно присвоенный товар с целью получения прибыли[4]. Примечательно, что отчеты о борьбе с преступностью за 1984 год, шестнадцать лет спустя, включают случаи аналогичных преступлений, совершенных с использованием того же метода, в частности, в городах Самтредиа и Кутаиси. В отчетах отмечается[5], что к 1984 году дельцы установили тесные «"деловые" связи» в других советских республиках, где они занимались «различными уловками и сомнительными торговыми сделками».

Спекулянты наживались на дефицитных товарах, продавая их на черном рынке. В отчете о спекуляциях за 1985 год приводятся

---

[3] Sakartvelos shss arkivi II 14/117/331/24.

[4] Sakartvelos shss arkivi II 14/144/453/32–33.

[5] Sakartvelos shss arkivi II 14/125/348/37–38.

цифры и примеры соответствующих случаев[6]. В первой половине 1980-х годов число возбужденных прокуратурой уголовных дел о спекуляции в Грузии из года в год незначительно выросло с 1302 дел в 1981 году до 1586 дел в 1985 году. Востребованные медицинские изделия могли принести спекулянтам солидную прибыль: некоего Бинашвили из Кутаиси приговорили к шести годам заключения за продажу за 365 рублей лекарства, которое на самом деле стоило бы в государственной аптеке чуть больше десяти рублей. Востребованные рыбные продукты, такие как осетрина и икра, также могли принести на черном рынке высокие доходы, равно как иностранные товары, такие как австрийские постельные принадлежности или японские видеоплееры и кассеты. Продукты можно было приобретать в разных местах и перевозить между советскими республиками. Грузинка, живущая в Москве и поддерживающая контакты с иностранцами, неоднократно приобретала коробки пива, итальянский шоколадный спред, датское печенье с орехами и пересылала их в Тбилиси другой женщине через посредника, грузинского водителя грузовика, который часто бывал в Москве в официально оформленных командировках. Посредник также перемещал туда и обратно доходы от этой деятельности, прежде чем в конечном итоге был арестован[7].

Вышеизложенное дает представление о глубине и размахе «второй экономики» Грузии, а также приводит некоторые подробности о сути деятельности *дельцов* и спекулянтов. Что теперь должно быть ясно, так это то, что слияние легальной экономики Совстской Грузии с подпольной позволило организаторам хищничества использовать предоставленные им возможности для паразитического поведения. Грузинская «мафия» в то время, как ее описывает Суни, была «сложной сетью предпринимателей, политиков и преступников, которые управляли при Советах большей частью "второй экономики"» [Suny 1994: 326]. Это похоже на определение Ваксбергом советской мафии как всех тех,

---

[6]   Sakartvelos shss arkivi II 19/127/329.

[7]   Sakartvelos shss arkivi II 19/127/329/23–24.

кто защищал незаконную деятельность по присвоению государственного богатства и перераспределению его между взаимно заинтересованными кликами вплоть до Брежнева [Vaksberg 1991; Reddaway, Glinski 2001]. Однако подобные определения понятия «мафия» слишком широки для того, чтобы иметь смысл [Serio 2008]. Коррумпированный полицейский или коммунистический чиновник могли защитить незаконное предприятие от внимания закона, но не всегда имели стимулы брать на себя риск взыскания долгов или предпринимать меры по наказанию разоблачителей либо обманщиков. Таким образом, пусть даже опыт позволяет утверждать, что такая точка зрения может оказаться чревата неясностями, я ограничиваю свое рассмотрение мафии криминальным аспектом: под это определение подпадают те, кто обладал ресурсами насилия, которые можно было использовать в какой-либо сфере деятельности для продажи защиты, и действовал как альтернативная форма управления.

Рейтер отмечает, что двумя основными последствиями нелегальности экономической деятельности являются не имеющий исковой силы характер неформальных контрактов и затраты на услуги посредников, связанные с обеспечением соблюдения участниками этой деятельности взятых ими на себя обязательств [Reuter 1985]. Эти проблемы проявляются в приведенных выше примерах из жизни «второй экономики» Советской Грузии и обеспечивают спрос на тех, кто обладает навыками разрешения споров, ресурсами насилия для обеспечения соблюдения соглашений и имеет для того соответствующие возможности. Однако из вышесказанного не следует, что кто-то обязательно удовлетворит этот спрос. Само по себе наличие развитой «второй экономики» не порождает мафии. Необходимо предложение: наличие людей с необходимыми навыками разрешения споров, обеспечения защиты и, по сути, насилия. Воры в законе оказались преступной группой, которая имела для удовлетворения соответствующего спроса конкурентное преимущество. У них уже наличествовали приобретенные ранее активы — свидетельствующее о респектабельной жесткости фирменное наименование, включающий в себя предписанные санкции и награды кодекс чести, а также ритуалы, перенесенные из субкультуры ГУЛАГа за тюремные стены. В какой-то степени они были главными представителями не только уголовной субкультуры, но и антисоветской контркультуры в целом [Dobson 2009].

Восходящая к репрессиям ГУЛАГа 1930-х годов долгая история воров в законе позволила им создать себе почти мифическую репутацию в более поздний советский период, когда разочарование в коммунистическом режиме усилилось. А еще они обладали необычными навыками, которые не могли не быть привлекательными для спекулянтов черного рынка, которые, как мы видели, могли действовать по всей территории советских республик: у воров в законе уже была налажена практика как тайной передачи информации на большие расстояния, так и принудительного исполнения их решений [Varese 2001]. Трудности с безопасной передачей информации и в преодолении возможных проблем с агентами являются для нелегальных предприятий одной из самых серьезных проблем роста, поскольку такие предприятия не могут открыто рекламировать свою деятельность или брать на себя агентские расходы по географическому расширению операций [Reuter 1985]. Воры в законе как общесоветское явление занимались подобными проблемами десятилетиями и могли перенести свой опыт во «вторую экономику».

Хотя это противоречило духу их первоначального кодекса, согласно Плеханову [Plekhanov 2003] и Хамфрису [Humphreys 2002], воры в законе использовали эти свои навыки для того, чтобы оказаться вовлеченными в советскую «вторую экономику». Оба автора утверждают, что основной функцией воров было быть посредниками между коррумпированной бюрократией и «второй экономикой» незаконных бизнесменов и стимулировать доверие через обеспечение защиты. Хамфрис [Humphreys 2002: 109] также утверждает, что конкуренция между вымогающими у «второй экономики» деньги из ее прибыли хулиганами, бандами и другими криминальными элементами регулировалась ворами в законе, действовавшими как ее *крыша*, по решению которой та или иная группа могла получить признание, завоевать репутацию и успешно действовать. Без видного криминального авторитета во главе рэкет, связанный с предоставлением защиты, всегда был бы уязвим и мог оказаться вытесненным с конкретных рынка, территории или из области экономики. Теперь обратимся к тому, как выглядит предложение услуг мафии, удовлетворяющей спрос на защиту, арбитраж и доверие в советской «второй экономике».

Предложение: воры в законе в Советской Грузии

Сталинские дни массового тюремного заключения как до, так и после Второй мировой войны были головной болью следующих советских лидеров. Сталин умер в 1953 году. В первые пять лет после его кончины из лагерей было выпущено четыре миллиона заключенных, а к 1960 году ГУЛАГ оказался в пять раз малочисленней, чем накануне смерти Сталина [Dobson 2009: 109]. Влияние вернувшихся из лагерей пронизывало все общество. Субкультура ГУЛАГа предоставила альтернативный набор ценностей и поведенческих норм, которые некоторые молодые люди находили привлекательными и достойными подражания. Это также оказало непосредственное влияние на рост числа преступлений и организацию преступных групп. В конце 1950-х годов преступность резко возросла, и «воры-рецидивисты», как их называли, были проблематизированы опубликованной Монаховым официальной монографией на эту тему [Монахов 1957]. В 1959 году прокурор Челябинской области в центральной России писал: «опасность рецидивистов… состоит в том, что они создают преступные группировки, в которые вовлекают других лиц, ранее не судимых, главным образом из числа молодежи» [Добсон 2014: 142]. Эти преступные банды вполне могли быть первыми ростками советской мафии, как я определил ее ранее, и Грузия не была застрахована от их влияния.

Став в 1972 году первым секретарем ЦК КП Грузии, Шеварднадзе поставил своей целью решение всепроникающих проблем преступности и коррупции, возникших в предыдущие десятилетия. Постановление ЦК КПСС от 1973 года было направлено на усиление борьбы с воровством. Доклады о результатах этих мероприятий были представлены в 1980 году и вновь в 1981 году. В отчете за 1981 год говорится о сохраняющихся «сложности и трудоемкости» расследования имущественных преступлений и краж. Однако в период с 1977 по 1980 год число раскрытых преступлений возросло[8]. В докладе также говорится, что на основании предыдущих постановлений была проведена оперативная работа по компрометации «так называемых воров в законе и тех, кто поддерживает воровские традиции»[9]. В ходе расследования их образа жизни, связей, преступных намерений и служебного положения в тот год было арестовано двадцать воров в законе.

Эти воры в законе упоминаются в отчете по имени или кличке, предполагающим особую известность. Они действовали в составе организованных преступных групп. Многие из этих групп были в большом количестве разоблачены в Грузии в 1980 году. Было раскрыто 798 групп, осуждено 1664 их участника[10]. Эти цифры, вероятно, так велики, потому что фиксируют также и тех, кто организованно присваивал государственную собственность (*дельцы*), а также группы, занимающиеся кражами со взломом, грабежами, вооруженными ограблениями и угонами автомобилей. Что представляет собой каждая группа, не упоминается, но в качестве примера приведем одну, которая совершила двенадцать вооруженных ограблений, простых краж и краж со взломом и состояла только из трех членов.

Проблемы с «групповой преступностью»[11], как ее тогда называли, оставались, несмотря на принятые правительством меры. В 1985 году Шеварднадзе присоединился к Михаилу Горбачеву в Москве и стал советским министром иностранных дел. Новый первый секретарь ЦК КП Грузии Дж. И. Патиашвили был полон решимости внести свой вклад в ситуацию с уголовным правосу-

---

8   Sakartvelos shss arkivi II 14/123/360/90.

9   Sakartvelos shss arkivi II 14/123/360/89.

10   Sakartvelos shss arkivi II 14/123/360/96.

11   В языке 1980-х годов термин «организованная преступность» еще не использовался. Вместо этого в отчетах этого времени говорится о *групповой преступности*.

дием в республике. По итогам борьбы с преступностью в первом квартале 1986 года он заслушал высших должностных лиц правоохранительных органов Грузии. В этот период Патиашвили распорядился изгнать воров в законе из тюрем и трудовых лагерей Грузии, что, по словам одного офицера милиции, ему удалось:

> Тот факт, что в последнее время нам удалось избавить республику от многих «воров в законе», отправив их в места с суровыми климатом и условиями, поднял престиж нашей милиции. Об этом свидетельствуют многие письма, полученные в результате опроса общественного мнения. И это еще раз доказало, что престиж, уважение — это те высоты, которых мы достигаем своей работой, своим примером, конкретным вкладом в планы партии по социальному преобразованию[12].

Другой офицер милиции, помощник начальника уголовного розыска Тбилиси, сообщает, что за указанный период было разоблачено пятьдесят преступных группировок и в столице было арестовано 120 человек, совершивших более семидесяти преступлений[13].

Эти грузинские источники свидетельствуют о том, что воры в законе были членами активных незаконных преступных группировок, совершавших грабежи и кражи. Ясно, что воры в законе и их группы действительно были обладающим потенциалом и склонным к насилию человеческим материалом, способным при желании заниматься мафиозной деятельностью. При этом простые грабежи и кражи такой деятельностью, как я ее определил, не являются, оставаясь все же источником дохода. Однако описанная деятельность также усилила потребность в эффективной ее защите. После совершения преступления вор в законе может также предложить свои услуги по внесудебному осуществлению правосудия, переговорам и соглашению между преступником или преступниками и жертвой или жертвами. Воров-

---

[12] Sakartvelos shss arkivi II 14/127/330/52.

[13] Sakartvelos shss arkivi II 14/127/330/16.

ство само по себе создает рынок защиты, на котором государству не доверяется эффективное и справедливое применение закона.

Украденные дефицитные товары, нехватка которых остро ощущалась, например ювелирные изделия, автомобильные запчасти и лекарства, должны оказаться у скупщика краденого, а для этого требуется доверие. Более того, такое преступление, как угон автомобиля, является для угонщиков настоящей головной болью: кража автомобиля в полицейском государстве с незначительным количеством находящихся в частном пользовании автомобилей делает быстрое избавление от «горящих» автомобилей крайне желательным, но хлопотным. Поэтому в Советской Грузии владельцу, скорее всего, предложили бы получить автомобиль — чаще всего в целости и сохранности — обратно, так же как в современном пиратстве, за «выкуп», вместо того чтобы продать этот автомобиль на стороне [R40]. Такое автомобильное пиратство, известное по русскому слову «возврат», осуществлялось с использованием воров в законе в качестве известных посредников между автовладельцем и угонщиками [Kupatadze 2012: 125]. Использование воров в законе достигло такого уровня, что для того, чтобы помочь быстро «решить» досадную проблему с кражей автомобиля, услугами доверенного вора могла воспользоваться даже милиция [R5][14].

В приведенном выше случае воры в законе занимаются одним из видов разрешения споров: приводят преступную группу к соглашению с владельцем автомобиля, при этом обе стороны удовлетворены результатом соглашения и уверены, что оно будет исполнено [R17]. Угон автомобиля и последующая сделка представляют для вора в законе возможность делового сотрудничества,

---

[14] У описанного есть некоторая аналогия с пиратством наших дней в таких местах, как Сомали. В каких-то случаях у удачливых пиратов тоже возникает головная боль: они захватили огромное морское судно и должны его где-то спрятать, содержать, чтобы получить приличный выкуп, в хорошем состоянии и отбиваться от других пиратов. Для этого они используют покровителей: сухопутные кланы, ополчения или религиозные группы, которые за определенную плату обеспечивают регулирование пиратской деятельности [Shortland, Varese 2012]. Точно так же в Советской Грузии автомобили не могли быть проданы и выкупались — воры в законе действовали как покровители этого «автомобильного пиратства».

в которой для того, чтобы помочь решить проблему как можно более благоприятным образом, он конкурирует с правоохранительными органами. В тех случаях, когда полиция неэффективна, не вызывает доверия или вообще игнорируется по причине характера спора, воры в законе имеют определенные преимущества.

И в данном случае дело снова заключается в том, что, обеспечивая через свои криминальные связи, чтобы подобных подлежащих разрешению споров было много, в качестве стороннего лица, принимающего решения и принуждающего к их исполнению, вор в законе может создать бизнес сам. При этом какие-то другие споры могли происходить автономно от какого-то вора в законе. Такие споры, если они должны были разрешаться вором в законе, должны были неизбежно находиться вне компетенции полиции, то есть быть незаконными. Как уже говорилось ранее, в советский период существовал целый ряд связанных с частным предпринимательством видов деятельности, которые были криминализированы и нуждались в альтернативных механизмах разрешения споров. Например, в некоторых случаях, о которых сообщили респонденты, для повышения надежности перемещения товаров на большие расстояния спекулянты прибегали к помощи воров в законе [R9; R12].

Эти утверждения о связях между незаконными предпринимателями и ворами в законе во «второй экономике» подтверждаются архивными документами из Грузии. В секретной директиве Министерства внутренних дел от августа 1982 года четко говорится, что:

> Те, кто поддерживает «воровские традиции» и следует им, в последнее время интегрируются с «предпринимателями» [дельцами] и расхитителями социалистической собственности, действуя как охранники и покровители. Однако сведения о таких людях не всегда можно найти в кабинетах ОБХСС [отделах по борьбе с хищениями социалистической собственности и спекуляцией][15].

---

[15] Архив Министерства внутренних дел 0152/1982/2 (директива №/год/страница). Архив, относящийся к документам Министерства внутренних дел Советской Грузии, был не упорядочен, поэтому здесь нет ссылки на обычные архивные фонды.

Эта тенденция, отмеченная Министерством внутренних дел (МВД) Грузии в 1982 году, вновь обсуждалась в секретной директиве МВД союзного уровня, присланной из Москвы в 1985 году:

> Отмечены случаи сращивания преступных группировок с крупными расхитителями социалистической собственности. Те, кто называет себя «ворами в законе», действуют исходя из своего положения в криминальной среде. С целью возрождения криминальных традиций они создают общие воровские скрытые фонды («общаки»), проводят нелегальные собрания — «сходки», способствуют формированию сплоченных групп преступников[16].

За это и особенно за отсутствие взаимодействия между полицией, прокуратурой, тюремной администрацией и Отделом по борьбе с экономической преступностью (ОБХСС) документ возлагает вину на МВД, заключая, что «неудовлетворительно ведется работа по выявлению и расследованию деятельности "воров в законе", лидеров и активных участников преступных группировок в местах лишения свободы»[17].

Позже, в 1988 году, в докладе московского ЦК, подписанном некоторыми из самых высокопоставленных чиновников страны того времени, говорится, что «лица из числа уголовного элемента оказывают дельцам покровительство и содействие ... такие устойчивые преступные группы имеют, как правило, достаточно высокую степень организации, четкое разделение функций и соподчинение» [Гуров 1995: 25–26]. К этому моменту с легализацией в конце 1980-х годов Горбачевым некоторых форм частных экономических предприятий, так называемых кооперативов, существовавший в тени «второй экономики» рэкет вышел на свет. Кооперативы стали главной мишенью рэкетиров. Один из источников [Jones, Moskoff 1991: 85] утверждает, что 75 % этих новых частных предприятий в Москве подверглись

---

[16] Архив Министерства внутренних дел 0033/1985/2–3.

[17] Архив Министерства внутренних дел 0033/1985/4.

рэкету[18]. В документах говорится об организованной преступной деятельности, имевшей место на большей части территории Советского Союза, от Москвы и Ленинграда до Средней Азии. Таким образом, не следует полагать, что в проблеме организованной преступности под влиянием воров в законе Грузия была в чем-то уникальна.

Однако отсюда следует, что если воры в законе Советского Союза действительно действовали за спиной предпринимательского слоя «второй экономики», то там, где частные предприниматели были более активны, для воров в законе также должно было быть больше возможностей, и они могли иметь больше влияния. Чем больший объем свободного предпринимательства оказывается недостаточно защищенным, тем больше возможностей появляется у независимых поставщиков защиты [Varese 1994]. Вот почему большой удельный вес грузинской «второй экономики» означает, его плодом будет повышенное количество ее защитников, воров в законе, что мы и видим. К этому пункту я еще вернусь в заключительной части.

По-видимому, у того, что после приобретения независимости в 1991 году Грузия в конечном итоге поддалась влиянию советского преступного мира, существует четкая историческая основа. Это было в значительной степени следствием постоянно усиливавшегося объединения ресурсов, обусловленного все увеличивающимся спросом на неформальные защиту и разрешение споров, число которых росло в 1980-х годах вместе со «второй экономикой» и незащищенным частным предпринимательством. Такое объединение ресурсов имело большое значение для устойчивости воров в 1990-е годы, представлявшие собой особенно бурный период грузинской истории. Им сослужил службу переход к неустойчивой рыночной экономике после 1991 года. Теперь я перехожу к положению в Грузии после распада Советского

---

[18] Частично проблема заключалась в том, что милиция отказывалась защищать «капиталистов», которые, как считалось, занимались аморальной деятельностью, приносящей прибыль. Для изменения общественного отношения к рыночной деятельности потребуется больше времени [Volkov 1999].

Союза. Воры в законе, отточив свое мастерство и укрепив свою репутацию в советской «второй экономике», теперь нашли совершенно новый легальный, но незащищенный рынок.

Постсоветский период: перемены и преемственность

Было бы неверно утверждать, что мафия в Грузии после распада Советского Союза была простым продолжением хорошо известной ранее «красной мафии» — своего рода похмельем после коммунизма [Anderson 1995; Handelman 1995; Frisby 1998; Friedman 2002]. Но в то же время использующие насилие и являющиеся фигурантами активной преступной деятельности субъекты, мафиозные войны и социальный распад самого начала постсоветского периода также не были чем-то совершенно новым [Karstedt 2003; Derluguian 2005]. Перестройка экономики и общества, которые в Грузии пережили фактический коллапс, позволила новым мафиозным группировкам возникнуть, а старым расшириться и адаптироваться[19]. Я покажу здесь, что в 1990-х годах воры в законе продолжали делать то, что они делали в 1980-х. Несмотря на другие структурные условия, сущность воровской деятельности не изменилась, просто сама деятельность разрослась. Такой ее рост, когда растут как приток ресурсов, так и их разнообразие, следует рассматривать как позитивное для устойчивости организации воров к шокам или системному стрессу изменение.

Ниже я опишу мафиозные услуги более подробно и приведу примеры их оказания — в основном это *крыша* (защита) и *гарчева* (арбитраж или разрешение споров). Я использую данные постсоветского периода, касающиеся того, как воры в законе активно действовали в самых разных отраслях как на легальных, так и на нелегальных рынках, и, по возможности, привожу конкретные примеры. Я предполагаю, что слабо защищенные права собственности в новой капиталистической экономике увеличили приток

---

[19] Возникновение мафиозной конкуренции более подробно обсуждается в главах 5 и 6.

ресурсов и диверсификацию источников дохода мафии по сравнению с советским периодом. Это, на первый взгляд, укрепило позиции воров в законе в Грузии, однако, как я покажу в последующих главах, с точки зрения их устойчивости к более позднему государственному давлению возымело непредвиденные последствия.

Крыша и гарчева: практика защиты и арбитража

Как уже упоминалось, на постсоветском пространстве рэкет известен под русским термином «крыша». Этот тип защиты действует через продажу за некоторое вознаграждение, или часть прибыли, или даже долю в бизнесе гарантий, в данном случае гарантии предотвращения нежелательного внимания [Volkov 1999]. Крыша может также предоставлять разрешение споров и обеспечение соблюдения неофициальных соглашений. Этот неофициальный арбитраж называется по-грузински *гарчева* и является важной функцией, выполняемой ворами в законе. Как объяснил в интервью грузинский вор в законе Антимоз: «в частности, [вор в законе] должен быть хорошим психологом, потому что его основная роль — быть третейским судьей в разных спорах и "непонятках", а для этого обязательно нужно хорошо разбираться в людях. Неплохо быть образованным человеком»[20].

В принципе, часть всех криминальных средств, получаемых от таких практик, как *крыша* и *гарчева*, будь то рэкет бизнесменов или просто сборы от уличных преступников низкого уровня, складывается в общий фонд, *общак*, и используется ворами в законе и их людьми. Члены криминального мира могут платить в общак совершенно добровольно [Родкин 2006], хотя степень добровольности в таком контексте установить очень трудно[21].

Ниже я приведу диаграмму (рис. 3.1), который демонстрирует деловые интересы занимавшихся оказанием услуг типа *крыша* и *гарчева* шестидесяти шести воров в законе в 2004 году. Каждый

---

20 Цит. по: [Корчинский 2008].

21 Подробнее об использовании *общака* см. главу 7.

зафиксированный в таблице случай — это предприятие или бизнесмен. Я разделил их по секторам деловой активности. Поскольку фактическое число физических лиц, соответствующих отдельным ворам в законе, было указано не во всех случаях, общее число дел ($N = 190$) дает приблизительное представление о типах предприятий, которые оказались под влиянием воров в законе в качестве их защитников. Досье указывало на сразу несколько деловых интересов большинства воров в законе, и иногда эти интересы выходили за рамки секторов. Зафиксированная в диаграмме информация была собрана полицией до 2004 года.

Столбец «защита незаконной деятельности» относится к покровительству организованной преступной группе при совершении ею таких действий, как вооруженное ограбление и угон автомобилей. Для многих воров в законе указанная деятельность представляет собой источник дохода, при этом она связана с функцией защиты, поскольку действия организованных преступных группировок обеспечивают ведение бизнеса. Столбец «товары» относится к защите предприятий, занимающихся производством, распределением и продажей как потребительских товаров, так и товаров производственного назначения (товаров длительного пользования).

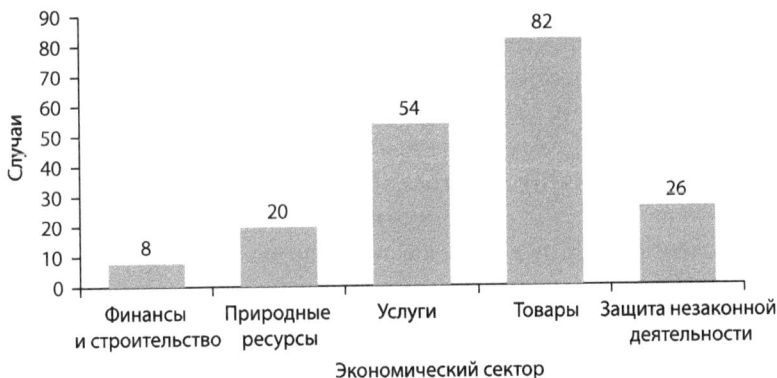

Рис. 3.1. Распределение предприятий, рэкетируемых определенными ворами в законе, по секторам экономики и количеству.
Источник: [AOCU 2004]

Этот сектор объединяет широкий спектр предприятий, включая супермаркеты, торговые палатки, пекарни, птицефермы, предприятия, поставляющие минеральную воду и ювелирные изделия, автозаправочные станции, водочные и винные заводы, а также предприятия, занятые производством деталей для тракторов, автомобилей и грузоподъемных кранов. Столбец «Услуги» отражает состояние нематериальных активов, таких как развлечения или специальные знания. К этому сектору относятся такие услуги, как казино, автосервис, пассажирские перевозки на маршрутных микроавтобусах, гостиничный бизнес, бары, рестораны, спорт (футбол и бокс), бильярдные залы, а также местные телевизионные станции. Столбец «Природные ресурсы» относится к переработке древесины, к предприятиям добывающих отраслей, таких как добыча марганца, мрамора и угля; к сфере энергетики (переработка нефти, распределение и хранение топлива); а также к торговле металлоломом, который стал в постсоветский период одним из крупнейших экспортных товаров Грузии. Столбец «Финансы и строительство» относится к участию организованной преступности в деятельности банков и строительных компаний.

Есть серьезные причины, дающие возможность предположить, что торговля товарами и услугами привлекала существенное внимание воров в законе. Предприятия этой сферы, как правило, являются малыми и средними — в отличие, например, от финансов или строительства, которые представляют собой консолидированные отрасли, контролируемые имеющими большие связи субъектами и поэтому доступные только наиболее влиятельным из них. Предприятия малого и среднего бизнеса представляют собой наибольшую ценность и наименьший риск инвестиций в обеспечение защиты. Они, как правило, расположены по одному определенному адресу, что облегчает разделение сфер влияния рэкетиров и снижает риск междоусобных конфликтов [Gambetta, Reuter 1996; Lavezzi 2008]. Кроме того, контроль над торговлей товарами и услугами может дать контролирующему возможности влияния на более крупные компании. Например, строительные фирмы нуждаются во множестве товаров и услуг — заливке и укладке бетона, гипсокартоне, электрических и отопительных системах, покраске, грузоперевозках и т. д. В области необходимого им также большое количество требующихся для работы разрешений и плотный график этой работы. В такой ситуации мафии не обязательно иметь на строительные фирмы прямое влияние — вместо этого для того, чтобы осуществлять контроль, достаточно обладать возможностью угрожать срывом или задержками поставок необходимых товаров и услуг [Jacobs et al. 2001]. Таким образом, выдающееся положение воров в законе преимущественно в небольших фирмах сектора производства товаров и услуг не означает, что они не влияют на более крупные предприятия в других секторах.

Более мелкие фирмы в секторе товаров и услуг также являются менее рискованной ставкой, чем предприятия, связанные с природными ресурсами, производительность которых может оказаться невысокой, и поэтому способны приносить большую прибыль, что делает конкуренцию за контроль над ними более жесткой. Однако самые влиятельные воры в законе сохранили в сфере природных ресурсов некоторые интересы — их представители в Кутаиси нацелились на средства, выделенные расположенным вокруг города Боржоми муниципальным образованиям для того, чтобы компенсировать вред, наносимый окружающей среде новым нефтепроводом Баку — Тбилиси — Джейхан, эксплуатируемым компанией «Бритиш Петролеум». Тем не менее у правительства были стимулы контролировать жизненно важные природные ресурсы, такие как лесная промышленность, создавая препятствия большинству воров в законе, не имеющих необходимых связей.

Прибыльной может быть и такая деятельность, как похищение людей, торговля людьми и наркотиками, и, как мы можем увидеть, воры в законе действительно участвовали в ней (столбец «Защита незаконной деятельности»). Однако свидетельства об этой деятельности не так часты, как это можно предположить. Думается, это вызвано целым рядом причин. Во-первых, вполне возможно, что указанные действия полиции труднее обнаружить и задокументировать. Во-вторых, хорошо известно, что нелегальные рынки, такие как продажа наркотиков, представляют собой большие проблемы по сравнению с простым рэкетом малых и средних предприятий [Gambetta 1993; Paoli 2008] с точки зрения логистики и опасности конфликтов из-за больших прибылей. В более широком смысле наркотрафик, проституция и похищение людей обращают на себя внимание как деятельность, которая может рассматриваться в традиционном грузинском обществе как морально неприемлемая. Вооруженные ограбления, вымогательства, похищения людей и поставка наркотиков могут создать огромные проблемы для ценного актива мафии — ее репутации.

В собранных и проанализированных данных нет случаев, когда в «правоприменительном партнерстве» вор в законе был бы просто включен в рамки одного-единственного бизнеса [Volkov 1999; 2002]; воры в законе обычно предлагают мафиозные услуги, не ориентируясь на конкретный проект, часто целому ряду различных предприятий [Gambetta 1993; Varese 2001]. Однако известны случаи, когда вор в законе становился акционером различных частных акционерных обществ. Его интересы как акционера и интересы компании в данном случае переплетались. Известны также случаи, когда вор в законе имел свою собственную компанию, часто на имя родственника. Такие компании, по-видимому, получали защиту автоматически.

Часто воры в законе защищали некоторые предприятия, будучи акционерами в других. Например, вор в законе из Чиатуры в регионе Имерети по имени А. рэкетировал винный завод и владел акциями двух марганцевых шахт. Владение акциями в данном случае означало участие *авторитетов*, или криминальных лидеров, в деятельности компаний и заботу о доле воров в законе. Подобным же образом А. также принимал участие в защите производства и реализации знаменитой минеральной воды «Боржоми», а также металлолома. У других были менее сложные деловые интересы. Один имеретинский вор в законе просто защищал ряд предприятий сферы обслуживания, в том числе букмекерскую контору и магазин очков, расположенные в центре Кутаиси [AOCU 2004].

Теперь я приведу несколько кратких примеров роли воров в законе в некоторых из указанных легальных секторов экономики, таких как торговля товарами, услугами и природными ресурсами. Затем я рассмотрю деятельность воров в законе в нелегальной экономике.

Воры в законе в легальной экономике

В общем и целом предоставление *крыши* предусматривает защиту ряда предприятий на данной территории [R5]. В некоторых небольших городах традиционно преобладала одна отрасль промышленности, которой часто занимался местный вор в законе. Как уже упоминалось ранее, в Гурджаани в Восточной Грузии главным предприятием города была фабрика мороженого, а вблизи небольшого городка Болниси основой местной экономики была добыча золота. Оба предприятия охранялись местными ворами в законе [R9].

Рэкет в этих случаях в основном выполняет функцию сдерживания мелкой преступности и конкурирующих вымогателей. Бизнес получает безопасность благодаря связям с влиятельными криминальными деятелями, имеющими в своем распоряжении ресурсы насилия, такие как преступные группы или банды. Проблема для бизнеса в таких случаях заключается в том, что, подобно тому, как само предприятие может быть одним из немногих в городе, преступной группе легче монополизировать территорию и навязать более высокие затраты на защиту в маленьком, а не в большом населенном пункте. По сути, бизнес страдает от отсутствия криминальной конкуренции [Schelling 1984]. Так, например, полиция считает, что фабрика мороженого Гурджаани платила ворам в законе до половины своей прибыли [R10].

Однако другие примеры свидетельствуют о том, что у охраняемых предприятий не просто вымогали деньги, но и предоставляли им в обмен на некие суммы за защиту или иные тесные связи с ворами в законе различные услуги. Например, один криминальный *авторитет*, имеющий связи с влиятельными московскими ворами в законе, обеспечил защиту от вымогательства двум братьям, «Ираклию» и «Дато», занимавшимся в Кутаиси импортно-экспортным бизнесом [Кутаисский городской суд 2008]. В этом случае, по крайней мере, защита была действительно настоящей. Кроме того, на прибыльных рынках с низкими барьерами для входа бизнес может получить выгоду от того, чтобы через угрозу обращения к своему уголовному защитнику препятствовать входу на этот рынок других. Ниже я рассмотрю такую практику на примере таких сфер экономической деятельности, как пассажирские маршрутные перевозки, поставка товаров на рынки, работа игорных заведений.

Микроавтобусы

Как сообщает Чу [Chu 1999: 57], в Гонконге водители маршрутных микроавтобусов часто обращались для своей защиты к триадам. Маршруты, к которым привлекались триады, пользовались спросом из-за отсутствия на них организованных перевозчиков и были прибыльными, а также легко контролируемыми и монополизируемыми. В 1990-е годы в Грузии частные микроавтобусы стали единственным способом передвижения для тех, у кого не было автомобиля. Автобусное сообщение практически отсутствовало, а поезда ходили редко, медленно, и поездки на них были утомительными. Микроавтобусы курсировали и до сих пор курсируют между городами и внутри городов. Они принимают и высаживают пассажиров в любой точке маршрута и часто бывают перегружены людьми, перевозящими животных и растения, товары на рынок и различные личные вещи. В 1990-е годы такой металлический ящик, вмещающий в себя двадцать человек и петляющий по пустынной горной дороге где-нибудь между Кутаиси и Тбилиси, представлял собой хорошую мишень для вооруженных грабителей, которые сажали в микроавтобус во время его отправки своего представителя, чтобы тот сообщал коллегам о своем передвижении, облегчая им организацию засады [R36]. Вообще, водителем микроавтобуса мог стать любой, у кого нашлись деньги на покупку фургона «Форд Транзит». В ту пору проблема водителей, которые уже работали в сфере перевозок, заключалась в том, чтобы обеспечить себе физическую защиту и достаточно высоко поднять весьма низкие барьеры для входа на рынок, чтобы на уже сложившихся маршрутах не появлялись новички и чтобы, по сути, создать на самых прибыльных таких маршрутах картель.

Угрозы, которые несли водителям микроавтобусов как конкуренция, так и перспектива физического насилия извне, делали защиту, оказываемую ворами в законе, более выгодной, чем в других сферах бизнеса, поэтому пассажирские маршрутные перевозки оказались областью, в которую воры в законе были вовлечены особенно активно. Записи прослушки в одном судебном деле из Кутаиси включают в себя звонок человека, который обращается к криминальному *авторитету*, чтобы попросить помощи в поисках украденного микроавтобуса. *Авторитет* соглашается выяснить, что с ним случилось. Звонящий подозревает в краже охранника гаража, просит разобраться с этим охранником и вывезти его «в лес». *Авторитет* соглашается с этим ходатайством [Кутаисский городской суд 2008]. Очевидно, звонивший чувствовал, что в данном случае он находится под защитой *авторитета*.

Найти украденный автобус и наказать вора — это одно, но наблюдение за водителями микроавтобусов и обеспечение их безопасности на длинных маршрутах — деятельность для преступной группы, как отмечает Чу [Chu 1999], дорогостоящая. В городе Зугдиди маршруты микроавтобусов были поделены между двумя местными ворами в законе, причем каждый водитель каждый день платил за их услуги не очень большие деньги, возможно, всего 20 лари (10 долларов), соизмеримые с также небольшой (эквивалентной примерно 20 центам) платой за поездку через город одного пассажира [R22]. От присутствия на их рынке воров в законе, которые регулировали конкуренцию и обеспечивали физическую защиту, водители микроавтобусов в какой-то мере выигрывали, и некоторые из них, похоже, активно поддерживали это присутствие. Например, в 2004 году арест в Кутаиси известного вора в законе А. Н. Имедадзе вызвал волнения. Водители объявили забастовку, и несколько микроавтобусов не вышли в рейс. Вице-мэр Кутаиси сразу же объяснил забастовку давлением со стороны тех, кто связан с ворами в законе, отметив, что мафиози контролируют городские маршруты [Interpress 2004]. Однако, конечно, возможно, что эта забастовка свидетельствует не о выгоде, которую водители маршруток получали от вора в законе, и не об открытой его поддержке, а о страхе его не поддержать.

В связи с этим стоит еще раз подчеркнуть, что, хотя воры в законе защищали маршрутки от конкуренции с другими водителями и от проблем с другими преступниками, часто у водителей просто вымогали деньги, то есть продавали им защиту от угрозы самих воров в законе. Один такой вор организовывал в Кутаиси грабежи водителей маршруток до тех пор, пока те не собрались вместе и не согласились платить ему 30 лари (около 15 долларов) в день с каждого водителя за защиту [AOCU 2004].

На дальних маршрутах оказалось проще нападать и грабить, чем защищать. По словам бывшего прокурора и губернатора региона, воры в законе были вовлечены в нападения на дорогах через контроль за группами угонщиков [R36]. Защитой во время дальних поездок может быть только конвой, но тогда эта защита будет дорого стоить. Несмотря такие расходы, по причине отсутствия безопасности на дорогах постсоветской Грузии рынок обеспечивающих защиту конвоев быстро развивался [R5]. Случаи появления на нем воров в законе, по-видимому, ограничиваются короткими маршрутами. Например, в Черноморском порту Поти вор в законе Б. обеспечивал транспортным средствам, в том числе задействованным в транспортировке микроавтобусам, охранные конвои для доставки грузов от морского терминала до города [AOCU 2004].

Поездка в составе конвоя на большое расстояние — это роскошь, которую водитель микроавтобуса не мог себе позволить. Однако на рынке Эргнети, расположенном на границе между Грузией и де-факто независимым государством Южная Осетия, импортеры и оптовики могли, а в некоторых случаях и должны были оплачивать конвой для своих грузовиков, следующих в Тбилиси. В этом конкретном случае в деле, по-видимому, участвовала заведомо коррумпированная транспортная полиция [Kukhianidze 2003]. А возможно, указанные услуги предлагались коррумпированными представителями государства, поскольку в силу своего служебного положения те имели перед преступной группой преимущество в том, что могли проводить грузовик или автобус в Тбилиси, защитив его от пристального внимания хищной транспортной полиции, которая в ту пору устраивала дорожные проверки и вымогала у проезжающих водителей деньги[22].

На рынке маршрутных такси воры в законе могли сдерживать потенциальных конкурентов и создавать монополии и картели. В 1990-х и начале 2000-х годов они выполняли эту функцию во многих областях. Рассмотрим в качестве примера оптовиков, снабжавших товарами рынки.

Рынки

Воры в законе занимались контролем и регулированием поставок товаров на рынки. В обмен на часть прибыли оптовиков воры в законе и их сообщники могли обеспечить покупку продавцами рыночных ларьков и киосков только определенного товара и только у определенного оптовика. Не найдя никого, кто мог бы купить их продукцию, другие оптовики обнаруживали, что им трудно выйти на рынок. В этом случае защита, предоставляемая оптовику его криминальным покровителем, приводила к тому, что владелец ларька также оказывался вовлечен в ее предоставление.

Например, одной семье пришла в голову идея покупать в Турции в больших количествах дешевые фрукты и овощи и продавать

---

[22] К. А. Бендукидзе, бывший министр финансов, сообщает, что грузовик, следовавший в Тбилиси из Боржоми с грузом минеральной воды, мог быть остановлен коррумпированной транспортной полицией более чем пятьдесят раз, что влекло за собой взяточничество в размере 100 долларов и потерю многих часов времени (Семинар REES (Russian and East European Studies), Колледж Святого Антония в Оксфорде, 25.01.2010.)`

их с прибылью в Тбилиси. Однако найти покупателей на их продукцию оказалось непросто:

> Они отправлялись на рынок, привозили вагонами, например, помидоры, и никто их не покупал... Рынки контролировались вором в законе, или в некоторых случаях чиновником, или в других случаях ими обоими вместе ... они контролировали, кто что имеет право продавать, и, если у вас был киоск на рынке, вы покупали помидоры только у одного парня: у которого была крыша вора в законе... Продаваемый товар называли в честь вора в законе или чиновника, контролирующего торговлю ... например, «помидоры Михо» [R17][23].

Кутаисский вор в законе А. Н. Имедадзе, предоставлявший защиту маршрутным такси в Кутаиси, также занимался охранным рэкетом ларьков рынка «Имерети-2000» и отвечал за распределение средств *общака*, образовавшегося в результате этой деятельности. Однако, в отличие от случая с водителями маршруток, нет никаких упоминаний о том, что продавцы рыночных ларьков бастовали, когда он был арестован в апреле 2004 года [Новости Грузии 2004]. Это могло быть связано с тем, что по сравнению с водителями владельцы ларьков мало выигрывали от покровительства Имедадзе и действительно были вынуждены покупать товар по монопольным ценам у защищенных оптовиков.

Помимо контроля за реализацией товаров в местах их продажи воры в законе и их сообщники также контролировали в некоторых случаях производственные площадки и транзит какой-либо продукции. Западная Грузия богата плодородными землями

---

[23] Стоит заметить, что, когда государство после 2003 года вернуло контроль над легальными рынками, покровительствуемые государством привилегированные клиенты монополизировали производство некоторых товаров, таких как шоколад и конфеты. Эти продукты вскоре тоже получили имена так же, как «помидоры Михо», хотя вместо вора в законе Михо имя стало даваться по имени контролировавшего торговлю правительственного чиновника, как, например, «шоколад Вано», названный так в честь бывшего министра внутренних дел И. С. Мерабишвили, носившего имя Иване (Вано) [Rimple 2012].

для выращивания различных видов сельскохозяйственной продукции, включая травы и зелень, такие как укроп и эстрагон. Два бизнесмена, занимавшиеся экспортом этой зелени на московский рынок, поссорились из-за выплаты причитавшейся одному из них значительной суммы денег — 8 тыс. долларов [R19]. За помощью в решении вопроса они обратились к вору в законе К. Тот был рад выступить арбитром за заранее оговоренный процент от суммы, но, как только спор был улажен, произошло нечто, чего бизнесмены, очевидно, не ожидали:

> К. спросил их: «Извините, ребята, но где вы зарабатываете столько денег?» И они рассказали ему о своем зеленном бизнесе... После этого они стали платить за каждый экспортированный килограмм... Воры в законе понятия не имели, что люди могут зарабатывать столько денег на зелени! Но когда вы имеете дело с тоннами зелени, отправляющейся на московские рынки, и получаете 2 доллара или больше за килограмм, оказывается, что это неплохой бизнес... Поэтому они взяли процесс под контроль, как в самом его начале здесь, в Кутаиси, так и по прибытии товара в Москву. Вышло так, что один вор в законе взял свою долю здесь, а другой вор в законе сделал это в Москве [R29].

Этот случай обнаруживает некоторые интересные особенности: во-первых, бизнесмены обратились к вору в законе для разрешения своего спора; во-вторых, разрешение споров, очевидно, являлось для воров в законе механизмом сбора информации о бизнесе; в-третьих, как только бизнесмены обратились к ворам в законе, у них не осталось другого выбора, кроме как предоставить им регулярную долю прибыли; и, наконец, хотя деловые интересы заинтересованных сторон простирались за пределы Грузии, исторические связи торговцев бывших советских республик, отмеченные советскими властями, и перемещение грузин в Россию в постсоветский период (см. главу 5) означали, что у них не было проблем с бизнесом в обоих концах торговой цепочки. Хотя описанный случай выглядит как пример прямого вымогательства, мы можем предположить, что за установленную для них плату бизнесмены приобрели некую услугу, поскольку теперь в интересах воров как с материальной стороны дела, так и с точки зрения репутации было важно обеспечить бесперебойное производство, экспорт и продажу зелени.

Азартные игры и взыскание долгов

Взыскание долгов и урегулирование связанных с азартными играми денежных споров представляют собой традиционную деятельность воров в законе, которые занимались этим еще в советских тюрьмах [Oleinik 2003]. Многие респонденты говорили об этом как о деятельности, в которую в постсоветской Грузии вовлекались воры в законе, поскольку игорные заведения были легальны и широко распространены. Примером может служить случившееся Кутаиси в 2007 году, когда большая группа «членов воровского мира» была арестована в соответствии с новым направленным против мафии законом, принятым в 2005 году. Дело касалось группы действовавших под покровительством некоторых воров в законе преступников, которые занимались рэкетом букмекерских контор, устанавливали в соответствующих местах различных городов собственные игровые автоматы и извлекали часть прибыли этих мест [Кутаисский городской суд 2008; R29; R32]. Группа также собирала за вознаграждение карточные долги.

В случае с кутаисской группой для выявления тех, кто занимался рэкетом игорных заведений и неофициальным взысканием долгов, использовалась прослушка. Часть прослушивающих устройств была размещена на телефонах криминальных авторитетов, которые в то время находились в тюрьме Гегути под Кутаиси. Основные решения, судя по всему, исходили из тюрьмы и поступали к находящимся вне ее исполнителям после договоренностей между заключенными криминальными «авторитетами». Судебные протоколы показывают, что различные лица выполняли различные обязанности, включая взыскание долгов, разрешение споров финансового и морального характера и защиту определенных деловых интересов от других вымогателей.

Основная тема договоренностей была сосредоточена на взыскании долгов, а также на том, как эти деньги можно изъять и кому они должны быть выплачены. Велись разговоры о том, чтобы открыть больше предприятий в других городах, и о том, с какими местными криминальными авторитетами следует связаться. Понятно, что часть денег, полученных через взыскание долгов, шла в коммунальный воровской фонд, или *общак*: в одном случае было решено передать в него 6 тыс. долларов [Кутаисский городской суд 2008].

Одним из главных членов преступного сообщества, действовавшего в Кутаиси, был Д., родственник двух видных воров в законе, которые в то время проживали в Москве. В спорах, касавшихся денег, взимаемых за защиту, и конфликтов, возникавших в связи с пополнением *общака*, часто звучали имена этих двух воров в законе, что наводило на мысль о том, что они также вовлечены в деятельность группы, действующей в Кутаиси, хотя и находятся на большом расстоянии от нее. Согласно приговору суда [Кутаисский городской суд 2008], «Д. активно участвовал в изъятии сумм, проигранных различными лицами в процессе азартных игр. Для этого он использовал авторитет своего сводного брата ... и своего шурина [оба воры в законе]». Д., конечно, мог просто воспользоваться репутацией своих родственников, чтобы достичь своих целей без реального участия последних.

В другом случае должнику сообщили, что по решению другого живущего в России известного вора в законе по кличке Боксер он должен заплатить 3,1 тыс. грузинских лари (около 1,5 тыс. долларов). Трудно сказать, упоминаются ли эти имена для усиления угрозы, или эти знаменитые воры в законе действительно были вовлечены в рэкет и могли на него повлиять. Скорее всего, имя и репутация использовались для более эффектного предъявления требований, хотя не следует исключать, что часть денег могла быть действительно предназначена московским ворам в законе [R29].

Деятельность этой преступной группы была пресечена в ноябре 2007 года. После длительного наблюдения полиция приняла решительные меры, и восемнадцать человек были обвинены в принадлежности к воровскому миру и в том, что они «занимались рэкетом и терроризировали местных предпринимателей» [Лента 2007].

Итак, мы видели примеры деятельности воров в законе в легальной экономике. Эти примеры выявили случаи вымогательства, защиты от физических угроз, обеспечения назначения наказания и его принудительного исполнения, регулирования рыночной конкуренции, контроля за поставками определенных товаров, разрешения хозяйственных споров, взыскания долгов. Теперь обратимся к связи воров в законе с незаконной деятельностью.

Воры в законе и регулирование незаконной деятельности

В данном разделе рассматриваются примеры деятельности, в которой не было попытки рэкета законного юридического лица, однако вместо этого воры в законе получали прибыль от предложения арбитража и нелегального правосудия после совершения правонарушений преступными группами. Часто эти группы контролировались ворами в законе. В двух приведенных мною примерах — похищение людей и угон автомобиля — преступная группа делала мишенью своей преступной деятельности отдельных людей или похищала личное имущество, а воры в законе предлагали услуги по разрешению споров и защите после совершения преступления.

Здесь я различаю монополизацию защиты в законных отраслях деятельности и монополизацию различных незаконных видов деятельности, такие как угон автомобилей, вооруженное ограбление, кража со взломом, торговля наркотиками, проституция, похищение людей, а также контроль за ними. Это различие, конечно, в действительности может быть довольно размытым. Такая деятельность, как похищение человека, может являться формой наказания или навязывания своей воли в ходе рэкета законной фирмы. Однако похищение также может являться независимой деятельностью, которая используется на разовой основе для получения денег путем вымогательства. Эта деятельность может быть монополизирована и использована в преступных намерениях без какой-либо дальнейшей цели. Похищениями могут заниматься не только организованные преступные группировки, о чем я расскажу далее.

Похищение вообще и похищение невесты в частности

В отличие от Сицилии, где мафия запретила похищения людей по причине воздействия, которое эти похищения оказывали на ее клиентскую базу [Gambetta 1993; Paoli 2003], в Грузии в 1990-е годы похищение людей стало широко распространенным и совершалось не только ворами в законе, их сообщниками и неуправляемыми военизированными группами, но и правоохранительными органами. В начале 2000-х годов были раскрыты крайне неоднозначные случаи похищения бизнесменов и доставки их чеченским боевикам, укрывшимся в Панкисском ущелье, а также убийства известного журналиста за репортаж об этом [Lomsadze 2002]. Когда в Кодорском ущелье на западе Грузии пропали без вести сотрудники ООН, грузинское правительство обратилось к известному вору в законе Т. Г. Ониани с просьбой найти виновных и договориться об освобождении похищенных, что ему удалось благополучно сделать. Возможно, его успех не был случайным; в некоторых случаях похищения организовывались в первую очередь ворами в законе и осуществлялись преступными группировками, которые затем предлагали услуги вора в законе в качестве доверенного посредника для решения вопроса о выплате выкупа и безопасном освобождении [R12].

Проблема, с которой сталкиваются похитители и заложник, это, по сути, проблема доверия, когда речь идет о гарантиях того, что произойдет в будущем, если выкуп будет выплачен и заложник освобожден [Gambetta 2009a]. Похитителям нужны гарантии того, что, если они освободят заложника, он не будет мстить в судебном порядке или другими способами. Заложник должен знать, что, если он заплатит похитителям, они ни при каких условиях не убьют его, чтобы предотвратить будущую месть теперь, когда их требования выполнены. Сильный и авторитетный посредник может обеспечить оптимальное для обеих сторон решение путем обеспечения соблюдения заключенных соглашений, то есть обеспечения защиты от нарушения взятых сторонами на себя обязательств на более позднем этапе. Таким образом, похитители могут получить свои деньги и не опасаться дальнейших последствий своих действий, заложнику удается остаться в живых, а посредник получает свою долю. В Грузии, где похищение людей стало довольно обычным делом, воры в законе оказались убедительными кандидатами на эту посредническую роль.

В постсоветский период в республике возродился еще один, когда-то традиционный вид похищения — похищение невест. Эта практика была распространена на Кавказе и в Центральной Азии вплоть до начала советского периода, когда Коммунистическая партия попыталась ее «искоренить». Возрождение этой практики в 1990-е годы свидетельствует о провале такой политики [Kokhodze 2006]. Однако в Грузии, пережившей десятилетия советской модернизации, в некоторых слоях общества отношение к похищению изменилось. Именно разрыв, появившийся в 1990-е годы между возрожденной старой горской традицией и более прогрессивным, часто городским отношением к ней создал плацдарм для разрешения споров.

Возрождение практики похищения невест породило конфликты между семьями и, таким образом, предоставило возможность их разрешения стороннему посреднику с репутацией надежного и способного к насильственному принуждению субъекта. Указанный тип похищения предусматривает участие мужчины (иногда с сообщниками), который увозит нужную ему женщину в тайное место, а затем заявляет на нее права как на жену. Согласно традиции, если похищение пройдет успешно, семья женщины должна согласиться на брак. Результат похищения невесты зависит от срока пленения: чем дольше женщина находится в руках похитителей, тем больше вероятность того, что ее семья уступит требованиям (это, по-видимому, связано с повышенной вероятностью того, что она потеряла или могла потерять девственность по обоюдному согласию или иным образом). Это означает, что для выхода из ситуации семье женщины будет жизненно важно максимально быстрое решение проблемы.

В случаях, описанных респондентами, вопрос заключался в том, как вернуть похищенную невесту и предотвратить ее повторное похищение [R1; R16]. В одном эпизоде, когда девушка была похищена молодым человеком С., склонным к участию в деятельности воровского мира, семья жертвы пригласила к себе домой для посредничества имеющие отношение к делу семьи и хорошо знакомого полицейского:

> Полицейский заверил нас, что не будет арестовывать С., но на самом деле это не имело никакого отношения к закону; дело было в том, что тот находился в доме пригласившей его семьи, и арестовать его там было бы постыдно. С. заставили написать и подписать заявление, в котором он соглашался больше не предпринимать попыток похищения... Родители, я думаю, знали, что С. не следует понятиям [неформальным правилам] полицейских, и через пару дней они организовали еще одну встречу, на которую уже привели знавшего их семью вора в законе. На этот раз С. заставили дать слово больше не предпринимать попыток похищения. Вор в законе услышал это и заявил, что, если соглашение будет нарушено, это будет иметь последствия для С. ... Однако С. был известен некоторым влиятельным криминальным авторитетам, и я думаю, его было бы трудно наказать [R1].

И похищение с целью выкупа, и похищение невесты обеспечивали рынок для разрешения споров. В первом случае спрос мог быть увеличен за счет использования преступных групп, занимающихся похищением людей, в первую очередь именно для того, чтобы привлечь преступного посредника. Работа вора состояла в том, чтобы обеспечить исполнение соглашения к удовлетворению обеих сторон. Разрешив спор, вор в законе мог предложить жертвам защиту от повторного похищения. В случае похищения невесты, как мне представляется, вор в законе был приглашен главным образом для того, чтобы договориться о скорейшем решении проблемы и отговорить молодых людей от повторных попыток украсть невесту.

Угон автомобиля

Генерируя незащищенность, преступность была способна заставить людей пользоваться услугами воров сама по себе, однако особенно много работы им давало такое преступление, как угон автомобиля. Эта деятельность часто осуществлялась связанными с ворами в законе преступными группами, которые не пытались продать угнанный автомобиль, а именно «похищали» его с целью вернуть владельцу за определенную плату. Там, где респонденты сообщали, что общались с ворами в законе лично, это часто происходило из-за угнанной машины. Во многих случаях в попытке вернуть машину именно жертва обращалась к известному в соответствующей местности вору в законе или к кому-нибудь, кто его знал. Иногда, по аналогии с похищением человека, такая жертва получала информацию об угоне и потенциальных посредниках, которые могут организовать возврат автомобиля, по телефону. Однажды чиновнику местного самоуправления позвонили и сообщили об угоне его автомобиля. Поэтому он был удивлен, увидев свою машину там, где он ее оставил; очевидно, ответственная за угон банда ошиблась в идентификации владельца [R40].

В тех случаях, когда переговоры шли гладко, выплаченная сумма могла зависеть от личных отношений жертвы и посредника. Один из респондентов, хорошо знакомый местному вору в законе, согласился с тем, что тот взял в качестве оплаты только фрагмент автомобильного оборудования — проигрыватель компакт-дисков, — и когда пострадавший посетовал на это, ему ответили, что «мальчики должны что-то получить за свою работу!» [R17]. В других случаях плата могла быть согласована. У одного из респондентов в 1995 году в Кутаиси угнали машину, но в полицию он не обратился:

> В то время вы не могли полагаться на них [полицию], они сами лишь использовали воров в законе, чтобы сделать что-то ... вместо этого я обратился к своему другу ... у него были контакты... В конце концов он позвонил и предложил

мне встретиться с ним на улице рядом с его домом ... мы
подождали, и подъехали несколько машин ... мы подошли,
а потом, когда я заглянул внутрь, я узнал одного из парней,
он был вором в законе ... он спросил меня: «Ты вообще
разговаривал с полицией?» Когда я ответил, что нет, это,
казалось, его вполне удовлетворило... Он просто сказал:
«Хорошо, вам не нужно идти в полицию, просто приходите
к нам, мы можем вам помочь»... После этого машина была
возвращена мне через моего друга, но я потерял на этом
400 долларов [R23].

Расположение города Зугдиди рядом с демилитаризованной
зоной, отделяющей Грузию от сепаратистской Абхазии, облегчало
укрытие там украденных автомобилей, которые можно было
легко переправить через фактическую границу. «Все перевозят
краденое через границу, потому что оттуда никто не может ничего вернуть. Грузинская полиция не имеет там никакой власти,
поэтому она ничего не может сделать. Как только там что-то
окажется, оно пропадет, если у вас нет знакомств» [R22]. Однажды
через границу в Абхазию был угнан и доставлен в Гали, город, все
еще населенный грузинами, микроавтобус. В Зугдиди местный
вор в законе согласился вернуть его за одну тысячу долларов [R22].

Угон автомобиля также представляется областью, в которой
разрешение споров имеет не слишком четкую границу с более
общим понятием, продажей защиты, когда на первое место выступает необходимость предотвратить кражу. В этой области
воры в законе снова использовали свое положение криминальных
авторитетов и могли использовать преступные группы для увеличения спроса на свои услуги. Суть этих услуг — продажа защиты и разрешение споров — с советских времен изменилась мало.

Заключительная часть

В этой главе было показано, что воры в законе занимались
множеством видов деятельности. Для большей ясности тем не
менее эти виды могут быть сведены к одному: к обеспечению

защиты на данной территории. Воры в законе вполне могут заниматься другой, не связанной с мафией, активностью, например законным бизнесом, но до тех пор, пока они также участвуют в обеспечении защиты и претендуют на своего рода господство над областями, где они эту защиту обеспечивают, они могут справедливо рассматриваться как мафия. Защита, которую обеспечивает мафия, может рассматриваться как форма внеправового управления, которое включает в себя регулирование споров, сбор налогов и притязание на власть над сферами бизнеса и территорией [Varese 2010].

Воры в законе, как мафия, существовавшая до распада Советского Союза, стали одной из многих форм внеправового управления, которая смогла претендовать на влияние после распада Советского государства. Хотя это очень трудно сопоставить, сравнивая советский и постсоветский периоды, мне кажется, что капитализм в слабом государстве представлял для мафии больше возможностей, чем «вторая экономика» в сильном социалистическом [Lotspeich 1995]. Вся экономика начала постсоветского периода, как легальная, так и нелегальная или серая, несмотря на ее спад, оставалась незащищенной и нерегулируемой государством, превосходя в этом отношении все, что наблюдалось в последние дни коммунистического правления. Спрос на защиту в связи с этим возрос, и потому число действующих лиц, конкурирующих за возможность предоставить такую защиту, также возросло.

Выше мы рассмотрели спрос на услуги мафии и их предложение ворами в законе. Завершая главу, следует добавить, что Грузия объединила в себе две структурные особенности, которые помогают ответить на тревожный вопрос: почему по сравнению с другими постсоветскими республиками именно она так выделялась в производстве воров в законе? Как и в случае с Сицилией и с «отсталым» югом Италии, для объяснения особого положения воров в законе в Грузии часто используются тамошние менталитет и культура — похоже, это служит либо для того, чтобы изобразить Грузию и грузин несовременными и атавистичными, либо представить их исключительно мужественными, романтичными и свободолюбивыми — в зависимости от того, кто о них говорит и какова целевая аудитория. Альтернативное и более соответствующее действительности объяснение этой загадки начинается с того, что на исходе своего советского периода Грузия объединила одну из крупнейших «вторых экономик» с одним из худших случаев государственного коллапса в регионе после 1991 года (хуже дела обстояли только в Таджикистане). В связи с этим спрос на внеправовое управление со временем рос и оказался в Грузии исключительно высоким даже для постсоветского региона. Конечно, для объяснения такого имевшего место в грузинской культуре отклика воров в законе на потребность в удовлетворении этого спроса должны быть привлечены и другие факторы, но акцент на заинтересованности в услугах мафии, по крайней мере, является началом ответа на заданный выше сложный вопрос, без участия в эссенциалистских дискуссиях о национальных или культурных «чертах» или «грузинском менталитете».

Если говорить об устойчивости воров в законе, их деятельность на протяжении двух рассмотренных периодов обеспечивала им приток ресурсов. В сущности, воров в законе в постсоветский период следует рассматривать как растущую силу с увеличившимися ресурсами и более разнообразным портфелем заказов, чем когда-либо прежде. Однако, хотя такое положение вещей, в принципе, должно было повысить устойчивость воровских структур к экзогенным шокам, оно также оказалось связано с другими влияющими на эту устойчивость факторами, такими как конкуренция, динамика отношений с представителями государства, внутренние отношения, приверженность друг другу и контроль границ членства в отныне еще более прибыльной преступной сети. В следующих главах я рассмотрю эти элементы по очереди и начну с взаимодействия мафии и государства.

4

Хищник против хищника: государство и мафия до и после «революции роз»

8 марта 1931 года предшественник КГБ Особое государственное политическое управление, иначе известное как ОГПУ, выпустило директиву 108/65, которая предписывала тюремной системе использовать пролетариев и крестьян для участия в политических репрессиях «чуждых», то есть политических, элементов советской лагерной системы — ГУЛАГа [Емельянов 2006]. Обычные преступники считались «социально близкими» коммунистическому режиму, более близкими, чем политические заключенные. Является ли такая политика катализатором возникновения сообщества воров в законе, неясно. Сознательно ли советская власть создавала эту преступную касту и манипулировала ей в своих целях? Вопрос об истинных взаимоотношениях между ворами в законе и государством возник в момент зарождения этого преступного сообщества, и данная глава в основном посвящена этим взаимоотношениям, развивавшимся в Грузии с 1980-х годов[1]. В главе рассказывается о том, как они изменились

---

[1] Широко распространено мнение, что советская власть, желая подавить политзаключенных и контролировать лагеря, опираясь на прежние иерархии и неформальные правила, существовавшие в прошлом, создала братство воров в законе. Данная версия никогда не была убедительно обоснована, хотя есть некоторые основания полагать, что она соответствует действительности. Известно, например, что, будучи молодым революционером, Сталин

в конце советского периода истории республики и в 1990-е годы и как борьба с организованной преступностью успешно, хотя и неоднозначно велась с 2003 года после так называемой «революции роз», которая привела к мирному свержению Э. А. Шеварднадзе. Но сначала я кратко опишу концептуальные рамки, которые буду использовать для понимания взаимодействия мафии и государства.

Сети доверия и государственное хищничество

Государства и сети доверия, будь то мафии, тайные общества, утопические общины, религиозные ордена, диаспоры и т. д.[2], обладают ресурсами, которые они используют для стратегического взаимодействия друг с другом. В зависимости от их сравнительных размеров и силы они используют различные методы. Когда это возможно, государство пытается реквизировать ресурсы сетей доверия. Как пишет Тилли: «В течение длительного исторического периода самыми стойкими и эффективными хищниками, жертвами которых становились сети доверия, были должным образом сформированные правительственные агенты, которые просто выполняли свою работу» [Tilly 2005: 86]. Тогда, когда сети доверия не подлежат подавлению, государства могут либо терпеть их, либо даже способствовать их существованию [Tilly 2005: 104–105].

использовал криминальные элементы для помощи себе в тюрьме и знал об использовании преступников для подавления политических заключенных или помощи им [Монтефиоре 2014]. С другой стороны, вполне можно объяснить появление воров в законе, не обращаясь к роли, сыгранной в этом государством. Не исключено, что ради стабильности, порядка и самосохранения в хаосе нового советского пенитенциарного режима, характеризующегося в 1920-е годы массовой текучкой заключенных, для выполнения необходимых для этого функций сформировались новые иерархии и появились воры в законе.

2   См. главу 2, где я теоретически рассматриваю концепцию сетей доверия применительно к ворам в законе.

Участники сети доверия, в свою очередь, могут использовать для взаимодействия с государством «восходящие» стратегии. Тилли [Tilly 2005: 104] выделяет семь таких стратегий, а именно:

1. *Хищническое поведение* по отношению к государству со стороны сети доверия.
2. *Сокрытие* себя от нежелательного внимания государства.
3. *Отношения клиента и патрона*, когда последний предоставляет защиту от имени государства.
4. *Обман* или притворное подчинение.
5. *Вербовка* и переход на сторону государства.
6. *Договоренности* при прямом и непосредственном контакте с представителями государства.
7. *Роспуск* сети с намерением ее воссоздания в будущем или без него.

Далее Тилли уточняет, что стратегическое взаимодействие между государствами и сетями доверия может привести к трем возможным уровням интеграции: отделению от государства, договорной связи с государством или интеграции с государством. Отделение включает в себя такие явления, как тайные, обособленные религиозные секты и монашеские ордена, хотя полное отделение знает примеры в виде пиратских сообществ, которые становятся каперами, а затем пополняют государственный флот, или независимых ополчений, которые потом объединяются с государственными армиями. Средний уровень, договорная связь, относится либо к патронатным отношениям с использованием в государственных учреждениях действующих лиц среднего уровня, либо к комиссионерской автономии, предусматривающей признание сети доверия и ее прав.

Мафии представляют собой хорошие примеры для наблюдения за подобными стратегиями в отношениях между государством и сетью доверия. В основном это связано с тем, что государство и мафия претендуют на одни и те же ресурсы, получение материальной дани от общества в обмен на предоставление защиты [Tillі 2016; Poggi 1990; Skaperdas, Syropoulos 1995]. Исследования мафий в разных частях мира и в разное время показывают, что они использовали целый ряд «восходящих» стратегий Тилли в переговорах, связанных с конкурентными в своей сути отношениями с государством [Reuter 1995; Rawlinson 1997; Milhaupt, West 2000; Jacobs et al. 2001; Schneider, Schneider 2003; Hill 2006; Kupatadze 2012][3].

Однако было бы ошибкой рассматривать мафии и государства как некие монолитные образования без оценки их составных частей [Hill 2006]. Вместо того чтобы исследовать всеобъемлющие стратегии группового уровня, будет более плодотворным анализировать взаимодействие государства и мафии на уровне индивидуальностей, отношения на котором могут быть прагматичными и включать в себя стратегию «услуга за услугу». Однако при их достаточно широком распространении прагматические связи между отдельными представителями государства и мафиози могут перерасти в нежелание на государственном уровне проводить антимафиозную политику. Политики могут предположить, что агрессивная кампания против мафии может привести к конфронтации или подтолкнуть организованную преступность к перетеканию в другие области, что повлечет за собой бо́льшие

---

[3] Применительно к Японии см. [Milhaupt, West 2000; Hill 2006]. Они показывают, что в своем взаимодействии с японской политической машиной якудза практикуют притворство, открыто действуя по правительственным правилам и замещая государство там, где правительство намеренно отказалось от своей власти, но, несомненно, все еще готовы использовать для достижения своих целей летальное насилие. На Сицилии связи между мафией и государством на протяжении 1980-х годов, по-видимому, представляли собой стратегию договоренностей с политиками высшего уровня. «Коза ностра» яростно отреагировала, когда в 1990-х годах достигнуть таких договоренностей не удалось и результаты выборов угрожали сложившемуся статус-кво [Jamieson, Violante 2000; Orlando 2001; Schneider, Schneider 2003]. Аналогичная ситуация существовала и в Америке: для примеров см. [Jacobs et al. 2001: 130]. Кроме того, исследование Янковским [Jankowski 1991] американских уличных банд показывает, что эти группы также используют в переговорах, связанных с угрозой правительственных репрессий, такие стратегии, как отношения патрона и клиента, притворство и даже вербовка — например, помогая получить голоса для местных политиков в обмен на их благосклонность.

издержки, чем постоянная терпимость к присутствию мафии [Celentani et al. 1995; Reuter 1995]. Государственная машина также может быть наводнена влиятельными личностями, для которых наступление на мафию принесло бы ущерб личным материальным интересам [Kupatadze 2012]. Решение о борьбе с мафией также может быть обусловлено другими факторами макроуровня, такими как популярность правительства, политическая оппозиция, доступные ресурсы и идеологическое позиционирование коллективных действующих лиц, таких как НПО и политические партии.

Ниже я буду утверждать, что, будучи мафией, грузинские воры в законе, взаимодействуя с государством, использовали смесь «восходящих» стратегий Тилли. Эти стратегии и их результаты чередуются с течением времени: поздний советский период (1980–1991 годы), по-видимому, представляет собой время как терпимости, так и репрессий со стороны государства и отношений «клиент — патрон» со стороны воров в законе, с созданием в результате договорной связи через покровительство локальных государственных деятелей. В отличие от этого постсоветский период (1992–2003 годы) представляет собой время, когда государство относилось к ворам в законе терпимо и оказывало им содействие, а некоторые из этих воров могли договариваться с политическими фигурами и интегрироваться в государственные и экономические секторы. Наконец, период, последовавший за «революцией роз» (2003–2012 годы), характеризующийся репрессиями и массированным давлением государства на организованную преступность, привел к переориентации на сопротивление государству, сокрытие и маскировку. Ниже я подробно рассмотрю каждый упомянутый период.

Мафия и государство в поздний советский период: отношения «патрон — клиент» и договорная связь

В поздний советский период первые секретари в Грузии назначались на основе их предполагаемой способности бороться с преступностью и коррупцией. Время пребывания Шеварднадзе

(1972–1985) на посту первого секретаря Коммунистической партии Грузинской Советской Социалистической Республики началось с жесткой политики борьбы с преступностью и коррупцией и громких арестов. Усилия Шеварднадзе вытеснили воров из Грузии в другие республики под угрозой ареста и тюрьмы под разными предлогами, такими как хранение незаконных товаров, например наркотиков и оружия [Kukhianidze 2009: 220]. Это означает, что, поскольку возможность сообщить об этих угрозах имелась, полиция и воры находились в каком-то контакте. Использование для возможных арестов альтернативных предлогов указывает к тому же на недостатки советского уголовного кодекса в отношении «групповых преступлений». Пусть даже уличение в «рецидиве» могло быть добавлено к обвинительному приговору, в связи с чем санкции были бы усилены, советские власти не сразу признали существование организованной преступности, и потому воры в законе осуждались за родственные ей преступления, такие как незаконное хранение оружия, или по универсальным обвинениям, таким как обвинение в хулиганстве [Backman 2000; AOCU 2004].

Как и его предшественник Шеварднадзе, Д. И. Патиашвили, первый секретарь ЦК Коммунистической партии Грузии в 1985–1989 годах, также расправлялся с преступностью. Серио и Разинкин утверждают, что к 1986 году пятьдесят шесть грузинских воров в законе были заключены в тюрьму на основании обвинений в совершении различных мелких преступлений. И, предвосхищая то, что должно было произойти в 2004 году, Центральный комитет пригрозил арестом тем чиновникам, которые могли бы не выполнить это задание [Serio, Razinkin 1994: 2][4]. Патиашвили также использовал само существование советского тюремного архипелага, отправив многих воров в законе, осужденных в Грузии, в другие места Советского Союза. Бывшие тюремные работ-

---

[4] В докладе European Stability Initiative [ESI 2010] утверждается, что аналогичная угроза была высказана в 2004 году тогдашним министром внутренних дел Георгием Барамидзе в отношении терпимости местных правоохранительных органов к ворам в законе.

ники из Тбилиси и Кутаиси так ссылались на этот период: «Тогда у нас [в тюрьме Гегути под Кутаиси] содержалось 1800 человек. В 1985 году в заключении пребывало двенадцать воров в законе, но именно тогда их решили выслать из Грузии» [R25].

В 1987 году Центральный комитет Коммунистической партии Грузии отметил эффективность этой политики ввиду увеличения количества работы, выполняемой заключенными. К 1987 году принятое двумя годами ранее постановление о дисциплине и законности в исправительно-трудовых лагерях Грузии и усиленная борьба с «воровскими элементами» привели к улучшению положения и увеличению числа заключенных, привлеченных к труду, с 85,2 до 95,4 %. Это привело к увеличению стоимости продукции лагерей с 58,6 млн до 73 млн рублей[5].

Результаты политики контроля преступности на уровне республики, однако, не соответствовали их описаниям. Непреклонность коммунистического правительства по отношению к преступности и «негативным тенденциям» была риторикой, которая радовала властителей в Москве, не обязательно оказывая большое влияние на грузинское общество или на отношения между государством и мафией, если рассматривать их с точностью до составных частей [Rostiashvili 2002]. Шелли утверждает, что борьба с преступностью и коррупцией в 1970-х и 1980-х годах «сделала больше для продвижения карьеры Шеварднадзе, чем для ликвидации [преступности] в грузинском обществе» [Shelley 2007: 53]. Действительно, другие архивные источники периода Патиашвили свидетельствуют о том, что полиция поддерживала связи с ворами в законе. Например, в докладе, представленном Центральному комитету высокопоставленным полицейским чиновником в 1986 году, прямо указывалось:

Много раз говорилось, и хочется еще раз заявить, что главным недостатком в нашей работе была неэффективность в борьбе с теми, кто поддерживает воровские традиции, некоторые наши чиновники относятся к этим подонкам с особым уважением и даже страхом. Именно потому эти

---

[5] Архив МВД I. Ф. 14. Оп. 128. Д. 143.

элементы легко создают для себя «безупречный авторитет», становясь для некоторых неуравновешенных молодых людей, тяготеющих к совершению преступлений, образцами для подражания[6].

Эта точка зрения уже была выражена на уровне СССР в директиве 1985 года, которая гласила: «Некоторые из них [воров в законе] путем подкупа и шантажа установили преступные контакты с отдельными работниками охранных структур, проникли в детективные агентства, добыли документы прикрытия — справки об инвалидности и психических заболеваниях»[7].

Несмотря на то что в первоначальном воровском «законе» или кодексе чести однозначно говорилось, что члены сообщества не должны иметь контактов с властями [Serio, Razinkin 1994; Гуров 1995; Подлесских, Терешонок 1995; Varese 2001], очевидно, что на закате советского периода между тюремным руководством и ворами в законе существовал тесный контакт. Некоторые тюрьмы были известны как «черные» — они контролировались ворами в законе и противопоставлялись «красным», которые были свободны от воровского влияния. По словам одного тюремного работника [R20]:

> Начальники тюрем ежемесячно получали из общака какое-то жалованье. Если начальник получал такие деньги, то он, конечно, фактически ничем не управлял, и последнее слово оставалось за теми, кто давал ему деньги, то есть за ворами в законе. А если сравнить слово начальника со словом криминального авторитета... Слово воров в законе было гораздо сильнее... Были, конечно, начальники, которые не допускали такого положения дел, но их было очень мало.

Некоторые респонденты подчеркивали здесь элемент контакта с ворами в законе, связанный с личным с ними знакомством, даже симпатией к тем из них, кого они знали и с кем имели рабочие отношения.

---

[6]   Архив МВД I. Ф. 14. Оп. 127. Д. 330. Л. 16

[7]   Архив Министерства внутренних дел 0033/1985/2–3.

[Один] вор в законе, он был моим вором в законе, и я помогал ему. Я оправдывался перед начальником тюрьмы. Потому что в то время [1980-е] было такое понимание — мой вор лучше, чем твой вор. Вы достигали понимания, оно было взаимным, даже доверительным ... Было бы хуже, если бы в вашей тюрьме сидели другие воры в законе, с которыми вы не были знакомы [R25].

Точно так же интервью с бывшими и служащими полицейскими свидетельствуют о том, что отношения между полицией и ворами в законе могли быть сердечными и часто основывались на личном знакомстве.

[Воры в законе] имели дружеские отношения и личные отношения с полицией. Мы знали друг друга — они могли использовать это, чтобы защитить свои спины, а нам могли помочь в раскрытии преступления... Воры в законе ... очищали свои собственные ряды, чтобы избавиться от некоторых членов ... И как они это делали? Обычно — продавая подозреваемого в полицию! Так что же все-таки означал для них тайный сговор? [R2].

Это свидетельство говорит о прагматическом применении воровского кодекса чести для выдвижения обвинений против соперников и использовании репрессивного аппарата государства для борьбы за положение в воровском мире [Чалидзе 1977; R10]. Оно также указывает на стратегическое взаимодействие между сотрудниками полиции и ворами в законе, основанное на уже существующих социальных и личных связях между отдельными сотрудниками полиции или тюремными работниками с одной стороны и ворами в законе или их представителями — с другой[8].

Подобные свидетельства также ставят под сомнение давнее подозрение, что отношения воров с полицией в советское время выходили за рамки простого сотрудничества или взаимного уважения и представляли собой глубоко укоренившийся заговор, направленный на поддержание контроля над обществом вне

---

[8] Многие респонденты ссылались на личный характер отношений между ворами в законе и отдельными полицейскими или тюремными работниками.

пределов тюрьмы [Tevzadze без даты]. Эта точка зрения часто звучит как факт. Например, в докладе международной неправительственной организации о ситуации в Грузии говорится: «Продвижение оплачиваемых государством преступников к статусу героев позволило советским властям поставить под контроль население, долгое время подозрительно относившееся к государственной власти» [Godson et al. 2003: 10]. Идея заключается в том, что воры в законе были «внедрены» в места, отличающиеся особой социальной дезорганизацией, такие как внутренние районы города, и тесно сотрудничали с полицией [R16].

Однако мнения респондентов рисуют картину, в которой воры в законе вовлекались в отношения «патрон — клиент» только на микроуровне, в то время как государство в ряде случаев терпело и использовало их существование, а иногда подавляло их в силу политической целесообразности. Этот прагматизм в отношениях между ворами в законе и государством сохранялся и в 1990-е годы. Однако с вступлением Грузии в «смутное время» [Zurcher 2006] говорить о государстве вообще стало трудно, и оппортунистические, ситуативные отношения между ныне деморализованными правоохранительными органами, политическими деятелями и ворами в законе стали более открытыми. Эти новые условия зарождающегося слабого государственного капитализма повлияли на стратегические отношения между государством и ворами в законе и изменили их.

Клиентские отношения, договоренности и интеграция с государственными структурами в 1990-е годы

Если в 1980-е годы сеть воров в законе могла стать добычей субъектов государственной власти, то к середине 1990-х годов она стала одним из элементов общества, претендующих на активы разваливающегося государства. Более того, воры в законе в это время могли торговаться за политическое покровительство гораздо более открыто, чем раньше. Новое правительство, вновь возглавляемое Шеварднадзе, должно было предоставить особые привилегии властным группам внутри и за пределами государства. Кухианидзе сообщает, что в период с 1991 по 2003 год «воры в законе, контролировавшие теневой бизнес через свою связь с коррумпированными государственными чиновниками, использовали широко распространенную практику проникновения в парламент Грузии. Это защищало их незаконный бизнес путем принятия коррумпированных законов и "захвата" государства» [Kukhianidze 2009: 220]. Точно так же Дарчиашвили обнаружил, что бывают случаи, когда так называемые *воры в законе* определяют результаты тех или иных выборов. Некоторые политические лидеры во время своих избирательных кампаний посещают их в разных уголках Грузии в поисках поддержки [Darchiashvili 2006].

Стефес обосновывает возможность такого захвата государства системной и децентрализованной коррупцией, возникшей в Грузии в результате краха ранее централизованной системы коррупции при советской власти. Фрагментация государственной власти привела к тому, что «коалиции местных и региональных чиновников и преступных группировок успешно захватили ключевые секторы экономики и подорвали формирование формальных государственных и рыночных институтов» [Stefes 2006: 35]. Организованные преступники в Грузии, как и в других постсоветских республиках, предложили свою специализацию на насилии в подавлении рыночной конкуренции влиятельным предпринимателям и бывшей номенклатуре. В обмен на такие услуги преступники приобретали акции предприятий и проникали в экономику и государственные структуры.

Этот период характеризуется большей степенью интеграции воров в законе с остатками грузинского государства, чем в советские времена. Впрочем, это утверждение должно быть подтверждено. В это время также увеличилось количество воров в законе, и не все из них обязательно имели в грузинском государстве и экономике контакты на высоком уровне. Многие из них покинули страну, оказавшись в постсоветский период жертвами в большей степени, чем в советские времена [AOCU 2004]. Конечно же, угроза свободной деятельности воров в законе в Грузии в 1990-е годы проистекала не от согласованного натиска государственного законодательства и идеологически обусловленных директив по борьбе с преступностью, как это было при советской власти. Вместо этого угроза хищнических атак на сети доверия воров в законе исходила от недееспособных, локализованных остатков некогда разветвленного аппарата государственной безопасности, не скованного более центральной властью и идеологическими ограничениями. Кроме того, возросло давление со стороны других групп, таких как военизированные формирования, например *Мхедриони*[9]. В этой изменчивой среде многие воры в законе продолжали практиковать отношения «патрон — клиент», подкупая местных полицейских начальников для защиты или для того, чтобы их оставили в покое.

Как и в других процессах, отношения «патрон — клиент» между ворами в законе и полицией, по-видимому, стали более открытыми в 1990-е годы. С коллапсом возможностей государства и продолжающимся отсутствием легитимности государственных структур различные полицейские структуры, такие как транспортная полиция, стали вымогателями, конкурирующими с преступными группировками во главе с ворами в законе в извлечении ренты из населения. «Полиция в Грузии сама по себе стала напоминать крупную централизованную организацию мафиозного типа» (Wheatley, цит. по: [Stefes 2006: 108]). В этом смысле полиция могла стать для воров в законе рэкетиром-покровителем или самой главной *крышей*.

В докладе о «властных структурах» в Грузии, составленном до «революции роз» Дарчиашвили и Нодия, говорилось, что при К. М. Таргамадзе, возглавлявшем Министерство внутренних дел в 1995–2000 годах,

> министерство ассоциировалось с сигаретным бизнесом и контролем розничных и оптовых рынков; его полномочия распространялись даже на нефтяной бизнес и другие сферы торговли ... в течение первой половины 2001 года только 27,3 % потребляемого бензина облагалось налогом [Darchiashvili, Nodia 2003: 12].

---

[9] Рассмотрение этого вопроса см. в главе 6. Подробнее о *Мхедриони* см. [Slider 1997; Zurcher 2006; Areshidze 2007; Kupatadze 2012].

Согласно полицейским данным [AOCU 2004], воры в законе также действовали в таких областях, как оптовые рынки и автозаправочные станции, и предположительно либо работали вместе с полицией, либо пришли к соглашению об урегулировании конкурирующих деловых интересов, включая передачу части незаконных доходов от бизнеса представителям государства. Действительно, один местный аналитик сообщал, что в 2002 году «факты свидетельствуют о том, что полиция, подчиненная Министерству внутренних дел, продолжала терпеть воров в законе и даже сотрудничала с их представителями при получении регулярно уплачиваемых "налогов"» [Darchiashvili 2006: 109].

Респонденты из сектора безопасности согласны с этим утверждением, предполагая, что в 1990-х годах полиция была покровительницей преступников. «Деньги *общака* [воровского общинного фонда] шли в полицию — налог платился местному полицейскому начальнику, чтобы действовать свободно, не опасаясь преследования» [R22][10]. В Зугдиди, в Западной Грузии,

> воры в законе платили им [полиции] налог, он составлял 5 тыс. долларов, если вор в законе хотел приехать сюда из Москвы, например, и не желал, чтобы его трогали. Был *макурэбэли* [охраняющий воровские интересы], который собирал деньги [в Зугдиди], поэтому они использовали деньги для этой цели. Если сюда приезжал вор в законе, они тут же откупались от полиции [R22].

Однако отношения строились в основном с высшими эшелонами местных полицейских управлений.

> Как оперативные сотрудники, вы не могли их тронуть [воров в законе]. У меня был такой опыт в Тбилиси, не имело значения, было ли что-то на ком-либо из них, у них всегда был кто-то, кто защищал их в верхах полицейской иерархии ... Я был полицейским с 1997 по 2004 год, а те, кто принимал платежи, стояли на высших ступенях [R29].

---

[10] В соответствии с этическими правилами исследовательских интервью, оригиналы были уничтожены спустя два года после выхода книги, поэтому здесь и далее перевод с английского. — *Примеч. ред.*

Аналогичный процесс выплат администраторам тюрем имел место в 1990-е годы вплоть до «революции роз». По словам одного начальника тюрьмы, «деньги для общака собирались как в тюрьме, так и за ее пределами... Как только деньги были собраны и доставлены в тюрьму, 50 % поступало администрации, а другая половина забиралась самим *макурэбэли*» [R25]. Воры в законе использовали контакт с тюремной администрацией, чтобы получать предметы роскоши. В январе 2003 года в Орта-чалинской тюрьме № 5 в Тбилиси был проведен обыск, в том числе и в камерах воров в законе. Были изъяты ножи, автоматы Калашникова, ручные гранаты, мобильные телефоны и наркотики [Новиков 2003]. Воры в законе могли жить внутри тюрьмы в гораздо большем комфорте:

> Что касается этих учреждений, колоний, как они называются, то это была не тюрьма, а учреждение открытого типа с жилыми помещениями для заключенных, с большими комнатами, где держат 120 человек; когда воры в законе находились в таких учреждениях, они никогда не ночевали в больших спальнях, у них у каждого была своя отдельная камера, которую они сами обустраивали, и то, что у них получалось, было, можно сказать, гораздо лучше губернаторского офиса [R20].

В свою очередь, воры в законе помогали удерживать контроль над тюрьмой. «Представьте себе, бунт в тюрьме, начальник спросит у вора в законе: что там происходит? Вор скажет: "Ладно, шлюхи, возвращайтесь в свои камеры, вы расстраиваете меня..." Если он не сможет урегулировать ситуацию, его статус будет утерян» [R18]. В 1990-е годы тюремные начальники считали, что использовать воров в законе в их интересах, не в последнюю очередь из-за небольшой зарплаты: «Происходило [обращение к ворам в законе за помощью]. Был такой случай, даже несколько раз. Что мы могли сделать? Люди иногда даже не получали зарплату, если заключенные начнут бунтовать, кто будет рисковать чем-то, когда он даже не получает зарплату?» [R21].

Таким образом, некоторые, хотя и не все, члены сети воров в законе достигли в 1990-е годы более тесной интеграции с представителями государства, в то время как другие поддерживали с ним договорную связь, основанную на отношениях «патрон — клиент», хотя теперь ее было установить гораздо легче, чем в советский период. В 1990-е годы государство проявляло большую терпимость и содействовало созданию сети воров в законе.

Интеграция между государством и ворами в законе была явно продемонстрирована еще в 2003 году, когда вор в законе Т. Г. Ониани, с которым мы познакомились в главе 1, в качестве помощника правительства во время кризиса с заложниками прибыл в Тбилисский аэропорт, где его встречал правительственный конвой. В то время у Ониани были тесные связи с бизнесменом и парламентарием из Кутаиси Б. Шаликиани. К этому моменту Шеварднадзе начал испытывать беспокойство по поводу уровня влияния, которым обладали эти преступные субъекты. Ответная реакция на воров в законе последовала вскоре, когда М. Н. Саакашвили, тогдашний министр юстиции, порвал с Шеварднадзе в 2001 году, чтобы в конечном итоге стать одним из самых важных оппозиционных фигурантов и организаторов «революции роз».

Антимафия и «революция роз»

По мнению ключевых респондентов [R7; R44; R45], политика борьбы с мафией, проводимая в Грузии в 2005 году, практически копировала законодательства других стран. В частности, на разработку законодательства в Грузии оказал большое влияние американский закон «О подпавших под влияние рэкетиров и коррумпированных организациях» 1970 года (RICO). Точно скопированы были также меры, принятые Итальянской комиссией по борьбе с мафией и зафиксированные, в частности, Чрезвычайным декретом-законом 306/8 от июня 1992 года, который опирался на существующий закон 416-бис о борьбе с мафией. Этот закон был призван серьезно воспрепятствовать деятельности мафии после смерти от рук «Коза ностра» судей Фальконе и Борселлино [Jamieson, Violante 2000]. Использование правоприменительного опыта других осуществлялось с помощью исключительно компетентных советников, в том числе генерального прокурора США и крупных фигур в антимафиозном движении сицилийского ренессанса, в первую очередь бывшего мэра Палермо Л. Орландо, а также Р. Годсона из Национального информационного центра по стратегическим концепциям (NSIC), концентрация интеллектуальных ресурсов которого позволила разработать для противостояния сицилийской мафии программу «культура законности».

Орландо относился к грузинам особенно тепло, сделав Тбилиси и Палермо городами-побратимами и пожив в Советской Грузии в 1980-х годах, когда ему пришлось покинуть Сицилию из-за угрозы его жизни[11]. Пребывая в гостях, он отметил культурное и историческое сходство между Сицилией и Грузией и написал о своей привязанности к грузинскому народу в автобиографии: «Так же являясь коктейлем из разных рас и культур, Грузия во многом похожа на Сицилию» [Orlando 2001: 136]. С 2001 года Орландо и другие видные лидеры борьбы с сицилийской мафией из Сицилии участвовали в визитах по передаче опыта из Палермо в Тбилиси. Знакомство с этим опытом стало процессом извлечения уроков и подражания [Rose 1993; Dolowitz, March 2000]. Главная идея грузинской администрации состояла в том, что реформы должны осуществляться в унисон. Это был главный тезис Орландо. Его часто повторяемое сравнение процесса с двухколесной повозкой, одно колесо которой представляет собой социальную, политическую и культурную реформу, а другое — полицейскую и судебную реформы, и оба они должны двигаться одновременно, получило в Тбилиси восторженный прием [Orlando 2001: 10–11; Schneider, Schneider 2003: 160].

Кроме того, непосредственно после «революции роз», в 2004 году, новая администрация Саакашвили смогла снова ознакомить-

---

[11] Орландо [Orlando 2001] пишет, что его отношения с Грузией начались, когда он обнаружил в Палермском архиве одну из первых грамматик грузинского языка, написанную столетиями ранее палермским монахом.

ся с итальянским опытом борьбы с преступностью, когда для консультирования грузинского правительства по вопросам реформирования системы правосудия на всех уровнях ЕС направил в Грузию годичную миссию экспертов-юристов и практиков уголовного правосудия. Она стала известна как миссия ЕС по обеспечению господства права ЕВРОЮСТ — ТЕМИС (EU JUST THEMIS). ЕС осуществил такой проект в первый раз, второй раз, позже, он был реализован в Косово. По словам тех, кто участвовал в миссии, тогдашний генеральный прокурор З. Ш. Адеишвили был впечатлен своими итальянскими коллегами и направил на Сицилию грузинских прокуроров и политиков, чтобы ознакомиться с тамошним опытом в области конфискации собственности мафии и антимафиозного законодательства [R45; Basilaia 2004a, 2004b].

Период после «революции роз» знаменовался значительным разладом в отношениях между государством и мафией, существовавшим в течение предыдущих двух десятилетий. Ниже я кратко остановлюсь на тех элементах государственного давления на мафию, которые самым непосредственным образом затрагивают рассмотрение устойчивости воров в законе. К ним относятся: само законодательство по борьбе с мафией, реформа полиции и возрождение доверия к правоохранительным органам, а также массовая кампания «культура законности», которая сосредоточилась на реформе образования. Приводимая далее аргументация предполагает, что, во-первых, скорость и характер изменения законодательства были эффективными для того, чтобы не позволить ворам в законе адаптироваться. Во-вторых, реформа полиции и борьба с коррупцией в государственных и политических кругах уничтожили возможность продолжения использования клиентских и договорных стратегий для получения покровительства, как это делалось в прошлом. В-третьих, реформы в области образования, которые все еще продолжаются, остаются важны для того, чтобы ликвидировать потенциальный кадровый резерв воровского мира. В-четвертых, решающим фактором, повлиявшим на исход антимафиозной политики, был грузинский контекст частично реформированной конкурентной авторитарной политической обстановки. В борьбе с мафией не нужно было принимать во внимание юридические тонкости, защиту прав человека и гражданские свободы, что делало удар по ней еще более тяжелым. Наконец, следует подчеркнуть, что, несмотря на все это, в условиях государственных репрессий ворам в законе остаются доступными другие стратегии выживания, а именно ответное хищничество, сокрытие и маскировка.

Законодательство по борьбе с мафией

20 декабря 2005 года Саакашвили подписал Закон об организованной преступности и рэкете. Это ввело в грузинское уголовное право такие жаргонные термины, как *канониери курдеби* (воры в законе), *общак* (общий фонд), *гарчева* (криминальное разрешение споров), *сходка* (собрание воров) и *курдули самкаро* (воровской мир), которые десятилетиями использовались в советских лагерях. Этот закон, статья 223 уголовного кодекса, гласит: «1. Членство в воровском мире [*курдули самкаро*] наказывается лишением свободы на срок от 5 до 8 лет... 2. Пребывание вором в законе [*канониери курди*] наказывается лишением свободы на срок от 7 до 10 лет» [Prosecution Service 2006].

Воровской мир определяется как группа лиц, действующих по особым поручениям, исполняемым с целью получения наживы путем запугивания, угроз, применения силы, обещания молчания или разрешения уголовных споров (*гарчева*), которые добиваются вовлечения в свою среду несовершеннолетних и поощряют преступные действия других. Членом этого мира является тот, кто признает криминальные авторитеты и стремится к достижению целей воровского мира. «Криминальным урегулированием», или разрешением споров, является разрешение спора между двумя или более сторонами членом воровского мира, который может использовать угрозы, силу и запугивание. Наконец, *канониери курди*, или вор в законе, определяется как член воровского мира, который управляет этим миром и организует его деятельность в соответствии с правилами, признанными членами [Prosecution Service 2006: 12]. Поэтому преследование вора в законе основывается не только на простом факте обладания кем-либо титулом вора в законе, как это иногда утверждается, но, по крайней мере, в принципе, и на совершении им таких действий, как организация преступных деяний или выдача указаний на их совершение.

Кроме того, статья 37 уголовно-процессуального кодекса устанавливает право прокурора требовать конфискации имущества, если есть основания полагать, что это имущество было приобретено путем рэкета или членства в воровском мире [Prosecution Service 2006: 13]. Это положение считается одним из главных столпов антимафиозного законодательства, поскольку оно, в принципе, призвано отнять у организованной преступности материальную базу. Наряду с этими событиями в 2004 году в правовую систему были введены сделки обвинения с обвиняемым, поначалу в качестве механизма сбора информации и выявления случаев коррупции на высоком уровне. Кроме того, они действовали как метод пополнения государственной казны, поскольку в обмен на более легкие приговоры признанные виновными лица платили государству деньги. Подобные методы стали доминировать в судебной системе, причем большинство дел (в 2011 году — 87 %) решалось путем договоренностей о признании вины, а кроме того, сделки обвинения с обвиняемым использовались при борьбе с ворами в законе [R13; Areshidze 2007; Transparency International 2010; Slade 2012б].

Эти меры были неотъемлемой частью противоречивой политики «нулевой терпимости» к преступности, которая привела к значительному расширению толкования различных видов поведения как криминальных, а также к максимально репрессивному подходу к уголовному правосудию. Такой подход подразумевает обязательное наказание в виде лишения свободы, низкий уровень оправдательных приговоров, составляющий 0,1 % [Dolidze, De Waal 2012], за которым последовало увеличение числа заключенных на 300 % в период с 2003 по 2010 год. В 2012 году по числу заключенных на душу населения Грузия была четвертой в мире и, обогнав Россию, первой на постсоветском пространстве [International Prison Studies Centre 2012; Slade 2012a].

Такой поворот в сторону репрессий и скорость законодательной деятельности застали врасплох всех преступников и в особенности оставшихся в Грузии воров в законе, которые, казалось, не знали содержания нововведений. Признание ворами в законе своего статуса стало возможным использовать против них в суде, хотя это противоречит преимущественному праву не оговаривать себя, существующему во многих западных странах [R43][12]. Собственный кодекс чести воров декларировал, что отказ от своего статуса является серьезным нарушением, которое может быть наказано изгнанием из сообщества. Вследствие адаптации к упомянутому уникальному законодательному акту теперь считается, что воры в законе могут отказаться отвечать, являются ли они ворами в законе или нет, и это показывает, что они отошли от своих собственных правил [Prosecution Service 2006: 14][13].

Эта политика привела к почти немедленному тюремному заключению примерно тридцати-сорока воров в законе и еще большего количества их «соратников». Еще в апреле 2006 года генеральный прокурор заявил, что «на свободе не осталось ни одного "вора в законе"» [Лента 2006]. К 2010 году Министерство юстиции сообщило, что к уголовной ответственности были привлечены 173 профессиональных преступника и у мафии было конфисковано имущество на полмиллиарда лари (около 250 млн долларов) [Kupatadze 2012: 127]. Негласный договор между ворами в законе и государством, заключенный до 2003 года, был нарушен принятием и введением в действие новых законов. Государство больше не поощряло и не терпело воров в законе, а использовало все более и более репрессивную тактику,

---

[12] Я благодарен проф. Анне Долидзе за то, что она обратила на это мое внимание.

[13] Весьма примечательно, что многие изменения, происходящие с ворами в законе в постсоветских странах, сравнимы с изменениями в элитной тюремной касте грипсменов в Польше, описанными Каминским [Kaminski 2004]. Эта каста немного изменила свое название и позволила членам группы притворяться, когда их спрашивали об их принадлежности к ней, из-за целенаправленных изменений в отношении к субкультуре грипсменов, введенных польским государством в 1980-х годах.

обеспечиваемую аппаратом насилия системы уголовного правосудия. Один аналитик резюмировал:

> Все без исключения грузинские «воры в законе» либо отбывают наказание в грузинских тюрьмах, либо скрываются в других странах. Они не выдержали антикриминальной политики грузинского правительства и потеряли свой имидж «неприкасаемых». Более того, они потеряли свое влияние и давний контроль над тюрьмами [Kukhianidze 2009: 130].

Эти очевидные успехи требуют многих оговорок в отношении осуществления политики борьбы с мафией. Например, в то время как конфискация имущества может быть соблазнительна, поскольку дает дополнительный источник дохода в государственный бюджет, «важно, чтобы положения об изъятии были сформулированы таким образом, чтобы на деле предотвратить такое функционирование правоохранительных органов, которое напоминало бы поведение охотников за головами» [Hill 2006: 154]. Кое-кто в Грузии подозревает, что главным мотивом реформ уголовного правосудия была насущная необходимость найти деньги для начала восстановления государства. По словам Арешидзе, сделка о признании вины, конфискация имущества и требование вернуть государству все похищенные деньги использовались в качестве предлога для вымогательства: «правительство терроризировало собственных граждан ... эта тактика мало чем отличалась от гангстерской» [Areshidze 2007: 215][14].

---

[14] «Трансперенси Интернэшнл» сообщает, что в 2009 году все средства, полученные в результате процессуальных мероприятий, составили более 61 миллиона лари [Transparency International 2010: 21]. Неясно, включает ли в себя эта сумма деньги, полученные от штрафов (Министерство юстиции сообщило, что в 2011 году они составили 111 миллионов лари), а также денежные сборы при применении административного задержания и условно-досрочного освобождения. В первом случае задержанные могут быть освобождены за взнос в размере около 250 долларов. В последнем случае условия испытательного срока могут быть изменены вплоть до разрешения выезда из страны путем платы за соответствующую услугу в соответствии с имеющимися тарифами. Сами тюрьмы получают деньги за разрешение супружеских

Рис. 4.1. Плакат в центре Тбилиси, посвященный 6-й годовщине «революции роз», ноябрь 2009 года. На плакате над фотографиями арестованных криминальных авторитетов написано «Обещания выполнены: Грузия без воров в законе». Тариэл Ониани изображен в центре плаката за решеткой, хотя на самом деле на фото он находится в России. (Фото автора)

Более того, в рамках подхода «нулевой терпимости» Саакашвили дал полиции право применять силу против любого, кто сопротивляется аресту. В результате в период с 2005 по 2006 год в ходе семидесяти трех специальных операций Министерства внутренних дел были убиты двадцать пять человек [Dolidze, De Waal 2012]. Купатадзе [Kupatadze 2012: 131] предполагает, что некоторые из этих убийств могли быть преднамеренными, с целью устранения тех, кто обладал информацией о прошлых

свиданий, звонки в них по скайпу платны. Хотя все это очень трудно подсчитать, я полагаю, что сумма, полученная в виде доходов от новых процедур уголовного правосудия, превысила бюджет Департамента исполнения наказаний, что делает массовое лишение свободы в Грузии практически самофинансируемым.

контактах между полицией и преступниками. Как уже упоминалось, сами законы были подготовлены в спешке и грубо нарушали принципы правосудия. Нарушения прав человека, в том числе условия содержания в тюрьме «особого режима», в которой пребывали воры в законе и их сообщники, не подлежат проверке[15]. Политическая зависимость судебной системы и отсутствие судов присяжных[16] означают, что доказательства, представленные по делам мафии, и вынесенные приговоры часто являются необоснованными и зависят главным образом от результатов прослушивания переговоров (на которое можно получить или не получить разрешение суда) и показаний полиции[17]. Все это говорит о том, что, в отличие от Европы и Америки, где политика борьбы с мафией проводится прозрачными и подотчетными полицейскими службами, там, где такой борьбой заняты все еще относительно непрозрачные и репрессивные постсоветские институты, наделенные чрезвычайными полномочиями, могут произойти очень тревожные события [Public Defender 2007; Kupatadze 2012]. Однако с точки зрения грузинских подразделений безопасности способность обходить явно раздражающие их процедурные требования или игнорировать предписанные международным сообществом нормы также может рассматриваться как повышение эффективности борьбы с явно опасными преступниками, которые не имеют права осуждать такое с ними обращение. Во всяком случае, жесткость администрации Саакашвили в политике уголовного правосудия определенно была одной из причин ее проигрыша на выборах в октябре 2012 года (см. главу 9).

---

[15] Мне также было отказано в посещении тюрьмы № 7 в Тбилиси в сопровождении кого-либо кроме омбудсмена. Получившие широкое распространение случаи злоупотреблений в пенитенциарной системе Грузии стали известны с сентября 2012 года.

[16] Суды присяжных были введены в Тбилиси в ноябре 2011 года, но до сих пор очень редки и ограничены в своем применении.

[17] Большинство судебных дел, которые я просмотрел, были связаны с прослушиванием телефонных разговоров или показаниями полицейских. Свидетельские показания имелись в очень немногих из них.

Реформа полиции и тюрем

В процессе перестройки отношений между государством и ворами в законе самым, пожалуй, большим препятствием была проблема коррупции в органах уголовного правосудия и то высокое уважение, с которым некоторые полицейские относились к ворам в законе. Как отмечала прокуратура: «Наиболее сложной проблемой было влияние на правоохранительные структуры криминальных авторитетов. В последние годы случалось даже, что вор в законе угрожал сотрудникам уголовного розыска увольнением из полиции» [Prosecution Service 2006: 14]. Реформы начались еще в 2004 году и проводились при международной помощи Европы и Америки [Boda, Kakachia 2006].

Основные структурные изменения произошли в Министерстве внутренних дел. В целом штат министерства был уменьшен в размерах с 40 тыс. человек до примерно 17 тыс. [Hiscock 2006]. Было уволено около 15 тыс. старых полицейских, что составляло более половины национальной полиции [Kukhianidze 2006]. На смену старой полиции с помощью системы конкурсного набора были привлечены новые люди. В настоящее время численность полиции составляет 14,5 тыс. человек, а соотношение полицейских и гражданских лиц составляет 1 : 324, что примерно соответствует европейским нормам. Непосредственно перед «революцией роз» это соотношение было ошеломляющим (1 : 78) [Kupatadze et al. 2007: 94]. Полицейским выдали новую форму и повысили жалованье. Была создана новая полицейская академия. Старое подразделение по борьбе с организованной преступностью и терроризмом было преобразовано в Департамент особых заданий (SOD), отвечающий за расследование организованной преступности и воров в законе. Печально известный в советское время институт дорожной полиции, насчитывавший около 2,7 тыс. человек и действовавший в качестве грабителей на дорогах по всей стране, был расформирован [Kukhianidze 2006]. Его сменила патрульная полиция. Эта новая организация взяла на себя ответственность за порядок на улицах, а также контроль за движением. Полиция получила новые немецкие автомобили и израильское оружие, были сделаны также инвестиции в организацию мест несения полицейской службы, оборудование и информационные технологии. Была разработана шестинедельная программа обучения новобранцев уголовному праву и уголовно-процессуальному кодексу, а также административной и физической подготовки [Khinitibidze 2006][18].

Благодаря этим реформам были достигнуты значительные успехи в области общественного мнения [Slade 2011; Light 2013]. Положительное отношение к полиции возросло с дореформенных 49 % в июне 2004 года до 77 % в октябре 2005 года [Slade 2011]. Однако для тех, кто прибегал к услугам полиции на практике, эта цифра составляла менее чем 50 % [Bonvin 2006]. Тем не менее эти цифры больше соответствуют показателям Западной Европы и выше, чем в Центральной и Восточной Европе, где средний уровень удовлетворенности полицией составляет 32 % [Caparini, Marenin 2005][19]. Данные за 2009 год показывают, что по степени доверия полиция была четвертым учреждением после церкви, армии и президента [CRRC 2009][20]. Аналогичным образом субъ-

---

[18] Другие попытки создать более демократические полицейские силы включали в себя демилитаризацию пограничной полиции, перевод внутренних войск государства в ведение Министерства обороны и децентрализацию Министерства внутренних дел с предоставлением региональным штабам большей независимости. Наконец, в Министерстве финансов была также создана Финансовая полиция. С тем чтобы предотвратить коррупционную практику в патрульной полиции, уголовной полиции и полиции безопасности, эти изменения произошли одновременно с внедрением строгих надзорных механизмов, таких как зонтичная организация и создание Национального полицейского управления.

[19] Конечно, эти цифры не являются сопоставимыми напрямую, поскольку измеряют различные параметры и структуру отношений, при их получении были использованы различные вопросы. Они приведены здесь для того, чтобы показать улучшение общественного отношения к полицейской деятельности в Грузии и включить это в данный контекст.

[20] Следует отметить, что такие положительные результаты зависят от типа полицейского учреждения, о котором идет речь. Патрульная полиция, безусловно, самый надежный отдел полиции, оценки для уголовной полиции или Департамента особых заданий намного ниже. Более того, как уже упоминалось, положительные оценки снижаются у тех, кто действительно

ективное чувство незащищенности снизилось [Slade 2012a], уровень виктимизации уменьшился до уровня 1991 года [GOR-BI 2011], а воспринимаемый уровень коррупции значительно снизился. Если в 2000 году целых 80 % респондентов считало, что полиция коррумпирована, то в 2006 году такого мнения придерживались 24,6 % респондентов [Bonvin 2006]. Индекс восприятия коррупции «Трансперенси Интернэшнл» показывает для Грузии после «революции роз» значительные улучшения [Kupatadze 2012]. Хотя реформа полиции стала успешным мероприятием, привлекшим большое внимание за пределами Грузии, необходимо сделать оговорки о продолжающихся злоупотреблениях со стороны полиции, отсутствии гражданского надзора и политизации.

Реформы полностью изменили отношения между полицией и ворами в законе. Речь идет об уверенности в новой политике, ведущий к замене воров в законе в выполнении их основных функций [DiPuppo 2006]. Так, министр внутренних дел Г. А. Барамидзе во время введения нового закона угрожал увольнением начальникам полиции любого региона, где еще действовали воры в законе [ESI 2010]. Важным элементом процесса оказалась также символика. Преемник Барамидзе И. С. Мерабишвили в начале кампании против воров в законе заявил, что «мы отнимем у всех воров в законе дворцы, которые они построили на свои грязные деньги, и создадим на их месте полицейские участки» [Gerzmava et al. 2007]. Новые полицейские участки в больших домах, прежде принадлежавших ворам в законе, теперь доминируют на улицах городов Грузии.

Реформа полиции лишила отдельных воров в законе возможности использовать стратегию отношений «патрон — клиент» для того, чтобы защитить себя от новой волны атак со стороны центрального правительства. По аналогии с вышеописанным,

---

пользовался услугами полиции. Наконец, высокий уровень доверия к полиции противоречит тому факту, что по сравнению с другими европейскими странами грузины очень редко сообщают о преступлениях в полицию [GORBI 2010; 2011].

Рис. 4.2. Дом вора в законе в городе Телави на востоке Грузии. Дом был конфискован государством и превращен в полицейский участок. (Фото автора)

Рис. 4.3. Мемориал полицейским, погибшим в борьбе с организованной преступностью, Кутаиси, Грузия. (Фото автора)

департамент исполнения наказаний проводил реформы в духе реформы полиции, устраняя некогда тесные отношения между тюремной администрацией и ворами в законе. Вот как выразился один начальник тюрьмы: «Прежде они могли получить все что угодно: наркотики, женщин, телефоны — все это было возможно, тюрьма была абсолютно коррумпирована. Теперь мы говорим о свежем постельном белье, фруктах, чае, соке и ни о чем другом, теперь вы ничего не получите в этой тюрьме» [R26]. В некоторых тюрьмах обновление кадров достигло 80 %, а заработная плата повысилась на 200–300 % [R42]. В январе 2006 года начался процесс разделения воров в законе и остальной части населения тюрем. Теперь правительство содержит воров в законе в отдельной тюрьме № 7 в Тбилиси, где заметно урезаны права на посещения, телефонные звонки и почту. Эти меры, как представляется, являются копиями статьи 41-бис уголовного кодекса Италии. Все начальники тюрем, имевшие ранее связи с ворами в законе, были уволены [Prison Service 2006: 13].

Был осуществлен новый набор персонала, хотя служители и начальники тюрем в целом остались прискорбно недоученными. Воровская субкультура была до некоторой степени искоренена, хотя со временем выяснилось, что многие остатки прежней системы сохраняются даже без физического присутствия воров в законе рядом с другими заключенными[21]. Когда, чтобы вернуть контроль над тюрьмами, был введен строгий режим, новый порядок повлек за собой злоупотребления и физическое принуждение[22].

Сочетание сурового законодательства, направленного на то, чтобы посадить воров в законе в тюрьму, изоляции оказавшихся

---

[21] Это утверждение основано на интервью автора с бывшими заключенными в 2013 году.

[22] Речь идет о систематическом применении пыток к определенным типам заключенных и угрозу применения пыток и насилия в отношении большинства заключенных. Замена воровской субкультуры на оскорбительную институционально-административную культуру нанесла огромный ущерб имиджу правительства Саакашвили, как только стали появляться подробности. Детальнее об этом см. в заключении.

там и разрыва всех приносящих выгоду связей с прежними покровителями было «двойным актом, [призванным] остановить их [воров в законе] в тюрьме и за ее пределами» [R4][23].

Реформа образования

Кампания «Культура законности» началась еще до «революции роз» в 2000 году, хотя многие из ее мероприятий были осуществлены только после этой революции. Кампания предусматривала участие в ней международных НПО, базирующегося в Вашингтоне, округ Колумбия, Информационного центра национальной стратегии (NSIC), и многие ее элементы были опробованы и испытаны ранее в других странах, в частности на Сицилии. Основываясь на докладе NSIC, американская неправительственная организация Проект «Гармония» (Project Harmony) разработала модель, которая, как и сицилийская модель, была направлена на «воспитание законности» и «правовую социализацию» [R47; Schneider, Schneider 2003: 265].

В грузинских школах был введен курс обучения принципам гражданства, поощряющий терпимость, ненасилие и уважение к закону. Часть курса предусматривает визиты полицейских в школы для того, чтобы поговорить с учениками. Заключительный модуль нового глянцевого учебника, созданного Проектом «Гармония», призван детально рассказать об организованной преступности, «воровском мире» и пагубных последствиях вовлеченности в них. NSIC также рекомендовал посмотреть экра-

---

[23] В то время как тюремные реформы вновь были восприняты как большой успех, следует отметить, что еще не все последствия их ясны. Число смертей в тюрьмах возросло [Dolidze, De Waal 2012], и истории о жестоком обращении с заключенными со стороны персонала получили широкое распространение. Возможно, это было связано с разрушением старой нормативной системы, дававшей способы поддержания порядка, и заменой ее тактикой, больше ориентированной на принуждение. Во всяком случае, в сентябре 2012 года были обнародованы видеозаписи издевательств над заключенными, вызвавшие общественный резонанс, из-за чего «Единое национальное движение» проиграло выборы в октябре. Саакашвили попытался уменьшить ущерб, нанесенный видеозаписями, отстранив тюремный персонал и послав в тюрьмы свою патрульную полицию, пользующуюся наибольшим доверием.

низацию книги Уильяма Голдинга «Повелитель мух» и историю, подтверждающую английскую пословицу «преступление никогда не оправдывается», рассказанную в голливудском фильме «Славные парни» [Godson et al. 2003: 26].

Респонденты, в том числе директора и учащиеся кутаисских школ, которые ранее оканчивали известные воры в законе, а также представители Министерства образования высказали мнение, что эти программы были восприняты положительно и позитивная нормативная ориентация в отношении воров в законе искоренена. Один ученый считает, что:

> ...Изменение не столько психологическое, сколько поведенческое ... они [школьники] имеют те же установки, но стимулы больше не действуют в соответствии с этими установками. Теперь нет никакого стимула быть вором в законе. Школьники быстрее всех понимают, чего они хотят от жизни, что модно, а что нет. Теперь у них есть стимул учиться, чтобы чего-то достичь [R6].

Реформу образования также следует рассматривать как часть пересмотра государством своих отношений с ворами в законе. Центральным элементом воровского кодекса всегда было влечение молодежи к его образу жизни. Как выразился один из респондентов: «Главная цель воров в законе? Сохранение наследия» [R2]. Государство должно было дать этому какую-то альтернативу и мобилизовать предубеждение против воровского образа жизни. Это одно из колес упомянутой выше повозки Орландо, без которого воры в законе все еще могли бы держаться как идеализированные преступники, преследуемые в корне несправедливым государством. Таким образом, наряду с подавлением сети доверия с помощью государственной машины принуждения, необходимо было иссушить потенциальный кадровый резерв и привлечь молодежь на сторону государства и закона.

В 2010 году был сделан еще один шаг вперед. Взяв за основу подобную практику, перенятую во время ознакомительной поездки в штат Вермонт в США, наряду с системой видеонаблюдения и другими аналогичными технологиями школы снабдили собственными службами безопасности [Tangiashvili, Slade 2014]. Чиновники, именуемые грузинским словом *мандатури*, что переводится примерно как «приставы», по три на школу, патрулируют коридоры, фиксируют нарушения и систематически отчитываются о состоянии безопасности непосредственно перед Министерством образования. Они проходят подготовку в Полицейской академии Министерства внутренних дел [R50]. Некоторые считают, что эти меры слишком сильно акцентируют на безопасности внимание и являются неявным способом контроля над учителями. Конечно, учителя и общественные организации восприняли эту инициативу менее тепло, чем программы «правовой социализации», однако она остается популярной среди обеспокоенных родителей[24]. Правительство декларировало новые меры в качестве способа устранить *дзвелибичобу*, что-то вроде школьной дедовщины, набор социальных норм и иерархий, которые порождают в школах вымогательство и буллинг, а также помогают сложиться «уличному менталитету», который дает возможность вновь обрести связь с воровским миром. Заместитель министра образования предположил, что воровские традиции, хотя и были ликвидированы на улице, сохранились и даже укрепились в школах, и что введение *мандатури* было ответом на это [R46]. Проявляющие чрезмерное усердие или нет, школы также стали передовой линией в грузинской борьбе с мафией.

Эти три сферы — законодательство, реформа полиции и тюрем и образование — стали основными инструментами государственной стратегии борьбы с мафией, подкрепленной отсутствием угрызений совести, когда дело касалось правовых принципов и прав человека. Здесь следует рассказать еще одну историю о том, как государство смогло успешно применить эти инструменты

---

[24] Интересно, однако, что данные опроса ЮНИСЕФ [UNICEF 2008] показывают, что школьники в целом воспринимают школу как безопасное место. Более того, опросы широкой общественности, проведенные Кавказским исследовательским ресурсным центром [CRRC 2009], показывают, что учителям в целом доверяют и их любят, несмотря на риторику правительства, говорящую об обратном. Им доверяют больше, чем людям других профессий, таким как журналисты и судьи.

и эффективно их использовать. Это относится к более широким политическим реформам, предпринятым после «революции роз», в частности к сосредоточению чрезвычайной власти в руках президента и снижению роли парламента, отчего тот оказался в подчиненном положении. В результате вместо верховенства закона был установлен закон правителя [Berglund 2013]. Более того, сразу после революции правительство неоспоримо получило широкую общественную поддержку. Я вернусь к более широкому политическому контексту в главе 9, являющейся заключением. Здесь же остается рассмотреть, как воры в законе пытались противостоять этому натиску со стороны государства.

Стратегии сопротивления

Грузинские политики внимательно следили за стратегией Орландо по борьбе с мафией. Реформа образования была лобовой атакой на репутацию воров в законе и их популярность среди молодежи. Новое уголовное законодательство было исключительно ясным, называя воров в законе по их имени, криминализируя и стигматизируя сам статус. Устранение коррумпированных полицейских и тюремных служителей ослабило буфер, защищавший когда-то отдельных воров в законе от давления государства. Скорость и синхронность реформ оставляли мало места для маневра. Как выразился один бывший омбудсмен:

> Я не думаю, что воры в законе действительно понимали происходящее или уровень грядущих изменений. Они не осознавали новизны законодательства, мы говорили с ними, когда их арестовывали, и ... нам было ясно, что они думали, будто все пойдет своим чередом, но условия, то, как их содержат сейчас, принципиально другие, им оказывают неуважение, и все произошло слишком быстро для того, чтобы они успели отреагировать [R43].

Правила игры по сопротивлению государству были изменены. Количество стратегий противодействия его наступлению, доступных ворам в законе, уменьшилось. Возможности для установления отношений «патрон — клиент» и заключения сделок были сведены к минимуму. Государство не было заинтересовано в вербовке воров в законе или сотрудничестве с ними за исключением переговоров о признании вины в суде. У воров был выбор: дать отпор и попытаться атаковать государство самим, скрыться или же симулировать распад своей сети.

12 января 2004 года на пресс-конференции в Тбилиси Саакашвили пообещал занять в отношении заключенных, готовящихся к бунту в поддержку воров в законе, жесткую позицию. «Мы перестреляем мятежников. Мы не будем жалеть для них патронов. Я знаю, что преступный мир будет сопротивляться. Но мы не боимся» [Civil Georgia 2004]. Особенно тревожным стал декабрь 2005 года, когда правительство открыло в Кутаиси новую тюрьму, предназначенную для улучшения условий содержания и разрушения иерархии и моделей взаимодействия между заключенными. Бунт произошел 22-го числа, в ходе него заключенные потребовали возвращения телефонов и *макурэбэли*, то есть воровского надзирателя, полагая, что удаление криминальных авторитетов из тюрьмы привело к нарушению должного порядка тюремной жизни [Регнум 2005a]. Затем, 25-го числа того же месяца, 8 тыс. заключенных (из 13 тыс. сидящих в то время в тюрьме) объявили голодовку в знак протеста, якобы спровоцированного ворами в законе. В ответ глава тюремной службы Б. Р. Ахалая заявил: «Никаких воровских законов в тюрьме уже не будет, и все заключенные будут подчиняться утвержденному распорядку» [Regnum 2005б].

Самый масштабный бунт, направленный, судя по всему, против новых законов, произошел в марте 2006 года в Ортачалинской тюрьме № 5 в Тбилиси. Он был подавлен с применением спецназа, семь заключенных погибли [Civil Georgia 2006]. Его возглавил предполагаемый вор в законе П. Р. Мамардашвили [Anjaparidze 2006]. Позже он утверждал, что был обманут полицией, и отрицал, что когда-либо был «крещен» как вор [Public Defender 2007]. Прослушивание телефонных переговоров Мамардашвили выявило его контакт с Т. Д. Поцкверией, рожденным в Кутаиси и действовавшим в Украине вором в законе, который впоследствии был депортирован и предстал перед тбилисским судом.

Были также очевидные попытки распространить бунт на другие тюрьмы Западной Грузии. Грузинское правительство расценило его как последнюю попытку воровского мира дестабилизировать страну и вернуться к первоначальной договоренности между ворами в законе и государством. Председатель Парламентского комитета по судебным вопросам Л. Бежашвили обвинил его в организации политической оппозиции. Саакашвили также указал на то, что его антимафиозная политика угрожала «российскому олигархическому капиталу, а также очень серьезным местным мафиозным интересам» [Slade 2007: 176].

Тогдашнего омбудсмена, посетившего тюрьму в ночь бунта, эти доводы не убедили.

> Это не было каким-то восстанием или чем-то в этом роде ... заключенные начали создавать *шумок* [негромкое волнение], в нем было мало организации, не было попытки массового побега или чего-нибудь в этом роде, просто как только это началось, была установлена связь с Поцкверией [R43].

Исходя из этого наблюдения, можно предположить, что изменения в тюремной администрации, а также перемещение и разделение заключенных после «революции роз» создали в тюрьмах условия неопределенности, дестабилизируя их и создавая предпосылки для конфликтов и восстаний. Когда последние происходили, то в некоторых случаях они распространялись от тюрьмы к тюрьме. Однако отсюда всего один шаг до мысли о том, что воры в законе были вовлечены в коллективные действия во всех местах заключения и видели в подобных акциях средство сопротивления попыткам государства подавить их.

Между тем вполне вероятно, что направленная против мафии активность самого государства оказалась достаточно успешной для того, чтобы объяснение Саакашвили и его правительством произошедших событий чьим-то заговором оказалось несостоятельным. Скорость, с которой произошла «революция роз», и ее жесткость не дали ворам в законе возможности скоординировать свои усилия и коллективно бросить вызов государству. Кроме того, как мы видели, в течение десятилетия, предшествовавшего революции, или около того, отношения между государством и ворами в законе строились на принципе «услуга за услугу», существовали преимущественно на индивидуальной основе, и, как мы увидим позже в главе 5, воровская организация стала рыхлой, разобщенной и капризной, что еще больше усложнило принятие ворами ответных мер.

Стратегии, остававшиеся тогда у воров в законе, требовали если не полного исчезновения, то скрытности или притворства. Хотя на первый взгляд кажется, что произошло именно исчезновение, в этом мог быть элемент притворства. Конечно, ни один заключенный не мог заявить о своей принадлежности к ворам в законе без того, чтобы ему тут же не увеличили срок заключения [R26], а те, кто не скрывал своей преданности им, становились объектами травли и унижающего человеческое достоинство обращения, как продемонстрировали это ставшие достоянием общественности ужасные видео злоупотреблений [Slade 2012в; R2]. Поэтому любую приверженность или верность старым воровским порядкам имело смысл скрывать. Тем не менее спустя два-три года после принятия соответствующего закона судебные дела против предполагаемых приверженцев воровского мира, которые продолжали контактировать с ворами в законе, живущими в России и за ее пределами, все еще возбуждались [Лента 2007; Georgian Times 2008; Interpress 2010]. Некоторые из этих людей могли быть просто жертвами того, что законы о борьбе с организованной преступностью стригли всех под одну гребенку и в раскинутую сеть попали люди, имеющие мало общего с воровским миром. Другие, однако, могли оказаться лицемерами, которые для виду соглашались с общим антимафиозным настроением того времени, но все еще придерживались старых норм воровского мира: «это те же самые люди, которые несколько лет назад уважали воровские традиции. Я думаю, что нельзя изменить менталитет так просто» [R6]. Многие в Грузии считают, что старый образ мышления и привычные действия все еще присутствуют и вызывают оппозицию государству [R17].

Самая простая и часто используемая стратегия — укрыться. Для тех воров в законе, которые оставались в Грузии до «революции роз», наилучшим выбором после нее было спрятаться от грузинского государства за границей. Это, по-видимому, стало преобладающей стратегией. Множество грузинских воров в законе сейчас проживает в Москве, а за последние несколько лет в Испании, Австрии, Греции и Франции было предпринято множество репрессивных акций, в ходе которых были задержаны грузинские мафиози из групп, часто возглавляемых ворами в законе [Oxford Analytica 2010; BBC 2010]. Грузинское правительство пыталось добиться депортации многих своих соотечественников обратно в Грузию, с тем чтобы обвинить их в принадлежности к воровскому миру, и некоторые такие попытки оказались успешными[25]. Также постоянно утверждалось, что живущие за границей влиятельные воры в законе пытались организовать в Грузии беспорядки, поддерживая оппозиционные митинги и интриги против правительства [Messenger 2009] вплоть до антиправительственного мятежа на военной базе Мухровани в мае 2009 года [Civil Georgia 2009]. В Австрии было начато расследование утверждений о том, что грузинские организованные преступные группировки использовали эту страну в качестве базы для своей деятельности и финансирования оппозиционных протестов в Тбилиси весной 2009 года [Crawford 2010]. После того как это расследование закончилось, никаких конкретных обвинений предъявлено не было, поэтому вполне вероятно, что, желая получить поддержку грузинских экспатов, упомянутые преступные группы могли просто заявить, что они находятся на стороне политической оппозиции [R7].

Заключительная часть

Саакашвили хвастался, что основным грузинским экспортом в являвшуюся враждебно настроенным соседом Россию, которая в 2006 году ввела на грузинскую продукцию эмбарго, были воры

---

[25] Однако следует отметить: испанская прокуратура жаловалась на то, что грузинская сторона не сотрудничает с ней в расследовании деятельности грузинской мафии в Испании [Guardian 2010].

в законе [Koridze 2009]. Действительно, грузинские воры в законе избрали укрытие за границей в качестве основной, а может быть, и единственной доступной им стратегии выживания в условиях проведения государством антимафиозной политики. По сравнению с предыдущими временами это был решающий сдвиг в отношениях государства и мафии. Ниже в табл. 4.1 показано изменение отношений между ворами в законе и грузинским государством и результаты их взаимодействия. Из данных таблицы, однако, не следует делать вывод о том, что государство или воры в законе являются монолитными образованиями. Как из нее видно, отношения между чиновниками, представляющими государство, и сетью воров в законе существовали на личностном и на микроуровне. Если воры в законе действительно координировали свои действия на коллективных собраниях (*сходках*) и в своем изначальном кодексе чести формально запрещали сговор с государством, нет никаких доказательств того, что они в целом имели навязанную им единообразную стратегию отношения к государству в поздний советский период. Однако общие тенденции взаимодействия государства и воров в законе можно распределить следующим образом:

Таблица 4.1

Преобладающие в различное время в Грузии реляционные стратегии государства и воров в законе

Временной период	Стратегия государства	Стратегия воров в законе	Результат
Поздний советский	Терпимость / репрессии	Отношения «патрон — клиент»	Договорная связь
Постсоветский	Терпимость / помощь	Отношения «патрон — клиент», договоренности	Договорная связь / интеграция
После «революции роз»	Репрессии	Агрессия, сворачивание видимой активности	Изоляция

Эти отношения занимают центральное место в любом анализе устойчивости воров в законе. Это также вопрос, который интересует большую часть жителей Грузии. Многие из них считают, что устойчивость воров в законе объясняется тем, что государство нуждается в них и поэтому облегчает им существование, даже создает их:

> Вы спросите себя, почему именно сейчас? Почему правительство избавилось от них [воров в законе] сейчас? Наверняка потому, что они больше не нужны правительству. Они были необходимы в прошлом... Когда у вас есть авторитарный режим, он не может контролировать все аспекты жизни, и ему нужен такой тип неформального управления. И когда после распада Советского Союза у нас была неработающая демократия, этот тип управления обществом был также необходим, но теперь у нас есть демократия, у нас есть надлежащая безопасность, правоохранительные органы и уменьшение коррупции, поэтому нам больше не нужны эти воры в законе [R42].

И все же между ворами в законе и государством не состоялось большой взаимовыгодной сделки. В реальности советское государство тайно оказывало на воров в законе и тех, кого оно называло «групповой преступностью», давление. Отношения между ним и ворами в законе находились вне действия радара этой политики борьбы с преступностью, поскольку состояли из личных связей, порожденных знакомством в более широких слоях общества, и стратегическими взаимодействиями по принципу «услуга за услугу». Здесь, кстати, полезно подчеркнуть часто упоминаемую сближающую семейную природу грузинского общества [Mars, Altman 1983; Suny 1994; Kukhianidze 2006; Nordin, Glonti 2006]. Многочисленные переплетенные связи, характерные для грузинской общественной жизни, несомненно, должны были способствовать возникновению отношений «патрон — клиент», типичных для воров в законе в 1980-х и 1990-х годах. Результатом этой локальной социальной реальности стала, в целом, договорная связь через такие отношения между государством и ворами в законе.

Отдельные воры в законе могли самостоятельно выстраивать свои отношения с чиновниками и госслужащими как в поздний советский, так и в постсоветский периоды. Между тем государство, по крайней мере до «революции роз», не имело такой динамичной и последовательной стратегии борьбы с коррупцией и преступностью, которая полностью разорвала бы индивидуальные связи между его представителями и ворами в законе. С этой точки зрения наиболее важной особенностью антимафиозных реформ, проведенных администрацией Саакашвили, была смена кадров в полиции и тюрьмах. Это было очень важно для того, чтобы сделать воров в законе уязвимыми относительно давления государства, эффективно устраняя буфер их безопасности и, следовательно, уменьшая их шансы благополучно справиться с наносимым ударом. Скорость и синхронность, взятые в качестве примера из лучшей международной практики, наряду с чрезвычайной жестокостью, оставшейся от наихудшей местной практики, не вызвали у воров в законе никакой заметной реакции, кроме полного исхода из Грузии в другие страны.

Движение к укрытию от преследования через эмиграцию может быть полностью объяснено эффективностью реформ в сочетании с жесткостью, с которой они были осуществлены. Однако в качестве объяснения это было бы слишком просто. В следующих трех главах я займусь анализом динамики, способности к адаптации, противоречий и недостатков воровского мира в переходный период. Это покажет, что упадок воров в законе и успех грузинской кампании по борьбе с мафией объясняются, помимо убедительности правоохранительной политики после «революции роз», многими другими факторами.

5

Организованная
и реорганизованная
преступность в Грузии

Однажды вечером в июле 2009 года, выходя из московского ресторана, В. К. Иваньков попал под пули выстрелившего несколько раз снайпера. Позже, 9 октября, он скончался от полученных ран. Иваньков вел экстраординарную преступную жизнь. В криминальном мире он был известен как Япончик. Родившийся в Грузии этнический русский вор в законе, в 1992 году он отправился в США, чтобы, по некоторым данным, руководить преступными операциями от имени одной из сильнейших российских мафиозных банд — солнцевской [Sterling 1994; Finckenauer, Waring 1998]. В Нью-Йорке он был осужден за вымогательство и провел в американской тюрьме годы, прежде чем вернуться в Россию в 2004 году. В момент убийства он был вовлечен в крупный криминальный конфликт между двумя преимущественно грузинскими группировками, одна из которых была из Кутаиси, а другая из Тбилиси. Конфликт разыгрывался в Москве (да и в других частях Европы), поскольку грузинские воры в законе покинули Грузию по причине тамошней антимафиозной политики.

Несмотря на то что воры в законе в принципе представляют собой эгалитарную сеть мафиозных боссов, этот конфликт, по-видимому, происходил между двумя централизованными, иерархически упорядоченными группами. Он позволил заглянуть в меняющуюся организационную структуру воров в законе, увидеть альянсы и разногласия, боссов и зависимых от них членов, а также порядок соподчиненности. Он показал, что преступные группы, как и другие организации, не организовываются едино-образным, статичным образом, а изменяют свою структуру в соответствии с целым рядом факторов, включая тип деятельности, напряженность внутри криминальных рынков, конкуренцию и усилия правоохранительных органов [McIllwain 1999; 2001; Zhang, Chin 2003; Hill 2006; Morselli 2008]. Таким образом, структура в организованной преступности есть не данность, а переменная. Гуров утверждает, что воры в законе имели высокий уровень организации, позволявший создавать информационные потоки и эффективно наказывать нарушителей правил. Он пишет:

> Воры в законе постоянно контролировали друг друга, были в курсе всех событий независимо от того, где в это время находился член группировки... В основе сплоченности членов группировки лежали прежде всего их организованность и безальтернативные санкции за нарушение неформального «закона» [Гуров 1995: 109–110].

В этой главе мы покажем изменения в этом уровне сплоченности и его значимость для понимания устойчивости мафии к давлению государства.

Структура воровского мира

Многие авторы, пишущие о российской и постсоветской организованной преступности, видят аморфный «криминальный мир» или «систему организованной преступности», развращающую целые общества и поколения [Sterling 1994; Oleinik 2003; Nordin, Glonti 2006]. По мнению Олейника [Oleinik 2003], криминальный мир, основанный на криминальной субкультуре, стал «конгруэнтным» постсоветскому обществу с точки зрения формирующих его ценностей и установок. По мнению Долговой, российская организованная преступность — это качественно новое явление, отличное от тесно связанных преступных объединений или преступных организаций в других частях мира. В отличие от них, она является «сложной системой» и «обществом», которые имеют свои собственные правила, службу безопасности, суды и политику. Она привлекает множество молодежи, структурирует общество и влияет на более широкие социальные отношения [Долгова 2003: 370]. Она походит на всемогущее мафиозное государство, выглядывающее из-за фасада законной власти [Darchiashvili 2006].

Возможно, это не так фантастично, как может показаться на первый взгляд, ведь воры в законе видят себя лидерами широкого, транснационального преступного мира. Долгова пишет: «Интервью с семнадцатью "ворами в законе" и "авторитетами" показали, что они считают себя лидерами не просто членов конкретных криминальных формирований или криминальной среды мест лишения свободы, но широкой криминальной среды» [Долгова 2003: 359]. Конечно, воры в законе существовали по всему Советскому Союзу, исторически были связаны друг с другом и считали своим долгом распространять «воровскую идею» — свою идеологию.

На представленном ниже рис. 5.1 показано, как мафиози (*хорошлаки* или *кай бичеби*), надзирающие за порядком (*шестерки*) и бойцы (*боевики*) составляют организованные преступные группы, управляемые контролерами (*макурэбэли*, или *смотрящие*) от имени воров в законе. Сами воры в законе искали покровителей в политике или правоохранительных органах (см. главу 4) и связывались с другими ворами, которые, в свою очередь, возглавляли организованные преступные группы (ОПГ на рисунке ниже).

Рис. 5.1. Структура «воровского мира» за пределами тюрьмы.
Источник: [Glonti, Lobjanidze 2004: 163]

Воры в законе координировались как через институты общего фонда, *общака*, воровских «судов», или *сходок*, так и индивидуально. Сложившаяся в тюрьме иерархическая структура стала воспроизводиться вне тюремных стен. Группы, управляемые ворами в законе, больше походили на структурированные мафии с организованными преступными группировками и братствами (по-русски — *братва*), состоящими из мафиози, которые были подчинены криминальным авторитетам. «Смотрящие» следили за финансами групп, находящихся под руководством вора в законе, и собирали взносы для *общака*. Однако, в отличие от итальянских мафиозных группировок, те, чей статус находится ниже уровня воров в законе, не считаются им равными и не проходят никакого ритуала инициации до тех пор, пока не достигают высшей ступени [Varese 2001; Paoli 2003]. Это отличительная черта воров в законе. В отличие от комиссии боссов, создаваемой в целях координации между «семьями», как на Сицилии, воры в законе были готовой сетью боссов, которые формально следовали одному и тому же совместно созданному набору правил, объединяли ресурсы, собирались на встречи и координировали свою деятельность. Эта сеть воров высшего уровня выглядит организационно плоской, и каждый отдельный вор в ней формально равен любому другому.

Отметим здесь и в связи с вышеприведенным рис. 5.1 одну проблему, заключающуюся в том, что представленная на нем картина очень статична. Представление о том, что с помощью приверженных воровским понятиям преступных группировок воры в законе легко блюдут иерархичность, навязывают мораль преступного мира и делят различные страны на части, было бы большим преувеличением. Как и любые клуб, организация или сообщество, воры в законе испытывают проблемы управления, связанные с координацией и регулированием, поддержанием границ и контролем. С точки зрения этих вопросов важным механизмом является организационная структура, и время от времени и от места к месту она может меняться. Организационная структура постоянно находится под влиянием внешней среды и других факторов, таких как изменение размера группы, сложность ее устройства и угроза ее существованию [Southerland, Potter 1993].

Внутренние отношения жизненно важны для выживания организации. Они подразумевают установление «прав, обязанностей, передачи ресурсов, совместной деятельности, коллективного контроля и разделения труда» [Tilly 2005: 58]. Координирование и регулирование внутренних отношений сети меняются в результате таких процессов, как фракционирование с образованием группировок, объединение вокруг харизматического лидера, превращение горизонтальных связей в вертикальные и односторонние, а также разрушение общего бэкграунда и взаимного притяжения между членами.

Последующее рассмотрение такой темы, как грузинские воры в законе, фокусируется на двух меняющихся структурных проблемах: появлении фракционности, с одной стороны, и централизации вокруг харизматических личностей внутри этих фракций — с другой. Это рассмотрение косвенно затрагивает проблемы общего бэкграунда и равенства внутри преступной сети. Наряду с описанием изменений во внутренних отношениях эта глава использует теории организационных изменений для выявления возможных объяснений этих изменений. Однако прежде всего я выделяю следующие тенденции: движение к фракционности и централизация внутри самих фракций наряду с соответствующим снижением паритета связей в сети воров в законе.

Фракционность

В принципе, воры в законе организовываются в структуру с горизонтальными связями, добиваясь паритета отношений и не пседавая власть центральной фигуре. Об этом свидетельствует практика проведения собраний, известных как *сходки*, которые позволяют обсуждать различные вопросы и решать их голосованием. Гуров пишет, что «в группировках ... не было прямых руководителей. Организующим звеном являлась воровская сходка. Собиралась она по требованию любого члена сообщества. Большими правами на ней пользовались авторитеты... Сходки проводились местные и региональные» [Гуров 1995: 112–113].

Кроме того, все этнические или национальные различия между членами были подчинены воровскому кодексу, который отличал людей только по степени их подчинения так называемой воровской «идее» или «понятиям».

Тем не менее, несмотря на эти формально демократические процессы, уже в 1980-х годах воровской мир начал распадаться по этническому признаку. До этого этнические различия между ворами в законе не были заметны. Однако, согласно некоторым источникам, когда национализм в советских республиках начал ослаблять всеобъемлющую власть Коммунистической партии, воры в законе обсуждали это и пытались противостоять фракционности по этническому признаку [Глонти, Лобжанидзе 2004: 121]. Между ворами в законе стали возникать разногласия, которые к 1985 году были официально отмечены МВД [МВД-А, 0033/1985]. Грузинские воры в законе стали отделяться от славянских воров, особенно по вопросу их отношения к воровскому кодексу [Долгова 2003; Oleinik 2003].

Однако и сами грузины также раскололись на территориальные группировки. Когда именно эти группировки стали заметными и сплоченными образованиями, неясно; возможно, что они существовали до 1990-х годов, а затем в результате центробежных сил, действовавших в хаосе того десятилетия, раскол усилился. Эти группировки очень заметны в наши дни, особенно сейчас, когда по причине репрессий, начавшихся после «революции роз», воры в законе находятся за пределами Грузии и действуют в России. Грузинские сообщества воров в законе описываются в российской прессе как отдельные организованные преступные группировки, образовавшиеся вокруг известных лидеров [Компромат 1999; Русский Newsweek 2009].

Из имеющихся данных можно вывести ряд показателей, указывающих на фракционность внутри грузинских воров в законе, а именно: их происхождение в основном из трех городов; использование для обозначения принадлежности к одной из фракций, происходящих из этих городов, полученных по названиям населенных пунктов прозвищ; и, наконец, наличие явных конфликтов между группами. Ниже я рассмотрю каждый из приведенных показателей.

Населенные пункты и данные по ним прозвища

Три основные грузинские группировки, действующие в настоящее время в основном в России, известны под своими русскими прозвищами: тбилисская, кутаисская и сухумская. Эти группировки или клики, образовавшиеся внутри сообщества грузинских воров в законе, базировались в грузинских городах Тбилиси, Кутаиси и Сухуми и, соответственно, их окрестностях. Последний упомянутый город находится на ныне де-факто независимой территории Абхазии. Воры в законе из этого региона являются в основном грузинами, которые по причине этнической чистки грузин в Абхазии после грузино-абхазской войны 1992–1993 годов сейчас живут в России.

До произошедшей в 2003 году «революции роз» сухумских воров в законе перебралось в Россию гораздо больше, чем воров в законе из других частей Грузии, и война 1992–1993 годов, скорее всего, это объясняет [AOCU 2004]. Тбилиси и Кутаиси — два крупнейших города Грузии, и каждый из них в какой-то момент истории Грузии был ее столицей.

На приведенном ниже рис. 5.2 показано население регионов Грузии и количество воров в законе в каждом из них по данным полицейских отчетов за 2004 год. Кутаиси — столица Имеретии, а Сухуми — столица Абхазии.

Как видно ниже, Тбилиси, Имеретия и Абхазия дали наибольшее количество воров в законе, и в настоящее время это делает происходящие оттуда группировки наиболее заметными. Существуют также группировки, появившиеся в других регионах, таких как, например, Самегрело. Любопытно, что в некоторых областях, таких как Кахетия, воров в законе почти нет, в то время как Кутаиси и Имеретинский регион имеют непропорционально большое по отношению к численности населения их количество[1].

---

[1] В Кутаиси, городе с населением менее 150 тыс. человек, имелось около пятидесяти воров в законе, что делало его для них самым популярным местом. Точно так же Имеретия — Кутаисский регион с населением 700 тыс. человек (и, скорее всего, теперь намного меньшим из-за эмиграции) — является в отношении воров в законе самым густонаселенным регионом Грузии.

В частности, в Кутаиси, где проживает одна седьмая часть населения Тбилиси, насчитывается две трети столичного числа воров в законе (чуть более пятидесяти), и примерно один вор приходится на каждые 3 тыс. человек.

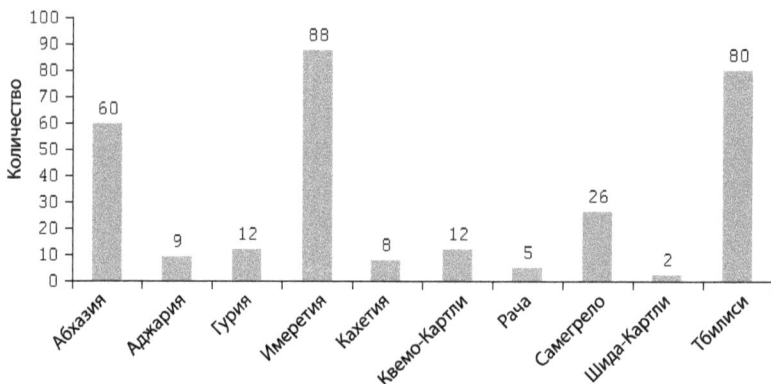

Рис. 5.2. Регионы Грузии и количество воров в законе в каждом из них*. *Источник*: [AOCU 2004]
* По некоторым регионам, таким как Самцхе-Джавахети, данных не было.

По словам одного кутаисского юриста, «здешняя криминальная группировка всегда считалась сильнейшей в стране, а местные жители утверждали, что у них на каждой улице свой "вор в законе"» [Дятликович 2007]. Действительно, Кутаиси имеет особую репутацию; местный прокурор утверждает, что «нет бизнесмена, гражданина, которых бы не беспокоили эти люди [воры в законе]» [Day.az 2007]. В Кутаиси местные жители говорят, что с точки зрения воровского мира Одесса — «мама», Ростов — «папа», а Кутаиси — сын [R37]. Это относится к утверждению, что исторически Одесса и Ростов были первыми городами, взрастившими воровскую культуру.

Объяснения особого положения Кутаиси в воровском мире Грузии обычно опираются на культурные факторы, такие как склонность местных жителей к браваде, упрямству, соперничеству и их отличное умение общаться. Хотя эти типично грузинские черты могут быть в Имеретии особенно яркими, культура этого региона не отличается от культуры, например, Кахетии, достаточно заметно, чтобы объяснить расхождение в «производстве» воров в законе. Обе области являются грузинскими по культуре, и различия между ними носят в основном незначительный характер. Поэтому более плодотворным направлением анализа было бы рассмотрение и сравнение с подобными исключительного уровня недоверия населения Имеретии к центральному правительству и изоляции от него. Как отмечалось в сообщении 2003 года, «уровень недоверия в регионе [Имеретия] довольно высок. Сотрудничество с официальными органами (полицией, прокуратурой и судами) в рамках закона считается неэтичным. Рядовой гражданин предпочитает решать свою проблему неофициальными методами» [Darchiashvili, Nodia 2003: 28]. Это было характерной чертой Кутаиси, по крайней мере с 1970-х годов, когда одно академическое исследование внутренних политических процессов города показало, что для разрешения споров «предпочтительнее посредничество видных граждан вне формальных рамок» [Friedgut 1974: 283].

В то время как недоверие к государству было очень распространено по всей Грузии, в Кутаиси оно сочеталось с исключительной замкнутостью политической культуры в советское время. Неформальное посредничество в спорах могло происходить в Кутаиси легко, поскольку коммунистическая элита города состояла исключительно из местных этнических грузин и, казалось, пользовалась высоким уровнем автономии и изоляции от Центрального комитета в Тбилиси. «В замкнутой в значительной степени атмосфере Кутаиси, где связи между людьми имеют давний характер, как чиновники, так и граждане, по-видимому, молча проявляют терпимость к коррупции и потворствуют ей» [Friedgut 1974: 285].

Автономность Кутаиси, вероятно, позволила увеличить активность «второй экономики» и, следовательно, спрос на разрешение споров, а также культуру безнаказанности и защиты для тех, кто имеет нужные связи [Friedgut 1974: 269][2]. Кутаиси обладал всеми

---

[2]   Из 300 депутатов 285 были грузинами, восемь евреями, пятеро русскими и двое украинцами.

описанными в главе 3 предпосылками для возникновения и роста мафии, и та процветала здесь, по-видимому, в большей степени, чем в других местах.

Большинство грузинских воров в законе в то время происходили из Кутаиси, Тбилиси, Сухуми и их окрестностей. Известность в криминальной среде полученных по названиям населенных пунктов кличек воров в законе указывает на необходимость упоминания места происхождения вора, что говорит о степени фракционности и регионализма. Данные полиции показывают, что из 105 кличек, которые были ей известны (без учета уменьшительных имен)[3], больше всего, 22 %, были даны по названию населенных пунктов в противоположность тем кличкам, которые описывали психологические, поведенческие или физические особенности. Имена воров, клички которых свидетельствуют об их происхождении, включают в себя грузинское имя и русское прилагательное, обозначающее топоним, например Резо Тбилисский, Гия Кутаисский или Мераб Сухумский. Упомянутый в кличке город является местом происхождения вора, хотя в грузинском воровском мире представлены не только города Тбилиси, Кутаиси и Сухуми. Например, Шалва Хонский происходит из маленького имеретинского городка Хони, и это, вероятно, роднит его с соседним Кутаиси[4].

Наличие топонимического прозвища позволяет изменившим место жительства ворам в законе быть узнаваемыми по тому, откуда они родом, а также указывает, к какой группировке во-

---

[3] Уменьшительно-ласкательные формы имен формально не подходят под определение клички [Gambetta 2009a].

[4] Другие клички имели коннотации с поведенческими, психологическими и физическими особенностями, например Гиви Нос, Гиви Толстый и Чичика (по-грузински «щебечущий»). Нетрудно догадаться, чем славились Мусуза (сердцеед) и Ромео. Некоторые клички были даны по названиям животных, такие как Горилла, Шошиа (скворец), Кватия (утка), Мелия (лиса), плюс одно потустороннее существо — Чинка (демон). Некоторые прозвища можно рассматривать как должности в компаниях или иерархиях, такие как Батия (бригадир), Черман (председатель), Бугалтер (бухгалтер) и довольно зловещий Палачи (палач), а одного человека просто назвали Мафия.

ровского мира они принадлежат. При отъезде воров в законе за границу топонимические прозвища также помогают различать грузинские группировки, действующие за пределами их родной территории.

Междоусобный конфликт

Уровень конкуренции между группами из Кутаиси, Тбилиси и Сухуми указывает на то, что они на самом деле не признают друг друга, образуя тем самым фракции. По крайней мере с 2005 года между кутаисской и тбилисской группировками продолжается яростный конфликт. В ходе полицейского рейда на *сходке*, проводившейся в Клязьминском районе Москвы в июле 2008 года, задержали чуть менее сорока воров в законе, которые, за исключением нескольких славян, были родом исключительно из Кутаисского и Сухумского регионов, причем из Тбилиси не было никого [Криминальная 2008б]. На *сходке* обсуждалась проблема получения в криминальном мире превосходства над Тбилисской группировкой [Schwirtz 2008; Криминальная 2008а]. В конфликте тбилисской группировки с кутаисской В. К. Иваньков, или Япончик, встал на сторону тбилисской, и это вызвало опасения новой мафиозной войны между грузинскими группировками в России [Galeotti 2009; Glinsky 2009; Крутер, Насыров 2009; Насыров 2009]. Кутаисская и сухумская группировки, как известно, относятся друг к другу лучше, вероятно, из-за личных рабочих отношений между их двумя ведущими лидерами [Русский Newsweek 2009].

Конфликт усилился, когда в 2005 году лидер кутаисской группировки Т. Г. Ониани, после того как испанская полиция провела нацеленную на его деятельность операцию «Оса», вернулся из Испании в Москву [Special Anti-Corruption Prosecutor's Office of Spain 2005]. В результате этой операции в июне 2006 года в Дубае по запросу испанских властей был арестован З. К. Калашов. Калашов — влиятельный вор в законе, имеющий связи с серьезными российскими организованными преступными группировками, такими как солнцевская. Отчет швейцарской полиции связывал его также с такими легальными компаниями, как российский нефтяной гигант ЛУКОЙЛ [Forbes Russia 2009; Guardian 2010][5]. После ареста Калашова и возвращения Ониани в Москву последний вступил в конфликт за контроль над деловыми интересами Калашова с лидером Тбилисской группировки А. Р. Усояном, известным как Дед Хасан. Кроме того, по сообщениям прессы [Гондусов 2009; Коммерсант 2009; Крутер, Насыров 2009], конфликт подогревался конкуренцией за участие в московском наркотрафике, а также в рэкете строительства объектов зимней Олимпиады 2014 года в Сочи.

В результате Япончика, вышедшего к тому времени, когда Ониани вернулся в Москву, из тюрьмы, вызвали помочь разрешить конфликт, и он вынес решение в пользу Усояна [Galeotti 2009].

Это вызвало кризис. В июне 2009 года Ониани был арестован по обвинению в похищении бизнесмена и вымогательстве. Через месяц в Япончика стреляли, и он умер, причем в заказе убийства подозревался Ониани. Когда суд над Ониани состоялся, его приговорили к десяти годам лишения свободы [Росбалт 2010]. Некоторые из его сообщников были убиты в разных частях Европы или скрылись. В конце 2010 года в центре Москвы на Усояна было совершено неудачное покушение. Однако свою судьбу — роковой выстрел из снайперской винтовки — он встретил в январе 2013 года, и снова в центре Москвы. Кто совершил это убийство, неясно, хотя подозрения падают на разрозненную группу имевших проблемные с Усояном отношения мафиози, включая Ониани с его близким соратником М. Г. Джангвеладзе из сухумской группировки и представителей азербайджанской организованной преступности [Galeotti 2013].

---

[5]   Этот отчет был приведен в качестве причины для блокирования покупки ЛУКОЙЛом крупного пакета акций испанской нефтяной компании Repsol. Сообщения о легальных российских компаниях, использующих связи с мафией при ведении бизнеса в Испании, побудили испанского судью объявить Россию «мафиозным государством», что привлекло большое внимание, когда это мнение стало известным при утечке содержания телеграмм посольства США в 2010 году [Козырев, Павлова 2009; Guardian 2010].

История этого конфликта свидетельствует о том, как сильно укрепились территориальные группировки грузинских воров в законе, по крайней мере в наши дни. Известно, что они сотрудничают и ведут переговоры друг с другом, однако уровень этого сотрудничества зависит от обстоятельств и может перерастать в конфликт, как это происходит начиная с 2005 года. Вышеприведенная история, подробно описывающая недавнее столкновение, вывела на сцену доминирующие в группировках фигуры Ониани и Усояна и тем самым указала на дестабилизирующую роль централизации. Именно к этому аспекту я сейчас и обращаюсь.

Централизация

При всем декларируемом равенстве воров в законе оно редко достижимо на практике. Полицейские респонденты считают, что в воровских отношениях существуют ранги: «воры в законе в принципе равны, но на самом деле между ними есть большие различия по статусу» [R9]. Ни один вор в законе не признает этих различий; они никогда не встанут, например, если в комнату войдет кто-нибудь более значимый по сравнению с ними. Другие респонденты поддерживали такую точку зрения:

> Кто-то до моего возраста дожил, до 50 или 60 лет, и все это время оставался вором в законе, ну, значит, он настоящий вор в законе, да? И еще один парень 20 лет, и он вор в законе, ну по сравнению со мной это не имеет такого же значения. Если ты знаешь какого-нибудь молодого вора в законе, ты скажешь, ты ребенок, поживи как вор в течение 30 лет или около того, и у тебя будет такой же авторитет, как у меня, — то есть если ты сможешь сохранить свое имя как вор в законе... [R18].

Это также говорит о том, что угроза исключения из числа воров или «развенчания» постоянно присутствует; воры борются за место в сети, постоянно стремятся ослабить позиции конкурентов и превзойти друг друга [Чалидзе 1977: 46].

> Вы думаете, что быть ворами в законе легко, но это не так, они должны быть осторожны в каждой мелочи, следя, что говорят и что делают, потому что всегда кто-то наблюдает за ними, они постоянно пытаются понизить статус друг друга и избавиться друг от друга [R10].

Угроза развенчания члена сети и тот факт, что некоторые воры имеют больше голоса, чем другие, дают стимул найти в сети покровителя. Это происходит потому, что потенциальный покровитель

> знает всех авторитетных парней, он может собрать *сходку*, заставить тебя выслушать... [так что хорошо] сказать: я тебя уважаю, мне не нужно брать долю из этого магазина, ты бери... Тогда, если тебе что-то нужно, он уже на твоей стороне [R18].

Существование покровителя ведет к иерархическому структурированию вокруг определенных лиц. Это может нанести ущерб выживанию преступной сети [Tilly 2005].

Такой институт вертикальных связей представляет собой опасность и может привести к централизации, поскольку отношения «патрон — клиент» внутри сети уходят наверх, к ее наиболее авторитетным членам. Как мы видели, кутаисская и тбилисская группировки сосредоточились вокруг двух лиц: Ониани и Усояна (Деда Хасана). Согласно Тилли [Tilly 2005: 72], создание харизматических центров может повысить преданность членов сети доверия. Однако при этом нанести ущерб их участию в принятии решений и управлении в рамках сети. Кроме того, чрезмерная зависимость от одного человека может создавать проблемы при передаче места лидера по наследству или при возникновении непредвиденных обстоятельств. Это видно на примере дела Ониани, арестованного в июне 2009 года по обвинению в похищении. Данное обстоятельство ослабило кутаисскую группировку по отношению к другим группировкам в России, и это сразу привело к тому, что пресса объявила Усояна самым видным «крестным отцом» российского преступного мира [Русский Newsweek 2009]. Таким образом, концентрация власти вокруг центральной фигуры может сделать сеть доверия нестабильной в долгосрочной перспективе.

Данные грузинской полиции в Кутаиси за 2004 год содержали подробные сведения о связях между самими ворами в законе и об их отношениях с другими преступниками.

Они были использованы для проведения анализа социальных сетей, который позволяет проследить степень централизации действующих лиц сети, ее плотность (степень переплетения в ней наличествующих связей) и существование фракций[6]. Я рассматриваю его здесь, чтобы исследовать степень централизации грузинских группировок воров в законе.

Анализ сети показал, что Ониани занимает в кутаисской группировке центральное место. Это, конечно, было ожидаемо, учитывая его дурную славу[7]. Те субъекты, которые, по сведениям

---

[6]   Самому Кутаиси, включая только инициированных воров в законе, было посвящено пятьдесят два досье, с которыми я мог работать [AOCU 2004]. Я составил таблицу контактов, перечислив все имена, упомянутые в документах, и отметив «соучастников преступлений», как они назывались в документах. Я ввел полученные данные в компьютерную программу анализа социальных сетей UCINET 6, чтобы визуально представить, как связана сеть, и проверить некоторые идеи о том, как она может быть структурирована, включая степень ее централизации, степень вовлеченности в посредничество ее членов и наличие в ней фракций, т. е. увидеть, можно ли выделить внутри сети определенные группы действующих лиц по плотности связей между ними [Sparrow 1991; Scott, J. 2000; Coles 2001]. Эти данные позволили сосредоточиться исключительно на внутренней структуре сети и особенностях поведения ее составляющих, а не на компонентах взаимодействия, таких как характер и сила отношений [Coles 2001]. После того как были получены оценки действующих лиц сети, я поместил эти оценки в статистику IBM SPSS, чтобы посмотреть на них в связи с другими индивидуальными атрибутами, такими как возраст, количество судимостей и так далее. Как это обычно бывает с сетевым анализом, исследование, естественно, было ограничено масштабом сети, определенной полицейскими; очевидно, что в действительности она будет непрерывно расширяться [Sparrow 1991].

[7]   Если анализировать только связи между ворами в законе и исключить преступников других статусных рангов, Ониани имел тринадцать тесных рабочих связей с другими ворами в законе из Кутаиси. Только один человек, его близкий соратник, имел связи с четырнадцатью из них, то есть больше, чем он. Третий, известный как еще один близкий соратник Ониани, был связан с десятью из них, что также было значимым. Эти три вора в законе составляли ядро кутаисской группировки.

из других источников [Special Anti-Corruption Prosecutor's Office of Spain 2005], были близки к Ониани в России и за рубежом, также имели большое количество контактов. Вполне резонно видеть в них центральный элемент, вокруг которого вращается вся кутаисская группировка. Однако картина не так проста. Другие исследования [Morselli 2008] показали, что высокий ранг и авторитет в преступной организации не обязательно коррелируют с наличием большого количества связей. Действительно, у Ониани были тесные связи с другими добившимися успеха людьми, то есть кутаисскими ворами в законе, но когда в анализ сети добавляются другие неподдерживаемые им преступные контакты, значение Ониани во всей сети снижается. Это не должно удивлять; влиятельные криминальные авторитеты вряд ли будут поддерживать прямые или близкие контакты с относительно маленькими людьми, не имеющими власти.

Сведение к минимуму прямых контактов снижало риск, изолируя боссов внутри группы доверенных лиц достаточно высокого ранга [Reuter 1985]. Как предполагает Морселли [Morselli 2008], вполне возможно, что криминальный босс получает власть через стратегические связи и посредничество с другими важными персонами, будь то государственные покровители, различные боссы в других сетях или просто другие фракции той же сети.

Если говорить о фракциях, сама кутаисская сеть распадается на две увесистые подгруппы или клики[8]. Раскол, по-видимому, происходит по географическим и поколенческим линиям. На момент составления милицейских протоколов в 2004 году одна фракция состояла в основном из тех воров в законе, которые все

---

[8] Анализируя сеть, программное обеспечение UCINET использует алгоритм, который вычисляет, какие члены этой сети наиболее тесно связаны друг с другом, разбивая ее на оптимальное количество фракций, а также рассматривая недостающие связи внутри разделенных подгрупп и связи между группами, чтобы дать оценку степени, в которой группы образуют отдельные фракции. Чем выше оценка, тем больше вероятность того, что группировки действительно разделены на фракции. Я дополнил сетевой анализ данными интервью и полицейскими данными, свидетельствующими о внутригрупповом конфликте и разделении в кутаисской группировке. В ее случае наиболее адекватным числом количества фракций было число два.

еще жили в Кутаиси и принадлежали к молодому поколению (тех, кто были «крещены» как воры в законе после 1991 года). Члены другой фракции были старше и тяготели к тем кутаисским ворам в законе, которые жили в то время за границей, в частности в России. Анализ показателей централизации сетей показывает, что фракция старшей подгруппы была более сплоченной и централизованной, с фигурой Ониани в центре и его ближайшими соратниками на видных местах. В этой фракции состояли носители самых известных имен грузинского криминального мира. Те во фракции, кто был близок к Ониани, имели очень хорошие связи, как правило, действовали в Москве и имели проверенную временем репутацию. Это говорит о том, что переезд за границу связан с централизацией. Переселение в чужую, потенциально конкурентную среду может потребовать эффективных стратегий координации и управления, одной из которых является иерархия.

Фракция более старых членов группировки также представляет собой более плотную сеть, в которой все они связаны друг с другом. Молодые имеют в среднем больше связей, но они менее тесно связаны друг с другом и менее централизованы, что предполагает более разветвленную сеть без четкого босса или ядра[9].

Это, по-видимому, имеет последствия с точки зрения мониторинга ситуации и принятия решений внутри фракции молодых, которая в описываемое время (2004 год) находилась в основном в Грузии. Сетевой анализ также предполагает, что фракция молодых не так тесно связана со своими занимающими солидное положение собратьями, и это может быть просто следствием возраста ее членов. Возможно также, что фракция молодых не столь привержена своей воровской сети и не столь много инвестирует в нее, используя вместо этого другие сети. Данные, представленные в последующих главах, поддержат эту последнюю интерпретацию.

---

[9] Среднее число контактов во фракции молодых составляет шесть, а во фракции старших — четыре. Плотность связей составляет 0,02 во фракции молодых по сравнению с 0,09 во фракции старших, а оценки централизации составляют 15 и 28 % соответственно.

Кутаисская фракция молодых была почти полностью уничтожена реформами «революции роз». В ходе кампании по борьбе с мафией многие кутаисские воры в законе воспользовались своими контактами с устоявшимися в России сетями и бежали туда. Там они были интегрированы в уже существовавшую иерархическую сеть. Такая концентрация кутаисской группировки в Москве создала вертикально структурированную мафию в изгнании, которая столкнулась с другими централизованными группировками из других регионов Грузии. Усиление конкуренции и полный уход из Грузии после «революции роз» сделали кутаисскую группировку еще более сконцентрированной вокруг Ониани, о чем свидетельствуют многочисленные новостные сообщения [Коммерсантъ 2009; Насыров 2009; Galeotti 2009, 2010]. С Ониани в тюрьме, с Усояном на кладбище, с негрузинскими криминальными соперниками, появившимися в Москве, и с политическими переменами, происходящими в Грузии, грузинским ворам в законе, возможно, придется в ближайшем будущем снова перестраивать свои внутренние отношения.

Растущая централизация и наличие фракций в грузинской сети воров в законе показывают, что организация и координация воров в законе — это не данность, а неустойчивый элемент, создающий уязвимости и конфликты. Каковы же причины, которые сформировали фракции и дали импульс к централизации вокруг харизматических фигур? Существует ряд факторов, которые могут повлиять на организационную структуру, например уровень риска и конкуренции, агентские издержки, изменения в политике уголовного правосудия и сила государства. Теперь я перехожу к объяснению этих изменений во внутренних отношениях воровской сети.

Местные криминальные карьеры и группировки

Как указывает Эриксон [Erickson 1981], тайные общества, действующие в условиях риска и угроз своему существованию, организуются таким образом, чтобы обеспечить себе максимальную безопасность. Это предполагает, что, с целью сведения неопределенности к минимуму, риск заставляет сети набирать новых рекрутов только из числа людей, с которыми имеются прежние, прочные связи. В результате этого процесса тайные общества делятся на фракции в соответствии с уже существовавшими в предшествующих сетях расхождениями.

Более того, потребность в жестком контроле рекрутинга и ресурсов подталкивает владычествующего босса и иерархию к контролю над получаемыми в результате фракциями [Erickson 1981: 202]. Рейтер [Reuter 1985] высказывает аналогичную точку зрения, полагая, что необходимость снижения риска означает, что мафии, как правило, имеют в основе местечковый характер, опираясь только на доверенных лиц из локальных сетей. Какие же есть доказательства того, что имевшие место расколы по географическому признаку могли вызвать в Грузии разделение на фракции?

Ответ на этот вопрос может дать тюрьма. Рейтер [Reuter 1985] указывает на влияние федеральной тюремной системы на контакты заключенных из разных регионов. Этот эффект был также засвидетельствован мафиозным перебежчиком Дж. Валачи в его знаменитом свидетельстве о существовании общенациональной мафии в США [Maas 2003]. Воров в законе организовывали и вербовали в тюрьме. Вполне вероятно, что кругооборот заключенных в ГУЛАГе стал решающим аргументом в объяснении первичного распространения воров в законе в Советском Союзе и распространения их субкультурных норм. Однако распад советской федеральной пенитенциарной системы на национальные локализованные значительно затруднил их координацию и контакты на больших расстояниях.

Вплоть до 2004 года тюрьмы Грузии располагались вокруг населенных пунктов. И в Тбилиси, и в Кутаиси было по три больших тюрьмы как внутри города, так и в его окрестностях. Как будет рассмотрено ниже, заключение местных воров в законе в местные же тюрьмы могло оказать дополнительное влияние на упрощение локализации и укрепление межрегиональных различий. Имеретинские полицейские досье [AOCU 2004] дают информацию о том, где судили имеретинских воров в законе и где им выносили приговоры до 2004 года. Эта информация представлена ниже в табл. 5.1. В целом для всех осужденных есть сведения о 154 процессах.

Результаты показывают, что подавляющее большинство имеретинских воров в законе совершали преступления близко к месту своего проживания, так как значительная доля судебных процессов по их делам проходила в Кутаиси и других городах Имеретии. Лишь небольшая часть таких процессов (28 %) проводилась за пределами Имеретинского региона. Почти три четверти (72 %) воров в законе, данные о которых содержались в полицейских досье, были судимы в Имеретии. Для первой судимости эта цифра еще выше (86 %). Число судебных процессов в Имеретии остается высоким (70 %) как для второй, так и для третьей судимости, однако в случае с четвертой распределение становится гораздо более ровным: 47 % судимых в Имеретии, 24 % в Тбилиси и других грузинских городах, 24 % в России и 5 % в другой стране. Интуитивно это объясняется тем, что преступники молодого возраста, скорее всего, менее независимы и менее мобильны.

Таблица 5.1

Распределение судебных разбирательств с участием имеретинских воров в законе по местам проведения

Место проведения процесса				
Все рассмотренные судебные дела	Кутаиси	Имеретия (кроме Кутаиси)	Верховный суд Грузии	Тбилиси
№	64	46	2	18
%	42	30	1	12
Все рассмотренные судебные дела	Остальная Грузия	Россия	Другие страны	Всего
№	11	10	3	154
%	7	6	3	100

Источник: [AOCU 2004].

Похоже, по мере карьерного роста воров в законе они становятся более мобильными и чаще подвергаются аресту вдали от дома[10]. Цифры, приведенные здесь, судя по всему, подтверждают мысль о том, что воры в законе, как и другие мафии, действительно остаются на одном месте до тех пор, пока не окажутся вытеснены внешним давлением, таким как жесткая конкуренция или репрессии со стороны властей [Morselli et al. 2011; Varese 2011]. Таким образом, независимо от того, где имеретинский вор в законе мог наконец проявить себя, его криминальная карьера начиналась и по крайней мере в течение некоторого времени продолжалась дома.

Важно отметить, что, если этому не мешала тяжесть совершенного преступления, осужденные, скорее всего, также отбывали наказание на месте. Общий опыт, приобретенный в системе уголовного правосудия и пенитенциарной системе, вырабатывает солидарность и создает в пределах региона общий кадровый резерв кандидатов на статус вора в законе. Этот общий опыт, по крайней мере первоначально, скорее всего, носил локальный характер, особенно после обретения Грузией независимости. Это, возможно, укрепило местную солидарность и усилило чувство непохожести на воров в законе из других регионов. Похоже, отсутствие мобильности является сильной причиной фракционности, поскольку, как предположил Эриксон [Erickson 1981], расколы проходят по линиям прежних сетей социально и пространственно более тесных контактов.

Местные воры в законе совершают преступления в своем родном городе, отбывают наказание в местных тюрьмах и приобретают репутацию в ближних криминальных кругах. Власть на улице могла быть перенесена в местную тюрьму, построенную поблизости, а затем возвращена на улицу [AOCU 2004; R42][11].

---

[10] Уменьшение количества данных означает, что количество дел, из которых можно сделать такой вывод для четвертой судимости, невелико ($N = 17$). Однако этот вывод подкрепляется и другими источниками, включая данные экспертных интервью.

[11] Полицейские досье и судебные дела содержали информацию о ворах, использующих тюремное заключение для укрепления репутации среди местного населения в ближайшем городе.

Представляется вероятным, что локализация тюремного заключения и относительное отсутствие мобильности воров в законе на ранней стадии их криминальной карьеры были жизненно важными факторами в создании условий для возникновения расколов на основе местных, плотных сетей действующих лиц, имеющих общее происхождение. На каком-то этапе эти расколы привели к образованию застывших фракций и возможности конфликта, который мы видим сегодня между кутаисской и тбилисской группировками.

Иерархия и конкуренция

Наличие фракций можно в какой-то степени объяснить расколами в прежних сетях, на которые опираются воры в законе во время рекрутинга в условиях тюремного заключения. Остается вопрос иерархии и централизации. И Эриксон [Erickson 1981], и Тилли [Tilly 2005] предполагают, что централизация повышает безопасность в краткосрочной перспективе, но может оказаться рискованной долгосрочной стратегией. Они предполагают, что иерархия возникает как реакция на риск, чтобы более централизованно контролировать ресурсы и рекрутинг.

Используя теорию организации фирм, Лисон и Роджерс [Leeson, Rogers 2012] развивают этот аргумент. Следуя классической «теории левиафана» Гоббса, они утверждают, что уровень конкуренции в окружающей среде имеет положительную корреляцию со степенью иерархичности и централизации в криминальной среде. Уровень конкуренции зависит от цены входа в отрасль, связанную в случае мафий с обеспечением защиты. Чем ниже барьеры для входа на этот рынок, тем больше конкуренция, и, следовательно, тем больше стимулов для сговора между действующими лицами и картелизации с целью блокировки этого входа для других. На мафиозном рынке барьеры для входа невысоки. Все, у кого есть оружие и склонность к жестким действиям, могут поверить, что они способны на этот рынок выйти. Сговор же по блокированию выхода на него других участников скоординировать трудно. Угроза дезертирства в процессе тайного сговора представляется очень сильной. Наказание за дезертирство во внеправовой сфере может быть осуществлено путем применения насилия, хотя карателю это может обойтись дорого для того, кто осуществляет наказание: во многих случаях вину не так уж просто доказать, к тому же любое наказание может натолкнуться на ответное насилие. Решение этих проблем, согласно [Leeson, Rogers 2012], состоит в том, чтобы создать «левиафана»: наделить босса соответствующими полномочиями. Содержание босса обходится дорого, но позволяет решить дилеммы координации, а это может принести пользу всем. Более того, как только появляются боссы, централизация и иерархическая структура позволяют усилить межфирменный сговор относительно рынков и территорий. Пфеффер и Леблебичи [Pfeffer, Leblebici 1973] также рассматривают влияние конкуренции на фирмы, действующие на легальных рынках, и, так же как [Leeson, Rogers 2012], считают, что большая конкуренция означает большую централизацию, большую иерархизацию и большую формализацию принятия решений.

К 1990-м годам воры в законе, как будет подробней рассмотрено в главе 6, действовали на пронизанном конкуренцией рынке Грузии, недавно обретшей независимость и втянутой к тому времени в сопровождающиеся насилием конфликты всех видов. Это создавало сильный стимул для формирования вокруг боссов группировок, объединяющих множество мелких организованных преступных групп, управляемых отдельными ворами в законе и образующих единую интегрированную структуру в рамках построенного по территориальному принципу объединения. В принципе, это позволяло ворам в законе быть скоординированными настолько, чтобы блокировать других участников рынка, разрешать коллективные споры или бросать вызов существующим конкурентам путем переговоров с их надлежащего ранга боссами. В связи с этим у вовлеченных в упомянутую организацию индивидов существовал стимул к обеспечению собственной безопасности, побуждающий к преобразованию объединяющей их структуры, представляющей собой всеобъемлющую, широко распространенную сеть, и централизации ее для создания более эффективной территориальной единицы, помогающей выживать в конкурентной среде.

Эти сюжеты должны были сочетаться с не установленным до конца влиянием размера организации [Pfeffer, Leblebici 1973: 278]. Существует множество не достигших консенсуса исследований [Hannan, Freeman 1984; Kelly, Amburgey 1991; Huber et al. 1993; Barnett, Carroll 1995], рассматривающих проблему размера организации и его связи с централизацией. В крупных организациях, конечно, будут руководители, однако по мере роста такой организации должны происходить децентрализация и делегирование полномочий [Hall 1995], вызванные логикой снижения затрат на мониторинг эффективности. И по причине внутриполитических разногласий, неполной информированности и неудачных инвестиций в сохранение статус-кво такого организационного изменения может и не произойти [Haveman 1992]. Таким образом, хотя конкуренция, по-видимому, является сильным фактором, определяющим организационные изменения, следует также рассмотреть размер сети и ее влияние на организацию, если таковое имеется.

Размер сети и расходы, связанные с услугами посредников

По данным последних лет, число воров в законе на постсоветском пространстве составляет примерно от тысячи до тысячи двухсот. Комментаторы дают противоречивые сведения о тенденциях, касающихся изменения этих цифр. Серио [Serio 2008: 168–169] констатирует снижение числа воров в законе в начале 1990-х годов, в то время как Глонти и Лобжанидзе [Глонти, Лобжанидзе 2004: 104] предполагают, что число воров в законе после распада Советского Союза резко возросло. В последнем исследовании говорится, что Министерство внутренних дел России зафиксировало шестикратное увеличение числа воров в законе в России с 1991 по 1996 год, причем в это время ежегодно «короновалось» или «крестилось» от сорока до пятидесяти человек — по сравнению с шестью или семью до 1991 года. Авторы не приводят фактическое число воров в законе, но также отмечают, опять же на основе правительственных данных, что число *сходок* в России увеличилось с двадцати шести в 1989–1992 годах до примерно ста в 1993 году и 413 в 1994 году [Глонти, Лобжанидзе 2004: 108]. Варезе [Varese 2001: 167] говорит об увеличении количества воров в законе в России до 1994 года и прогнозирует снижение их числа после этого, основываясь на предположении, что воров в законе будут медленно убирать более жестокие, нетрадиционные преступники, известные как «*бандиты*» (см. также [Volkov 2002]).

Что касается грузин, то число воров в законе, по-видимому, среди них увеличилось. По данным полицейских досье, в 1992–2004 годах «крещеных» грузинских воров в законе было больше, чем в другие периоды[12]. Интервью последовательно выявили впечатление, что число воров в законе в 1990-е годы увеличилось. Бывшая тюремная служащая выразила восхищение ворами в законе, с которыми она имела дело в прошлом, но сказала, что «после распада Советского Союза молодые люди начали становиться ворами в законе, и число их выросло. Раньше вы слышали о новом воре в законе раз в пару лет, а теперь они разбросаны вокруг, как семена подсолнуха! Если ты украдешь курицу, ты станешь вором в законе!» [R25]. Отставной полицейский следователь сказал: «Мы можем сказать, что по какой-то причине их число за последние несколько десятилетий в целом выросло. Могу также добавить, что после Второй мировой войны воров в законе в Грузии вы могли бы пересчитать по пальцам» [R2].

С одной стороны, это может показаться еще одной причиной, по которой воры в законе разделились на отдельные структури-

---

[12] Если предположить, что возраст «крещения» составлял около двадцати четырех лет (а этот возраст в период 1992–2004 годов вполне мог быть больше), то в эти годы было «короновано» 110 воров в законе, в отличие от восьмидесяти восьми, пятидесяти семи и двадцати трех в другие периоды (1982–1991, 1972–1981 и 1952–1971 годы соответственно). Не следует, конечно, исключать, что здесь мы просто имеем дело с эффектом сокращения количества информации в полицейских досье, в которые «крещеные» старшего поколения не попали просто потому, что умерли.

рованные группы. Рост численности и традиционное широкое географическое распространение воров в законе, возможно, усилили тенденцию раскола на более мелкие, более управляемые подразделения, привязанные к определенным регионам и субъектам, более способным принимать решения, чем другие, формально равные им по статусу воры. Это особенно соответствовало бы действительности в контексте риска и неопределенности [Erickson 1981]. Однако если бы численность фракций резко увеличилась, это создало бы тенденцию к децентрализации этих фракций, а не к их сплочению вокруг одного босса. Кроме того, иерархическая структура, созданная вокруг одного босса, должна обеспечить больший контроль над рекрутингом и притормозить быстрый поток людей, становящихся ворами в законе.

Как же объяснить в случае с кутаисской группировкой тот факт, что в ней сосуществовали централизация и отсутствие контроля за рекрутингом? Сетевой анализ кутаисских воров в законе показал, что сама эта фракция раскололась на две: младшую, локализованную в Кутаиси, и старшую, сосредоточенную в Москве. В обеих фракциях имелись главенствующие фигуры, но московская фракция была гораздо более централизована, и ее боссом был Ониани. Таким образом, в самом Кутаиси уровень централизации, а следовательно, и контроля за рекрутингом был неоптимальным. Хотя Ониани был центральной фигурой среди кутаисских воров-экспатриантов, его влияние в самом Кутаиси в 2004 году было слабее, и неясно, имели ли вообще он или его близкое окружение это влияние или заинтересованность в контроле над такими вещами, как рекрутинг или организация деятельности воров в Грузии. По ряду причин, которые будут более подробно рассмотрены в главе 6, это важный момент. Самые авторитетные воры в законе, как правило, это те, кто старше и опытнее. Поэтому именно они имеют право санкционировать и наказывать в процессе контроля ресурсов, рекрутинга и организационной структуры — всех элементов устойчивости. Однако эти наиболее уважаемые воры в законе также превратили свой репутационный капитал в экономическую мощь и имели самые корыстные интересы в бизнесе и политике, а следовательно, самые высокие потенциальные накладные расходы на регулирование и наказание.

В 1990-е годы авторитетные воры в законе также имели тенденцию покидать Грузию, поскольку были в состоянии использовать новые рыночные возможности в других местах, таких как славящиеся дерзкой преступностью дезорганизованные российские города Москва, Санкт-Петербург и Нижний Новгород, промышленный Донбасс на Украине и обладающий крупными импортно-экспортными рынками Дальний Восток [R5]. Это привело к ситуации, когда воры в законе, которые в наибольшей степени способны контролировать других, являются именно теми, для кого акты санкционирования и регулирования набора новых членов несут высокие непредвиденные расходы (поскольку у них больше деловых интересов) и крупные расходы на посредников (поскольку им самим приходится действовать дистанционно).

Это проявляется и в данных полиции. Воры в законе, принадлежащие к старшим, наиболее авторитетным поколениям, как правило, к 2004 году жили за границей. При кодировании данных из досье по двум признакам «крещения», то есть делению воров на «крещенных» до распада Советского Союза и после него, и сопоставлении их с таблицей, фиксирующей, жил ее фигурант в 2004 году в Грузии или за ее пределами (что большей частью подразумевает Россию), критерий согласия Пирсона показывает, что для шансов найти к 2004 году грузинского вора в законе за границей существует «когортный эффект»[13], как это показано в табл. 5.2[14].

В таблице показано, что большинство «крещенных» в 1970-е и 1980-е годы воров в законе проживало в 2004 году за пределами Грузии. Для того чтобы они могли взять на себя вызванные

---

[13] Разница между когортами значительна ($p < 0{,}000$); существует отрицательная связь между пребыванием в когорте до 1991 года и пребыванием в Грузии в 2004 году. Она имеет среднее значение ($df = 1$, *Phi* = –334).

[14] Следует помнить, что эти цифры являются полицейскими данными за период до 2004 года. После «революции роз» общее число находящихся за границей представителей всех когорт должно быть значительно пересмотрено в сторону увеличения.

собственной удаленностью дополнительные как посреднические, так и непредвиденные расходы, от таких потенциальных руководителей требуется стремление действовать на общее благо [Reuter 1985]. В главе 7 мы увидим, что никаких оснований полагать, будто такое стремление присутствует и поныне, нет.

Проблема, таким образом, состоит в том, что, хотя воры в законе менялись организационно (формировались фракции, появлялись боссы), эти изменения не в полной мере компенсировали другие происходящие одновременно дезинтеграционные процессы. Рост посреднических и непредвиденных издержек у самых авторитетных воров создал мощный встречный стимул для сдерживания этих негативных процессов. Изменения возникли как реакция на окружающую среду, но далеко не всегда оказались успешными адаптациями. Размер сети рос, и ее становилось все труднее контролировать и регулировать, несмотря даже на то, что в ней появились более мелкие фракции, объединенные общим местом происхождения и харизматическими лидерами.

Таблица 5.2

Местонахождение воров в законе в 2004 году
в зависимости от времени их «крещения»

Время «крещения»	Грузия	За границей	Всего
До 1991 года	66 (41 %)	95 (59 %)	161
После 1991 года	83 (75 %)	27 (25 %)	110
Всего №	149	122	271

Источник: [AOCU 2004].

Заключительная часть

Д. Гамбетта, исследователь сицилийской мафии, пишет, что

...Те, кто верит в мафию как в сплоченную корпорацию, иногда пленяются мифом о преступнике, способном на самые невероятные махинации. И наоборот, те, кто верит в обратное, похоже, отрицают элементарный факт, что мафиози могут думать, планировать и организовывать так же хорошо (или так же плохо), как и другие люди, и они не более и не менее некомпетентны, чем производители автомобилей, масоны или священники [Gambetta 1993: 102].

В данной главе говорилось о том, насколько хорошо или плохо ворам в законе удалось организовать свою деятельность в Грузии. В этой главе был поставлен вопрос о том, действительно ли то, что мы наблюдаем сегодня, является «криминальной системой», которая пронизывает Россию, Грузию и другие бывшие советские республики. Воры в законе связаны проблемами управления, координации и регулирования и должны бороться с этими проблемами, если хотят сохранить широкий, всепроникающий преступный мир, который, как некоторые утверждают, они создали. Организационно воры в законе в Грузии в какой-то момент — возможно, еще до распада Советского Союза — стали делиться на фракции. Осуществление этого организационного изменения, скорее всего, было ускорено конкуренцией и угрозами со стороны других представителей насилия, часто более локализованных и иерархически упорядоченных, чем сами воры в законе.

До 2004 года и особенно за пределами Грузии тбилисская, кутаисская и сухумская группировки получили определенную степень автономии друг от друга. Эта автономия была основана в значительной степени на локализованном характере криминальной карьеры, а также близости и совместном опыте криминальных субъектов из городов Тбилиси, Кутаиси и Сухуми и их окрестностей. Среди воров в законе и их сообщников внутри этих группировок возникла иерархия, начали наделяться полномочиями явные руководители. Обладатели самых больших авторитетов предпочли оставить наполненную до краев насилием Грузию 1990-х годов и перебраться в другое место. Среди воров в законе, оставшихся в Грузии, иерархия и централизация оказались выражены не столь ярко. Кроме того, переезд из Грузии некоторых наиболее авторитетных членов группировок увеличил посреднические расходы на мониторинг практики рекрутирования новых членов и регулирования размера сети. Механизмы надзора и властные регуляторы не работали. Это означает, что определенный Гуровым [Гуров 1995: 110–111] фактор, упомянутый в начале этой главы как решающий для сплочения группы — жесткая организация для контроля информационных потоков и использование санкций, — не был успешно адаптирован к реальности. Поэтому организационные изменения оказались далеки от оптимальных. Экзогенные и эндогенные факторы вызывали адаптацию, но она не всегда была эффективной и сталкивалась с проблемами посреднических и непредвиденных расходов, инерции и не принесших пользы инвестиций в сохранение статус-кво. Как уже говорилось в этой главе, ключевой областью, где это оказалось очевидным, стал рекрутинг. В условиях секретности и риска эта область контроля [Erickson 1981; Tilly 2005; Gambetta 2009a, 2009б] жизненно необходима для существования любой преступной сети. В следующей главе вопрос рекрутинга будет подробно рассмотрен.

6

Подгонка под существующие рамки: тюрьма и рекрутинг

Д. И. Хизанишвили был инициирован — «крещен» — как вор в законе 23 сентября 2012 года по приказу Л. П. Шушанашвили (Лаша Руставский), криминального авторитета, с которым мы познакомились в главе 1, позже арестованного в Греции. Учитывая весьма сложную ситуацию в Грузии, «крещение» проводилось из-за границы по скайпу, через бесплатный интернет-чат и службу видеозвонков. Это было первое за семь лет крещение вора в законе на грузинской территории [Полит.ру 2012]. Такое дистанционное мероприятие создавало проблему: как можно было узнать истинные криминальные заслуги Хизанишвили? У воров в законе не было подобных проблем в те времена, когда Лаша сам стал вором в законе. Он был «крещен» в 1979 году в Тбилиси во время шестимесячного заключения в необычно юном возрасте восемнадцати лет. В том случае вера в молодого Лашу как человека, который будет вести воровскую жизнь, иногда называемую «жизнью в [воровских] рамках», была вполне обоснованной. Лаша этим рамкам соответствовал. Его криминальная карьера насчитывает более тридцати лет. Он получил еще три судимости и провел за решеткой еще одиннадцать лет, прежде чем обрел международную известность [AOCU 2004; Прайм Крайм 2008б].

Не все новобранцы в рядах воров в законе столь успешны. Многие из них в конечном итоге наносят преступной сети ущерб, и их «развенчивают». Как воры в законе устанавливают барьеры для входа в их исключительное братство? Как эти барьеры трансформируются и по каким причинам? Это важные вопросы. Фундаментальный принцип выживания любого института заключается в организации притока новых, преданных его делу действующих лиц [Kanter 1972; Hannan, Freeman 1984; Bouchard 2007]. Это также верно и для сетей доверия. Как говорит Тилли: «Сети доверия, которые прекращают рекрутирование новых, преданных делу людей, приходят в негодность не более чем за одно поколение» [Tilly 2005: 22]. Беспрепятственное поступление человеческих ресурсов необходимо для того, чтобы пережить экзогенные потрясения, что является ключевым компонентом устойчивости. Кроме того, рекрутинг влияет на репутацию: ваше доброе имя зависит от людей, с которыми вас видят. В этой главе рассматриваются динамика трансформации рекрутинга в трансформирующейся среде и ее значение в становлении вора в законе, причины такой трансформации и затрагивается вопрос влияния трансформации рекрутинга на способность воров выживать.

Посвящение и доверие

Для описания приближения молодого человека ко дню «крещения» или «коронации» как вора в законе в Грузии существуют некоторые термины. Во-первых, это термин *кай бичи* (член мафии), который означает кого-то, кто берет пример с воров в законе, но кто может или не может претендовать на то, чтобы стать вором в законе самому. Во-вторых, слово *момевали*, которое буквально означает «будущее», — им называют *кай бичи*, который объявил себя живущим по воровскому кодексу или понятиям, известным как *гагеба*, — и которое является сокращением фразы «смотрящий в будущее», обозначающей того, кто пытается стать вором в законе. В-третьих, есть термин *ганапи*, который переводится на русский как «*без пяти минут*» и обозначает кого-то, чья кандидатура уже рассматривается, с той коннотацией, что, когда часы пробьют, у соискателя уже будет соответствующий титул. Как объяснил один из респондентов [R19]:

> Вообще молодой человек даже 17 или 18 лет может объявить, что он «смотрит в будущее», то есть хочет стать вором в законе и будет жить соответствующей жизнью. В этом смысле такие становятся, можно сказать, солдатами и действуют от имени воров в законе в качестве их пехотинцев.

Как только человек вполне себя зарекомендовал, его можно «крестить», после чего он станет вором в законе. «Крещение» часто происходит в тюрьме. Например, вор в законе С. А. Абасов был «крещен» в руставском лагере в Советской Грузии в 1990 году, во время отбытия им семилетнего срока за кражу. «Крещение», или ритуал посвящения, совершилось на воровском собрании, известном как *сходка* [AOCU 2004]. Сходка проверяет, соответствуют ли новобранцы требуемым высоким критериям. Она ликвидирует информационный пробел в плане доверия к характеру рекрута, его личности и его приверженности воровской идее: «главная ее [сходки] цель состояла в определении надежности принимаемого лица, способности к пропаганде воровских "идеалов" среди других категорий правонарушителей» [Гуров 1995: 105]. Как и при приеме на большинство рабочих мест, метод, используемый для установления аутентичности кандидата, — это представление отзывов. Необходимы две или более рекомендаций от влиятельных людей. В будущем они несут ответственность за действия потенциального вора в законе. Рекомендующие воры в законе предпочитают знать кандидата близко, поэтому рекрут должен «проводить с ними время ... помогать семьям деньгами, арендой, они должны узнать вас, если они не знают, кто вы, вы не можете просто стать вором в законе, вы должны иметь уважение» [R10]. При выдвижении кого-нибудь на «крещение» в тюрьме по кругу передается *ксива*. Это записка с изложенными в ней квалификациями кандидата, воровской вариант резюме [Гуров 1995; Varese 2001]. Затем процесс идет в виде собеседования, кандидата расспрашивают о его прошлых действиях и просят их объяснить [R2]. Рассказывали об одной *сходке* в Самтредиа в Западной Грузии, на которой кандидат не прошел подобный тест по причине присутствия на ней одного вора, который был другом кутаисца, с дочерью которого кандидат имел незаконные отношения вне брака. Это, очевидно, породило сомнения в достоинствах этого кандидата, и колеблющийся вор отказался отдать ему свой голос [R40].

Как только все соглашаются с тем, что кандидат достоин посвящения, новобранец принимает присягу на верность, которая, по мнению некоторых, очень похожа на ту, которую принимали члены советской Коммунистической партии [Oleinik 2003]. Ее текст, по словам Гурова, таков: «Я, как *пацан*, встал на путь воровской жизни, клянусь перед ворами, которые находятся на сходке, не идти ни на какие аферы чекистов» [Гуров 1995: 106]. Эта клятва выражает один из первых канонов воровского кодекса чести: не иметь ничего общего с государством. В нем также, по-видимому, выражается глубокая тревога по поводу вездесущего проникновения полиции (упоминание о чекистах — это ссылка на ЧК, так первоначально называлась советская тайная полиция). После принятия присяги по тюремной системе связи рассылается объявление (*малява*, или *воровской прогон*), информирующее о новобранце других.

Роль тюрьмы в рекрутировании

Сложные действия, связанные с избранием и посвящением, показывают, что воровское братство очень озабочено созданием для входа в него высоких барьеров. Это призвано дать гарантии того, что новобранцы не являются самозванцами, а также продемонстрировать исключительность права на обладание титулом вора в законе. Высокие барьеры требуют от потенциальных рекрутов больших издержек. Ими должны быть предъявлены дорогостоящие свидетельства их качества, которые могут позволить себе только подлинные кандидаты. Свидетельства, за которые их предъявитель заплатил высокую или низкую цену, позволяют отсортировывать высококачественных кандидатов от низкокачественных [Spence 1973; Bliege Bird, Smith 2005; Gambetta 2009б]. Эти различающиеся по ценности свидетельства состоят из доступных фрагментов специфического социального и культурного контекста, в котором они существуют. В воровском мире основным критерием, определяющим ценность свидетельства, является время, проведенное в тюрьме.

В тюремной среде между заключенными образуются тесные связи и личная информация распространяется быстро. Это делает подлинный тюремный опыт очень трудным для фальсификации [Gambetta 2009a]. Для тех, кто по-настоящему не посвятил себя воровской жизни, он, безусловно, является дорогостоящим. Кроме того, количество обвинительных приговоров и продолжительность тюремных сроков являются измеримыми индикаторами — чем больше времени проведено в тюрьме, тем большей преданностью идее, а также знаниями воровского кодекса и неформальных правил поведения человек, скорее всего, обладает. Таким образом, тюремный опыт может быть использован в качестве достоверного показателя чьих-то криминальных достоинств.

Тюрьма также позволяет осуществлять мониторинг. Во-первых, можно сразу узнать, какое преступление кто совершил, и это само по себе может быть индикатором. В тюрьме легче тщательно наблюдать за поведением человека и следить за соблюдением им правил. Такие правила включают в себя положения, устанавливающие, что члены мафии (по-грузински *кай бичеби*, или те, кто ведет воровскую жизнь) никогда не должны в тюрьме работать, они должны отдавать свои ресурсы в общий фонд, известный как *общак*, и собирать их для него, избегать в тюрьме соседства нежелательных элементов, владеть жаргоном и навыками игры в карты. До «революции роз» в Грузии воры в законе часто подкупали тюремных чиновников и неформально контролировали тюрьмы (так называемые «черные» тюрьмы), создавая тем самым напряженную среду, в которой можно было легко распознать истинные нормативные ориентации, черты характера и попытки подражания желательным качествам. На самом деле, это даже запечатлено в языке — воровские «представители» в тюрьме называются по-грузински *макуреблеби*, буквально «надзиратели».

В советский период затраты, связанные с появлением у кандидата сигнала о готовности к рекрутированию, тюремного срока, падали на третью сторону — на государство. В соответствии с кодексом чести потенциальные воры в законе должны были отказаться от работы или ношения униформы, и в советское время этого было достаточно, чтобы оказаться осужденными за «тунеядство». Те, кто выбрал воровскую жизнь, могли в то время легко получить новый тюремный срок. В Советском Союзе это оказалось стратегией, гарантировавшей выбравшему ее необходимые расходы для обретения им криминальной ценности. Таким образом, если тюрьма навязывается человеку государством, в Советском Союзе это навязывание вызывалось преднамеренным выбором образа жизни, сделанным до этого. Учитывая предстоящую неизбежность, некоторые избравшие воровскую жизнь молодые люди в Кутаиси спали в своих домах на полу, для того чтобы подготовиться к тюремным нарам [R29].

Тюремный опыт жизненно важен для формирования общего опыта и доверия к потенциальным новобранцам, поэтому их «крещение» должно происходить только после осуждения. По информации полиции, так оно и есть. Согласно грузинским полицейским досье, содержащим соответствующие данные, средний возраст первого осуждения вора в законе составляет двадцать лет ($N = 73$), а средний возраст «крещения» — двадцать четыре года ($N = 76$) [AOCU 2004]. Хотя это не очень репрезентативная выборка, она предполагает, что «крещение» происходит только во время или после отбытия тюремного срока, хотя, если ознакомиться с фактами, видно, что некоторые случаи свидетельствуют об отсутствии судимостей при «крещении» некоторых воров в законе. Кто же «крестился», не отсидев тюремного срока?

Распределив информацию о судимостях ($N = 92$) по группам воров в законе, которые были «крещены» до и после распада Советского Союза, можно получить интересную картину. Из табл. 6.1 видно, что подавляющее большинство воров в законе с отсутствием у них при «крещении» судимостей приходится на одну группу.

Из таблицы следует, что те, кто стал ворами в законе, не отбыв тюремного срока, почти исключительно относятся к младшей группе «крещенных» после распада Советского Союза (после 1991 года). По причине их возраста следует ожидать, что представители этой младшей группы, как правило, будут иметь меньшее число обвинительных приговоров, чем представители старшей, и цифры показывают, что это так. Однако тот факт, что так много людей (42 %) из младшей группы стали ворами в законе, не имея никакого тюремного опыта, менее ожидаем.

Возможно ли, чтобы члены старшей группы становились ворами в законе, прежде чем провести время в тюрьме, и, таким образом, группа «после 1991 года» не являлась бы исключением? Исходя из исторических данных, силы советского государства и центральной роли тюрьмы в воровском мире это очень маловероятно. Респонденты были непреклонны в отстаивании мнения, что тюрьма абсолютно необходима для того, чтобы стать вором в законе. Как сказал следователь по борьбе с организованной преступностью, «в прошлом, если вы не сидели в тюрьме, вы не могли бы быть "крещены", не могли! В прошлом существовало должное уважение к этим традициям» [R10].

Таблица 6.1

Различия в количестве обвинительных приговоров ворам в законе до 2004 года в зависимости от времени их «крещения»

Время «крещения»	Количество приговоров									
	0	1	2	3	4	5	6	8	9	Всего
До 1991 года	1	4	7	12	10	10	3	1	1	49
После 1991 года	18	13	7	4	1	0	0	0	0	43
Всего	19	17	14	16	11	10	3	1	1	92

Источник: [AOCU 2004].

Помимо всего прочего, то, что все воры в законе должны иметь судимость, просто основывается на требованиях их кодекса чести. Кроме того, младшая группа должна иметь больше судимостей, что основывается на имеющихся данных. К тому времени, когда составлялись полицейские отчеты, — то есть в 2004 году — средний возраст члена группы «после 1991 года» составлял уже тридцать лет. Учитывая, что средний возраст первого осуждения по всем группам составлял около двадцати лет, второго — двадцать четыре и третьего — двадцать восемь, мы можем ожидать, что у большей части членов младшей группы будет по крайней мере одна или несколько судимостей, независимо от того, были ли они «крещены» до или после этих судимостей.

Наиболее очевидным объяснением того, почему так много воров в законе, «крещенных» в 1992–2004 годах, не имеют судимостей, является то, что власть в 1990-е годы была намного слабее, чем в советское время, и поэтому уровень безнаказанности был выше. Учитывая, что предсказуемые действия государства в советский период надежно компенсировали затраты на приобретение свидетельств о криминальной благонадежности, утрата государством способности действовать должным образом серьезно сказалась на возможностях распознавания при отборе «хороших» кандидатов и отсеве «плохих». В новом мире 1990-х годов, когда в тюрьмах сидело меньше людей, главный механизм наблюдения за новыми кандидатами, налагающий на них репутационные затраты и тем самым поддерживающий интенсивность потока информации о них и их криминальных способностях, дал сбой.

Ослабление государства и последующее отсутствие надежного механизма индикации, служащего целям рекрутирования, связаны с еще одним новым явлением: появившимися в 1990-е годы сообщениями о продаже титула вора в законе за деньги. В одном недвусмысленном случае фигурировал вор в законе из Тбилиси, который заплатил другому пользующемуся громкой известностью вору в законе и получил рекомендацию для своего младшего брата с тем, чтобы тот тоже получил соответствующий статус. По оценкам полиции, на обеспечение этой рекомендации было потрачено 50 тыс. долларов [R9; R12]. В другом отчете упоминается «молодой бандит», заплативший 300 тыс. долларов за свой «титул» [Никулина 1999]. Варезе [Varese 2001] также приводит примеры подобного в России, и русские заключенные, цитируемые Ламбертом [Lambert 2003: 111], это подтверждают. Долгова пишет, что покупка воровского титула началась в конце XX века, и в основном «это характерно для выходцев с Кавказа» [Долгова 2003: 362]. Финкенауэр и Уоринг также отметили эту проблему, возникшую в Грузии в 1990-е годы:

> У нас сложилось впечатление, что воры [воры в законе], когда-то активно действовавшие в Тбилиси, переехали в Москву. По нескольким причинам некоторые из тех, кто остался, купили титул, большинство из них очень молоды (всего двадцать или чуть старше), и многие не выполнили свой долг, побывав в тюрьме (иногда потому, что пошли обходным путем, заплатив деньги) [Finckenauer, Waring 1998: 108].

В этом рассказе есть скрытая связь с проблемами расстояния, контроля и санкций, рассматривавшимися в предыдущей главе.

Появились жаргонные термины, которые обозначают тех, кто никогда не крестился *по-воровскому*, а просто купил себе титул, и кто в основном связан с грузинскими ворами в законе. Это *апельсины, лаврушники* и *самозванцы*. Об этом много писалось, и некоторые комментаторы отказывались верить, что подобное когда-либо происходило среди воров в законе в России или Грузии. Как выразился один российский полицейский: «Все разговоры о купленных званиях, “апельсинах” и так далее — полный бред. Купить за деньги титул вора в законе нельзя. Это вам не должность в госструктуре!» [Модестов 2008]. Такой скептицизм вполне обоснован. Будущие воры в законе до того, как пройти «крещение», платят в *общак*, но это не следует путать с буквальной покупкой титула, то есть с единовременной выплатой сильному человеку в его личное пользование значительной суммы в обмен на рекомендацию на *сходке*. Однако есть достаточно доказательств, позволяющих предположить, что вышеупомянутая практика действительно имеет место.

Точно так же некоторые воры в законе, принадлежащие к молодому поколению, приобрели свой титул просто благодаря родственным связям. Примером тому может служить молодой грузинский вор в законе (1983 года рождения), которого поймали в супермаркете в Москве при попытке украсть бутылку алкоголя [Криминальная 2008a]. Этот конкретный вор в законе был «крещен» в конце 1990-х годов в западногрузинском городе Самтредиа двумя старшими ворами в законе после похорон его отца, который был в этом городе хорошо известным вором в законе. И был «крещен» без наличия каких-либо судимостей [AOCU 2004]. Можно привести другой аналогичный пример. Там же в Москве в 2007 году за похожие преступления были задержаны два представителя молодого поколения грузинских воров в законе, и выяснилось, что один из них также был «крещен» на том основании, что у него были родственники — воры в законе. Такое нововведение в практике рекрутирования также идет вразрез с первоначальным кодексом чести воров [Криминальная 2008б].

То, что отцом кандидата был вор в законе, отнюдь не означает что он обладал «врожденными» преступными качествами. Это всего лишь факт семейной истории. Описанная выше практика, несомненно, предполагает ослабление границ. С другой стороны, свидетельство о выплате огромных сумм денег вполне может выполнять функцию мотивационного ценза, поскольку оно все еще подтверждает искреннее и сильное желание приобрести титул, но при этом, хоть и показывает стремление к «крещению», не читается как информация о наличии криминальных навыков, особенно по сравнению со временем, проведенным в советской или постсоветской тюрьме. Таким образом, покупка титула вора в законе свидетельствует о коррумпированности криминального института, а не просто о смене способа сигнализации. Этот феномен, скорее всего, свидетельствует о неспособности к коллективной адаптации путем внедрения новых надежных методов подтверждения криминальной пригодности в условиях слабой государственности, а также об упущениях в мониторинге и возмездии за ненадлежащие практики, о чем будет сказано ниже.

Серьезные проблемы связаны с нарушением процесса рекрутирования новобранцев и снижением барьеров для входа. Они могут иметь последствия для такого находящегося в общем пользовании братства ресурса, как статус и репутация. Одно из сообщений прессы в России выражает самую суть дела: «Как отмечают эксперты, титул покупают главным образом выходцы из Грузии, осевшие в России. ... Количество коронованных уголовников возрастает, а уровень их авторитета в криминальной среде снижается» [Никулина 1999]. Об этом свидетельствуют случаи, когда молодых, никогда не бывших в заключении грузинских воров в законе ловили в Москве на мелких магазинных кражах, о чем шла речь ранее. Я вернусь к влиянию на общий репутационный фонд позже, в главе 8. А сначала предположу, что стимулом для снижения входных барьеров стало именно давление окружающей среды и, в частности, конкуренция со стороны других использующих насилие групп.

Истощение

Провал опознавательной системы рекрутинга был косвенно вызван слабостью государства в постсоветской Грузии. Однако это не единственное внешнее влияние, которое могло снизить входные барьеры. Как отмечалось в главе 5, конкуренция играет решающую роль в формировании размера, структуры и деятельности коллективных предприятий, и это также верно для мафий [Pfeffer, Leblebici 1973; Gambetta 1993; Leeson, Rogers 2012]. Для мафии конкуренция, как правило, смертельна, и когда уровень истощения ее ресурсов увеличивается, это, естественно, влияет на динамику набора новых членов. Постсоветский период породил распространение склонных к насилию предпринимателей всех мастей — от ветеранов афганской войны до борцов и каратистов [Volkov 2002]. Серио утверждает, что «неразбериха и неопределенность, охватившие общество после распада Советского Союза, также повлияли на мир воров. Внезапно [получилось так, что] десятилетие, проведенное [вором в законе] в тюрьме, не имело большого значения во внешнем мире» [Serio 2008: 171]. Теперь споры можно было улаживать с помощью оружия, а не воров в законе. Варезе [Varese 2001] и Волков [Volkov 2002] делают аналогичные выводы о росте числа безжалостных бандитов, предполагая, что эскалация насилия в 1990-е годы сделала положение воров в законе шатким, и объясняют этим их возможный упадок. Эта конкуренция оказала значительное давление на снижение входных барьеров и рекрутинг некачественных кандидатов среди грузинских воров в законе, поскольку даже для постсоветского региона распространение насилия в Грузии было исключительным [Coppieters, Legvold 2006].

С одной стороны, хаотический переход к новому порядку открыл возможности для воров в законе, поскольку один из них, Дж. К. Иоселиани, в течение короткого периода практически управлял страной, свергнув в январе 1992 года избранного президента З. К. Гамсахурдиа. Именно Иоселиани позвонил Шеварднадзе, чтобы пригласить его вернуться в Грузию в 1992 году [R41]. Согласно биографам Шеварднадзе, «не имея собственной базы власти, Шеварднадзе заключил нечестивый союз по расчету с несколькими антигамсахурдийскими лидерами, в частности с Иоселиани, "крестным отцом", спонсировавшим возвращение Шеварднадзе в Тбилиси» [Ekedahl, Goodman 2001: 265].

В начале 1990-х годов у Иоселиани образовались прочные связи с властью. Можно было ожидать, что это должно значительно поднять авторитет воров в законе. Но вместо этого произошло нечто прямо противоположное. Иоселиани основал военизированную организацию *Мхедриони* («Всадники»), насчитывавшую 4 тыс. человек по всей стране [Wheatley 2005: 54]. Группировка *Мхедриони* была создана с помощью некоторых элементов старой *номенклатуры*[1] и стала основой власти Иоселиани. По словам самого Иоселиани, *Мхедриони* «была патриотической организацией, но основанной на воровских традици-

---

[1] Слайдер [Slider 1997] говорит, что определяющую роль в создании *Мхедриони* сыграл Г. Д. Мгеладзе, глава Министерства сельского хозяйства Грузии.

ях»[2], однако его неуправляемые полувоенные не всегда уважали старые обычаи воров в законе, а воры в законе, в свою очередь, считали Иоселиани отступником, запятнавшим себя участием в политике [R5; R12].

Члены *Мхедриони* часто были молодыми и жестокими, и Иоселиани был бессилен остановить их соперничество с ворами в законе, потому что, как утверждает Уитли, «другие мелкие преступные банды (часто называемые "*Мхедриони*", но явно совершенно неподконтрольные Иоселиани) доминировали на местном уровне, обычно предлагая местным общинам защиту от мародерствующих банд» [Wheatley 2005: 80]. Некоторые члены *Мхедриони* по причине прошлых обид не чувствовали к ворам в законе ничего, кроме презрения. «Я знал одного вора в законе, которого избили *мхедрионисти* [члены *Мхедриони*]... Это был такой скандал! Эти ребята [воры в законе] всегда пользовались неприкосновенностью... Для тех молодых парней из *Мхедриони* это была месть [за] ... какой-то конфликт, который вор в законе не разрешил в их пользу» [R17].

Члены *Мхедриони* в то время быстро стали конкурентами воров в законе на рынке защиты: «В обмен на защиту предприятий ... представители Иоселиани взяли доли во многих частных предприятиях, которые начали работать в Грузии в 1993 и 1994 годах» [Areshidze 2007: 35]. В стране отсутствовала какая-либо всеобъемлющая власть с монополией на насилие. Вместо этого Грузия была «разделена на вотчины, управляемые полевыми командирами и их частными армиями ... банды и вооруженные головорезы бродили по улицам и терроризировали города и деревни; процветали коррупция и насилие» [Ekedahl, Goodman 2001: 263].

Боевики *Мхедриони* были лишь одной из многих угроз тогдашним ворам в законе, которые вместе со всем обществом переживали растущую виктимизацию. Это демонстрируется на рис. 6.1, основанном на данных полиции, которые сообщают о количестве воров в законе, убитых или исчезнувших в период 1988–2009 годов.

---

[2]   Цит. по: [Wheatley 2005: fn 20, 63–64].

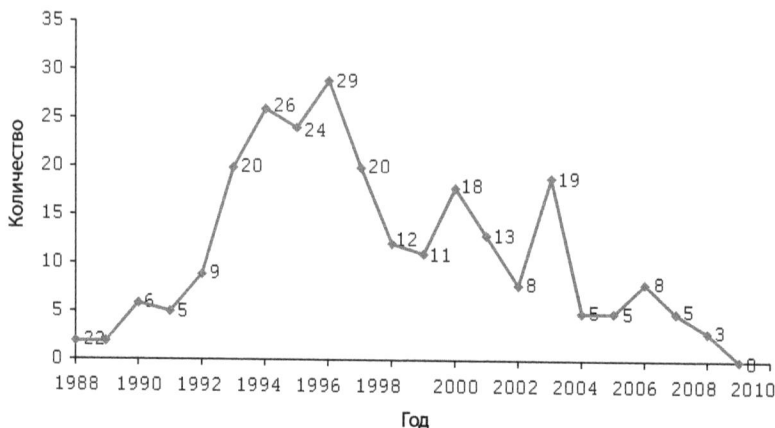

Рис. 6.1. Число воров в законе, убитых в 1988–2009 годах. *Источник:* [AOCU 2009]

С 1992 по 1993 год число убитых воров в законе подскочило более чем на 120 %, с девяти до двадцати. Затем число смертей растет, оставаясь высоким с апогеем в 1996 году, когда были убиты двадцать девять воров в законе. Таким образом, 1990-е годы оказались периодом беспрецедентного уровня насилия, который, судя по приведенным выше цифрам, определенно затронул воров в законе. Уровень насилия в отношении воров в законе продолжал расти и после 1995 года, когда организация *Мхедриони* была официально расформирована. Это свидетельствует о том, что в то время существовало много альтернативных угроз со стороны различных слоев закоренелых преступников, которые использовали как неспособность государства преследовать противозаконные деяния, так и наличествующую в обществе потребность в защите. Как было справедливо отмечено в России [Volkov 2002], в начале 1990-х годов любой человек с запасом насильственного капитала мог попытаться создать мафиозную группу. В Имеретинском регионе, столицей которого является Кутаиси, ситуация была особенно тяжелой:

В период с 1993 по 1996 год в Имеретии действовала группа вооруженных грабителей. Они были просто крестьянской бандой преступников. Они были жестоки, никого не уважали, в том числе и воров в законе... Что бы они ни украли, они пропивали в тот же вечер. Это была большая группа, целых 30 человек, просто воровство и избиения... это была угроза для всех, и, конечно, воры в законе не могли их контролировать [R19].

Такие группы не только представляют собой экзистенциальную угрозу для отдельных воров в законе, но и могут рассматриваться как их конкуренты с точки зрения рекрутинга. У молодых людей могло возникнуть искушение надеть военную форму и отправиться с Национальной гвардией (еще одна военизированная организация) на поиски приключений и грабежей в Абхазию, или примкнуть к *Мхедриони*, или, возможно, просто присоединиться к любой разношерстной вооруженной группе, которая возьмет их к себе, не требуя таких обязательств и нормативных стандартов, какие требовались у воров в законе.

Высокопоставленный респондент-полицейский [R12] связывает уровень насилия с изменениями в практике вербовки:

В этот момент воры в законе утратили возможность контролировать людей, поэтому они попытались пополнить свои ряды — чтобы получить поддержку и защитить себя от нападений. «Крестя» кого-то, вор в законе должен [требовать] соблюдать воровские правила, которые включают в себя запрет бить другого вора в законе и запрещают убийство. Поэтому они стали принимать к себе все больше и больше людей.

Стимулом к самосохранению, согласно этой точке зрения, был механизм, связывающий жестокую конкуренцию с изменяющейся практикой рекрутирования. Здесь также присутствует общепринятая логика, гласящая, что во время конфликтов воевать надо числом. Во время мафиозных войн эта стратегия была зафиксирована и в других местах. Например, Паоли [Paoli 2003] ссылается на действующую в Южной Италии «Коза ностра», организовавшую во время конфликта с другими организованными преступными группировками в 1970-х годах приток к себе новых членов, чтобы компенсировать убыль «бойцов».

Другой пример — конфликт между кутаисской и тбилисской группировками в наши дни (см. главу 5). Тбилисская группировка наделала много шума, когда в течение одного дня «крестила» в тюрьмах России десять новых воров в законе. Это произошло 6 ноября 2008 года, что, кстати, и уж точно не случайно, произошло накануне Дня милиции, который отмечается в России до сих пор [AOCU 2008; Криминальная 2008в]. Усоян, пока он был жив, за пару лет «крестил» вопреки желаниям других, как считают, до тридцати новых воров в законе, с тем чтобы укрепить свои позиции. Тем временем его враги «крестили» на *сходке* в Дубае шестнадцать новых воров в законе — якобы при поддержке Ониани, который позвонил на нее из своей тюремной камеры по телефону, обеспечивая свое присутствие на расстоянии [Galeotti 2013]. Эти массовые крещения можно рассматривать как попытку найти выход из обострившегося конфликта, и они прекрасно демонстрируют тот факт, что высота входных барьеров в огромной степени зависит от уровня конкуренции. Кроме того, использование скайпа и телефона создает трудности в мониторинге процесса рекрутинга на больших расстояниях.

Как и сегодня, в начале и в середине 1990-х годов в Грузии внутреннюю динамику сети воров в законе формировала конкуренция. В такие бурные времена было трудно предвидеть возникающие риски. Адаптация тех лет была бессистемной, вынужденной, частичной, и о ее последствиях можно было только гадать. Кроме того, организационные изменения не были скоординированы, а механизмы надзора и санкций практически не работали.

Контроль за рекрутированием

Привлечение в ряды воров склонных к насилию людей позволяло лучше управлять ими посредством встроенного в воровской кодекс контроля над насилием, однако при этом существовал риск изменения в худшую сторону через взаимодействие с недостаточно социализированными личностями самого кодекса. Опасность рекрутирования молодого человека без необходимого опыта или знаний о воровском мире делает такое рекрутирование наказуемым преступлением; оно не является тем, с чем любой честный вор в законе хотел бы быть связан. Приговоры, связанные с наказанием, выносятся на сходке. Простое наказание, которое все равно является огромным ударом по чести вора в законе и по уважению к нему, это публичная пощечина или избиение. Самое суровое наказание — это, конечно, смерть, но и за очень серьезные проступки вор в законе может быть «развенчан» или «лишен титула», то есть его «исключают из группировки ("бить по ушам")» [Гуров 1995: 110]. Можно лишить титула на какое-то время, то есть вор может быть «остановлен» (*гарчеребули* по-грузински) до восстановления его титула в будущем. Например, вор в законе К. был «остановлен» на несколько лет после того, как представил некоего русского в качестве вора в законе, когда на самом деле тот им не был. Подобные ошибки, если это была ошибка, грозят ворам в законе наказанием. Уметь определить, является человек вором в законе или нет, так же важно, как установить, обладает ли новобранец качествами вора в законе. В конце концов К. восстановили в звании после того, как он появился на *сходке* в ресторане во время отбывания им тюремного срока [AOCU 2004].

Такой процесс взаимного контроля и санкционирования относительно затратен для его организаторов, поскольку включает в себя сбор информации о людях, созывающих *сходку*, посещение *сходки*, предъявление доказательств, принятие решения о наказании и приведение наказания в исполнение. Таким образом, это суд последней инстанции. Некоторые воры в законе просто имеют больше полномочий выносить приговоры своим собратьям, чем другие. Самые авторитетные воры в законе, как правило, самые старые и опытные. Однако, как было показано в главе 5, эти наиболее уважаемые воры в законе, следуя логике превращения репутационного капитала в экономическую силу, также склонны быть теми, кто имеет наиболее корыстные интересы в бизнесе и политике. В течение 1990-х годов они также имели тенденцию покидать Грузию, поскольку в начале 1990-х годов были в состоянии легко получить российское гражданство и воспользоваться новыми рыночными возможностями по новому месту жительства.

Несмотря на большие расстояния, судебные дела и полицейские материалы свидетельствуют о том, что воры в Грузии обращаются к более авторитетным ворам, живущим за границей, когда возникает конфликт или требуется принятие решений. Вымогатели в Кутаиси использовали авторитет отсутствующих воров в законе для рэкета казино [Кутаисский городской суд 2008]. Конфликты по поводу привлечения неофитов также бывают связаны с изгнанными ворами в законе. Так, в Гурийском регионе Западной Грузии возник конфликт поколений. У старого вора в законе Л. был протеже по кличке К., «крещенный» в 1999 году и впоследствии избивший молодого вора в законе М. за неворовской поступок по возврату похищенного оружия в полицию. Позже М. попытался сделать так, чтобы К. «развенчали». Спор разрешился только обращением к старшим ворам в законе, живущим в России. Они вмешались на стороне Л., более авторитетного вора в законе, и К. сохранил свой статус [AOCU 2004]. В обоих этих случаях вопросы решались на расстоянии, и, похоже, решения соблюдались. Но это не может быть гарантировано в каждом случае, особенно когда нарушение правил становится широко распространенным, как это стало с рекрутированием. Помимо больших непредвиденных расходов, связанных с затратами времени и ресурсов на регулирование и контроль набора новобранцев, такую деятельность труднее осуществлять на расстоянии, поскольку из-за ограниченного доступа к информации и силовому контролю растут расходы на посредников [Reuter 1985]. Таким образом, рост посреднических и непредвиденных расходов отпугнул наиболее авторитетных воров от сохранения контроля над рекрутингом в Грузии.

Заключительная часть

Массовая культура фиксирует центральную роль тюрьмы в жизни воров. Популярная грузинская народная песня «Такова судьба вора» А. А. Квернадзе и П. П. Грузинского содержит строки: «Такова судьба вора, беда преследует его всегда, больше половины жизни он должен провести в тюрьме». Капитан милиции Глеб Жеглов, которого знаменитый советский бард Владимир Высоцкий сыграл в детективном сериале 1979 года «Место встречи изменить нельзя», лихо заявляет: «Вор должен сидеть в тюрьме!» Тюрьма была настолько значительной частью воровского мира, что, когда государство стало меньше карать преступников, оно разрушило жизненно важный механизм рекрутирования.

Несмотря на внешнее давление на воров в законе в Грузии, поддерживать барьеры для входа на должном уровне было очень рискованно. Равновесие при сортировке прошедших тюрьму кандидатов зависит от приложенных кандидатом усилий, которые, в свою очередь, зависят от силы, с которой государство осуществляет наказание. Когда эта сила ослабевает, равновесие нарушается. Вдобавок другие внешние факторы, такие как растущая конкуренция, и внутренние изменения, такие как более высокие посреднические и непредвиденные расходы на потенциальных карателей, вносят изменения в конечный результат, и вместо идеального равновесия при сортировке возникает недосортировка, ввиду чего ворами в законе могут стать те, у кого нет нужных качеств.

Как утверждает Тилли [Tilly 2005], размывание социальных и символических границ очень опасно для жизнеспособности сети доверия, и, конечно, в то время как снижение входных барьеров, возможно, было необходимо в краткосрочной перспективе, его долгосрочные последствия оказались пагубными для устойчивости воров. Прежде всего, изменения правил набора новых членов негативно сказались на репутации, как мы увидим в главе 8. Некачественные члены группы могут повлиять на ее общий высокий криминальный статус и, по ассоциации, на репутацию других ее членов, что может оказаться разрушительным для конкурентного преимущества на рынке защиты и социальной поддержки воров в законе в целом.

Проблема посреднических расходов при контроле за подбором новых членов обычно смягчается контрактами. Например, в случае воров в законе, как будет рассмотрено в главе 7, для воздействия на структуры стимулов и предотвращения дезертирства используются механизмы, поощряющие принятие обязательств. Основным механизмом для этого является использование статусных контрактов, в которых стимулы заключаются в накоплении чести и уважения и в которых подчеркивается всеобщая взаимность, обещающая безразмерность и долгосрочность будущих выплат по инвестициям в братство [Paoli 2003]. Такие контракты используются для снижения вероятности того, что принципалу придется наказать агента и понести расходы, связанные с наказанием. Как будет показано в следующей главе, эти механизмы, побуждающие к принятию обязательств, в воровском мире также ослабли, что усугубило проблемы, с которыми пришлось сталкиваться при поддержке поведения, основанного на соблюдении правил.

7

«Телом и душой»: обязательства и плата за выход

В феврале 2006 года, через два месяца после вступления в силу новых законов о борьбе с мафией, вор в законе В. был задержан в тбилисском аэропорту. Как это уже стало обычной практикой, полиция потребовала у него ответить, не вор ли он в законе. Поскольку полиция снимала ответ В. на видео, сказанное могло быть использовано против него в суде. Материалы полиции фиксируют, что произошло дальше: «На вопрос о его личности он ответил, что его зовут В. ... и он вор в законе "телом и душой"»[1] [Prosecution Service Indictment 2006b]. Подобным образом и в то же самое время вор в законе Б., находившийся в изгнании в России, был расстроен, услышав, что его находящаяся в Кутаиси семья отрицает, что он имеет статус вора в законе, дабы защитить его от судебного преследования. В гневе Б. позвонил своим родственникам и потребовал, чтобы они сообщили полиции, кто он такой [R30].

Приверженность, солидарность и верность определенным правилам и ритуалам сообщества, независимо от затрат на это, критически важны для его выживания. Переживший ГУЛАГ В. Т. Шаламов в своих воспоминаниях «Колымские рассказы»

---

[1] Это вариант общепринятой фразы при аресте *курди*. По-грузински: «*хорцит да сисхлит ме курди вар*». Дословно: «Своими плотью и кровью я вор в законе».

образно описывает тип перерождения среди заключенных ГУЛАГа: «Сотни тысяч людей, побывавших в заключении, растлены воровской идеологией и перестали быть людьми. Нечто блатное навсегда поселилось в их душах, воры, их мораль навсегда оставили в душе любого неизгладимый след» [Шаламов 1994: 411]. Провозглашение В. своей принадлежности к ворам в законе десятилетия спустя, кажется, является отголоском этого наблюдения.

Шаламов, оставшийся в живых после ГУЛАГа, говорит о соблазнительности и привлекательности воровской жизни. Однако, с другой точки зрения, трудно понять любое влечение к ней и приверженность коллективным требованиям, предъявляемым к членам воровского сообщества, аскетическому образу их жизни и восприятию тюрьмы как дома. И все же в Советском Союзе ворам в законе и криминальному институту воровского мира удавалось привлекать и удерживать преданных членов на протяжении десятилетий. Таким образом, приверженность, несомненно, является одним из наиболее важных факторов, объясняющих устойчивость воров в законе.

В последних двух главах были отмечены слабые места в организационной структуре грузинских воров в законе и в осуществляемом ими наборе новых членов, вызванные изменением стимулов, возможностей, конкуренции и снижением взаимного контроля. Нормативная приверженность смягчает эти проблемы, сокращая затраты на мониторинг и наказание за нарушение правил. Приверженность возникает из убеждений, касающихся легитимности заявленных притязаний и символов, создаваемых данной организацией, идентификации с выполняемыми ролями и интернализации правил. В этой главе утверждается, что первоначальный воровской «закон», который был установлен в годы образования воровского сообщества, включал в себя механизмы, побуждающие к принятию обязательств, для управления поведением и поддержания последовательной линии действий. Это было жизненно важно для воспроизводства воров в законе. Тюремная сущность группировки означала, что привлечь новых рекрутов обещанием материальной выгоды невозможно, а удержание рекрутов просто угрозой наказания оказалось бы слишком дорогостоящим. Таким образом, новобранцы должны были быть социализированы и преданы воровской идее как первому правилу принадлежности к ворам в законе. Кроме того, необходимо было поддерживать высокие барьеры для выхода, наказывая перебежчиков и лишая их всех привилегий. Однако эта глава показывает, что приверженность воровскому закону и соответствующей идеологии как главному стимулу стать и оставаться вором в законе снизилась, что имеет критические последствия для устойчивости к давлению со стороны государства.

Воровской «закон» как механизм обязательств

В работе Кантер об обязательствах в утопических сообществах отмечается, что для продолжения существования утопического сообщества необходимы не только наличие людей, но и их преданность. Она пишет: «Поскольку социальные порядки поддерживаются людьми, одна из проблем коллективов состоит в том, чтобы соответствовать организационным требованиям таким образом, чтобы участники в то же время были положительно вовлечены в систему» [Kanter 1968: 499]. Основываясь на работе Кельмана [Kelman 1958], Кантер выделила три перекрывающихся, но аналитически различных компонента преданности, которые также использовались в других исследованиях [Buchanan 1974; Ouchi 1979; O'Reilly, Chatman 1986; Meyer, Allen 1991]. Эти компоненты преданности — когнитивная преданность, аффективная преданность и нормативная преданность. Собрав данные о примерно тридцати утопических сообществах, она проследила наличие или отсутствие этих компонентов преданности, а также их проявления и влияние, оказываемое на «успех» сообщества, определяемый как выживание в течение более чем одного поколения или двадцати пяти лет.

Что касается воров в законе в Грузии, то, по словам Тевзадзе [Tevzadze без даты], эта специфическая группировка изначально содержала в себе много элементов религиозной организации или монашеской секты. Так же, как и у итальянских мафиози, приверженность строгому моральному кодексу помогает держать собственные интересы под контролем, чтобы они соответствовали интересам того, что Паоли [Paoli 2003: 81] называет «нормативным коммунитасом». Участники подписывают статусный контракт, который не приносит дивидендов быстро и за выполнение конкретных обязательств. Вместо этого ожидания сообщества опираются на «всеобщую взаимность». В такой ситуации, обычно встречающейся в родственных отношениях, люди не получают конкретных и немедленных выплат по инвестициям, приносящим пользу всем, в краткосрочной перспективе, но ожидают получить выгоду от вкладов других в перспективе долгосрочной. Такие статусные контракты, как правило, заключаются только теми преданными делу людьми, которые усвоили набор нормативных убеждений и отождествляют себя с моралью и целями группы [Sacco 1997].

Однако подчеркивание процессов нормативной интернализации и реидентификации не мешает присутствовать в обсуждении преданности рациональным соображениям. Для Беккера [Becker 1960] «дополнительные ставки» жизненно важны для принятия обязательств. Они включают признанные инвестиции, которые, будучи сделаны однажды, сигнализируют о надежных обязательствах и связывают человека с группой. В результате образуется скрепляющий механизм, суть которого состоит в том, чтобы невозвратные инвестиции повысили будущие затраты на выход из сети. Простое наказание за выход не является эффективной стратегией, поскольку оно связано с высокими затратами на мониторинг и с «производственными издержками». Таким образом, суть этих скрепляющих механизмов заключается в том, чтобы добиться принятия обязательств путем изменения отдачи от будущего выбора, увеличивая затраты на дезертирство или уход. При принятии на себя обязательств по статусному контракту, в котором индивидуальные интересы подчинены благу группы на неопределенный период с выплатами только в какой-то момент в будущем, постоянная преданность первоначальной присяге становится надежной.

В дальнейшем я проанализирую три аспекта воровского закона, которые можно рассматривать как скрепляющие механизмы, побуждающие членов придерживаться последовательной линии поведения, повышающие издержки дезертирства и барьеры для выхода. Такими элементами являются: плата в *общак*; сжигание за собой мостов через отказ от социальных связей вне преступного сообщества; изменение идентичности и отказ от всего индивидуального в пользу коллективного. Все это элементы первоначального воровского закона, который я здесь кратко изложу.

Существует ряд исследований, в которых излагаются уставы воровского права [Serio, Razinkin 1994; Гуров 1995; Подлесских, Терешонок 1995; Varese 2001; Oleinik 2003; Глонти, Лобжанидзе 2004]. Первоначально воровской закон устанавливал следующие основные принципы:

1. Вор в законе никогда не должен работать в тюрьме или за ее пределами, ни теперь, ни прежде.

2. Вор в законе не должен жениться, заводить семью или поддерживать родственные связи.

3. Вор в законе не должен вступать в сговор с государством ни в какой форме.

4. Вор в законе должен вносить свой вклад в общий криминальный фонд (известный как *общак*).

5. Вор в законе должен быть честен с другими ворами.

6. Вор в законе должен быть предан воровской идее.

7. Вор в законе должен привлекать новых рекрутов, особенно из числа молодежи.

8. Вор в законе должен контролировать свою тюрьму и устанавливать там воровскую юрисдикцию (известную как «превращение тюрьмы в черную»).

Из этих принципов вытекают многие другие неформальные правила, как то: не быть членом никаких политических партий или союзов, не иметь зарегистрированного места жительства и не носить огнестрельного оружия [Глонти, Лобжанидзе 2004: 94–98]. Неформальный закон воров сопровождали сопутствующие наказания, включающие в себя побои и смерть. Все эти принципы можно, так или иначе, интерпретировать как увеличение издержек за дезертирство и уход. Тем не менее обсуждение в этой главе будет сосредоточено на правилах (4), (2) и (6), именно в этом порядке, хотя другие статуты будут включены в анализ не напрямую.

Дополнительные ставки: *общак* и *сходка*

Говоря о когнитивных связывающих механизмах, Кантер пишет, что «благодаря инвестициям индивиды становятся интегрированными в систему ... они, по сути, приобрели долю в доходах организации и теперь имеют долю в ее продолжающейся успешной работе» [Kanter 1968: 50]. Инвестиции в утопические сообщества часто необратимы, они не фиксируются, и их возврат не производится. Общество воров в законе может также рассматриваться как применяющее стратегию обязательств через финансовые и временные инвестиции, которые заложены в воровской заповеди передавать доходы в коллективный фонд, *общак*, и посещать воровские собрания, *сходки*.

Общак первоначально создавался в целях взаимопомощи [Гуров 1995; Varese 2001]. Средства собираются путем вымогательства у заключенных и у организаций за пределами тюрьмы, а также добровольно вносятся ворами в законе в качестве доли от выигрышей в карты или прибыли от рэкета. Конечно, большая часть этих денег была получена у людей путем угроз и принуждения, однако некоторые платили деньги в *общак* добровольно. Один автор [Родкин 2006] утверждает, что в Грузии в советское время *общак* мог получать небольшие добровольные взносы, например 50 копеек. Однако степень добровольности неясна, поскольку взносы могут принимать форму налога, регулярно взимаемого с граждан, проживающих на определенной территории [R22]. Так, по-видимому, обстояло дело в небольшом селе Тальони Гальского района в демилитаризованной зоне между Абхазией и Грузией, где вор в законе М. Окуджава «регулярно собирал дань с жителей своего района в виде определенной суммы денег» [Прайм Крайм 2007]. В марте 2007 года при споре о сборе средств для *общака* Окуджава выстрелил в ногу одному из своих потенциальных жертвователей [Прайм Крайм 2007]. В другом примере после операции спецназа в Тбилиси 20 декабря 2006 года были арестованы девятнадцать человек и обнаружен *общак*, в котором было 100 тыс. лари (примерно 50 тыс. долларов). Вместе с деньгами правоохранителям достался зашифрованный список с именами, датами и суммами. «Эта сумма была собрана криминальными авторитетами, а также теми людьми, которые по собственному желанию сдавали деньги для поддержки "воровского мира" и вносили их в "воровскую кассу"» [Прайм Крайм 2006].

Платить в *общак* — обязанность всех воров в законе, и за фондом присматривает особо надежный и доверенный член воровского сообщества. *Общак* в этом случае выступает как форма социального страхования и может быть использован только с согласия других — по крайней мере, так было первоначально — для оказания помощи наиболее нуждающимся [Varese 2001: 155; Глонти, Лобжанидзе 2004]. Желающие стать ворами в законе и сами воры в законе обязаны добровольно вкладывать деньги в этот общий фонд.

Следующая история, рассказывающая о члене мафии, который в конечном итоге стал вором в законе по имени Дж., и произошедшая в маленьком городке Зугдиди на западе Грузии, является хорошим примером того, что взносы в *общак* могли быть добровольными и свидетельствовать о приверженности воровской идее и воровскому образу жизни:

> Я могу рассказать вам, как он [Дж.] начал связываться с ворами в законе. Это произошло в молодости, он был подростком, дал 200 рублей — это было в советское время, заметьте, — моему соседу, который был преступником и имел какой-то авторитет. В то время мой сосед сидел в тюрьме, поэтому Дж. пошел к его жене и отдал ей деньги на помощь ее мужу. С тех пор его имя стало связываться с мафией, и он стал считаться кем-то, кто следует «понятиям». Так было всегда, молодой парень крадет телевизор или

что-то еще, продает его за 100 долларов, идет к парням, связанным с ворами в законе, вроде макурэбэли [«надзиратель», правая рука вора в законе], отдает им половину и говорит: «Вот, ребята, возьмите эти деньги на супра [грузинский пир] от меня», и если он это сделает пару раз, о нем скажут вору в законе, живущему в том регионе ... И Дж. действовал таким образом, он много грабил и хулиганил, когда был молод, и давал деньги криминальным авторитетам [R22][2].

Взносы в *общак* делались и в тюрьме. В этом случае речь может идти не о преступных доходах, а о деньгах, присланных родственниками, и выигрышах в карточных играх. Тюремная служба утверждает, что ежемесячно деньги, вносимые в *общак* путем вымогательства или в виде добровольных взносов заключенных, достигали 300 тыс. лари (150 тыс. долларов), при этом минимальные платежи в *общак* составляли 50 лари (25 долларов) и максимальные — 10 тыс. лари (5 тыс. долларов) [Прайм Крайм 2005]. Много денег можно было «выиграть» у заключенных путем принудительной азартной игры, так как умение играть и выигрывать в карты считалось важным качеством и входило в требования исконного воровского закона. «Всех заключенных заставляли платить суммы от 30 до нескольких тысяч лари в так называемый *общак*. [Воры в законе] вели систематизированный список жертвователей, и те, кто отказывался платить, подвергались физическому принуждению» [Prison Service 2006]. Вымогательство у заключенных подтверждается историей, произошедшей в марте 2007 года, когда Г. Элиаури, крестник высокопоставленного чиновника министерства обороны, застрелил в ссоре пятнадцатилетнего мальчика. Во время предварительного заклю-

---

[2] Интересна судьба Дж., характерная для поколения воров в законе, «крещенных» в 1990-е годы. Он переселился из Зугдиди в Москву, где был связан с кутаисской группировкой, а затем переехал в Западную Европу. Там он занимался организованными угонами автомобилей и отмыванием денег. Его застрелили на улице Марселя во Франции в 2010 году — он пал жертвой конфликта между кутаисской и тбилисской группировками, описанного в главе 5.

чения он заявил: «Воры звонили мне и требовали, чтобы я заплатил им 20 тыс. долларов» [HRIDC 2007].

Средства, собранные в *общак*, могут быть использованы только с согласия других воров в законе и хранятся в надежном месте, оберегаемом наиболее доверенными людьми, выбранными коллективно. Злоупотребление *общаком* — один из величайших грехов воровского мира. Глонти и Лобжанидзе ссылаются на документ, найденный полицией Грузии, который содержит правила, касающиеся использования общака. Благочестивый язык, используемый в нем, показателен:

> *Общак* — это святое место. *Общаком* должны руководить только святые люди ... Эти люди в воровской идее должны быть кристально честными, преданными душой и сердцем ... Каждый рулевой [хранитель *общака*] должен иметь на своем воспитании от пяти до пятнадцати человек [Глонти, Лобжанидзе 2004: 76].

Таким образом, *общак* должен уважаться всеми, кто его хранит и использует.

Тот факт, что воры в законе и их ближайшие соратники объединяют свои нечестные доходы, вместо того чтобы использовать их исключительно для себя, свидетельствует о продолжающихся долгосрочных инвестициях в сеть воров и о форме социального страхования, которая может быть востребована в будущем. Ее можно рассматривать как форму обобщенной реципрокальности. Таким образом, стоимость исключения из сети повышается, поскольку выход будет означать утрату всех долгосрочных инвестиций.

В то время как *общак* представляет собой финансовую инвестицию, участие в воровских собраниях, *сходках*, можно рассматривать как временну́ю инвестицию. На таких собраниях происходят управление общаком и организация воровских дел. Эти встречи, которые позволяют принимать коллективные решения, также можно рассматривать как особый вид дополнительной ставки. Здесь воры, как предполагается, несут скрытые издержки, тратя время на решение коллективных проблем, которые могут не иметь прямого к ним отношения. Опять же, несение временных затрат на посещение *сходок* создает стимулы для продолжения участия в воровском обществе. В таком случае *сходки* можно рассматривать как еще одну определяющую организационную особенность, которая косвенно повышает издержки выхода.

В то время как эти обязанности существуют и сегодня, может наблюдаться некоторое снижение активности их выполнения. Один респондент, являющийся полицейским-экспертом, вспоминал:

> Вы не можете знать, каким будет человек. Как этот парень, З. [вор в законе]. Когда он был на улице, он был стоящим парнем, он все делал правильно, а когда он стал вором в законе, он просто стал наркоманом, он ничего не делал ... Он долго не появлялся ни на каких сходках ... Вы представляете? Здесь все как на работе. Видите моего друга? Он начальник отдела, вы думаете, он может просто не прийти на работу и не иметь проблем? Для них это тоже так [R9].

В конце концов З. угодил в тюрьму и потерял «титул». Организация сходок и их посещение очень важны. Один бывший начальник тюрьмы [R21] сообщал, что в советское время сходки часто проводились в тюремной больнице, которая на территории Советской Грузии была единственной. В большинстве случаев явку туда можно было легко обеспечить с помощью взятки, данной в нужном месте, или симуляции травмы. Когда это оказывалось невозможным, притворство заменялось реальным членовредительством, обеспечивающим поездку в больницу и посещение сходки[3]. По сравнению с этим теперь преданность выполнению воровских обязанностей, по-видимому, уменьшилась, а вместе с ней уменьшилась и роль стимулов, побуждающих придерживаться взятых на себя перед воровским сообществом обязательств.

---

[3] Каминский [Kaminski 2004] приводит примеры добровольного членовредительства в польских тюрьмах в качестве сигнала приверженности субкультуре грипсменов.

Сжигание мостов: социальные связи и образ жизни

Незаурядный исследователь социологии организаций Ч. Барнард писал, что «наиболее ощутимым и тонким из стимулов является то, что я назвал условием общности взглядов … это чувство … солидарности [и] социальной интеграции» (цит. по: [Scott 1995: 39]). Многочисленные механизмы создают социальные и символические границы, питающие «чувство принадлежности к группе». Эти механизмы включают в себя искоренение социальных связей за пределами сообщества, отказ от других конкурирующих привязанностей, таких как семья и друзья, а также развитие особого языка и отношения к «внешнему» — другими словами, сжигание мостов [Kanter 1968; Lamont, Molnár 2002; Tilly 2005]. Равенство членов, совместные проживание и жизненное пространство, частые встречи, ритуалы и церемонии, песни и праздники помогают развивать эти отношения [Kanter 1968: 510].

Такие аспекты присутствуют и в воровском мире. Отказ от семьи есть, по [Гуров 1995: 107], первое правило воровского кодекса. Чалидзе также утверждает, что «комплекс норм о том, до какой степени должна быть доведена *отдельность* вора от общества … составляет основное содержание *воровских законов*» [Чалидзе 1977: 70]. В Италии мафию часто называют «матерью» [Paoli 2003: 78], а в воровском мире фигура матери заменяется воровским сообществом. Сообщается, что воры в законе традиционно делали себе татуировку «*не забуду мать родную*», в которой слово «мать», скорее всего, относилось к самому воровскому братству [Монахов 1957; Гуров 1995; Varese 2001; Тарабин 2003]. Олейник также ссылается на отказ от социальных корней, цитируя слова бывшего заключенного: «Вор не имел ничего … ему даже запрещали жениться, так как в противном случае он больше думал бы о своей семье, чем о товарищах по заключению» [Oleinik 2003: 72]. Варезе пишет: «Профессиональных преступников, которые оставались привязанными к своим семьям, презрительно называли *домашниками*, и на этом основании им могло быть отказано во вступлении в братство» [Varese 2001: 152].

Помимо отказа от семьи вор в законе не должен был жениться или, по крайней мере, иметь реальную привязанность к женщине, хотя он мог иметь сексуальные отношения с женщинами, и часто эти женщины могли быть разделены с другими ворами или рассматриваться как общая собственность [Шаламов 1994; Varese 2001]. Таким образом, воровские правила, касающиеся женщин как партнеров, существуют на стыке отказа от нормальных сексуальных и эмоциональных связей с противоположным полом и общения через дележку женщин с другими членами группы.

Общность формировалась и другими способами. Во-первых, использовались специальный жаргон, известный как *феня*, и специальные термины для обозначения внутреннего и внешнего, создающие общности символические границы. «Название [вор в законе] символизировало принадлежность преступника к группировке рецидивистов, а другие категории преступников относились к среде, находящейся за пределами "законов" этой группировки» [Гуров 1995: 104]. *«Воровской мир»*, состоящий из *блатных* (воров в законе или высокопоставленных преступников, являющихся членами воровского мира), противопоставлялся обычному обществу и миру *фраеров* (простых людей, слово, производное от немецкого слова «вольный человек») или *лохов* (простофиль, то есть тех, кто трудится на благо других). Этот лингвистический элемент включал песни, известные только тем, кто отбывал срок в ГУЛАГе [Dobson 2009].

Во-вторых, существовала идея, что воровской закон или «понятия» — это другая философия права и общества, по которой вы либо живете, либо нет. Это быстро породило идею двух конкурирующих миров: нижнего мира [Galeotti 2008] и верхнего мира. Идея о том, что человек либо находится в мире «понятий», либо нет, часто звучала в сообщениях респондентов. В Грузии вас могут просто спросить: *«гагебаши хар?»* — вы следуете «понятиям»? «В 1990-е годы на улице можно было спросить: "К какой масти вы принадлежите? *Курди* [вор в законе]? *Кай бичи* [член мафии]? *Мент* [полиция]? *Фраер* [гражданский]?"» [R12]. Слово «масть» относится к картам, черные и серые масти соответствовали тем, кто жил по понятиям, красные и синие — тем, кто этого не делал [Глонти, Лобжанидзе 2004: 163]. Грузинские воры в законе пошли в различении мастей еще дальше и отличаются от других воров в законе тем, что называют свою масть пиковой.

В-третьих, использование сложных татуировок и пиктограмм для предоставления информации о криминальном статусе и его разновидности укрепило существующие границы, поскольку татуировки часто низвергали официальную коммунистическую символику и демонстрировали гордость и знание уголовной субкультуры [Dobson 2009].

В-четвертых, физическая среда, в которой воры первоначально жили, то есть лагеря, ограничивала возможность уединиться, обеспечивая проживание в общем пространстве при тесном контакте.

В-пятых, ритуальные практики входа и выхода — «крещение» и «развенчание», — осуществляемые на групповых собраниях, известных как *сходки*, могут рассматриваться в воровском мире как конститутивные формы общения.

Вопреки первоначальному кодексу, который требовал разрыва всех семейных связей и ограничения инвестиций в брак, грузинские воры в законе в последнее время начали жениться и поддерживать связи со своими семьями. Доля грузинских воров в законе, имевших жен, по состоянию на 2004 год составляла 93 % ($N = 141$) [AOCU 2004]. Похоже, воры в законе придерживаются своего рода лицемерия, следуя на словах исконному кодексу и не называя своих жен «женами», как рассказал один респондент, защищавший в суде в качестве адвоката некоторых имевших дурную репутацию воров в законе [R19]. Неясно, насколько исключительны грузинские воры с точки зрения отказа от семейных и социальных корней, хотя Олейник [Oleinik 2003] утверждает, что грузины отличались этим давно и что еще с 1960-х годов это было одной из главных причин раскола между грузинскими и российскими ворами в законе. Отказ от семейных и социальных связей как механизм обязательств был серьезно скомпрометирован в поздний советский период.

Точно так же и связанный с элементом жертвенности отказ от материальных благ и накопления богатства начал разрушаться по мере того, как Советский Союз становился все более неравноправным обществом[4] — еще до того, как возникло резкое неравенство постсоветского периода. Как отмечает, приводя в пример итальянскую мафию, Паоли [Paoli 2003; 2008], поскольку ценности окружающего общества, в которое встроена мафия, направлены на создание богатства и тривиальную погоню за деньгами, то опасность может заключаться в том, что мафия также примет эти установки. Это, по мнению Паоли, создает напряженность между обобщенным и специфическим обменом, при котором плата за оказанные услуги требуется немедленно. В случае с Италией процесс модернизации затронул кодекс чести мафии. Вопрос заключается в том, в какой степени кодекс и членство в мафии оцениваются в качестве инструмента достижения другой цели, такой как накопление богатства и социальное восхождение, а не как самоцель [Paoli 2003: 94–95].

В случае с Грузией процесс отказа от приверженности коммунистическим идеалам и осуществления капиталистических проектов постепенно ускорялся на протяжении 1970-х и 1980-х годов вплоть до окончательного распада Советского Союза в 1991 году. Переориентация общества с коммунистических идеалов на индивидуалистическую погоню за прибылью отразилась и на советском преступном мире. Респонденты были единодушны в том, что образ жизни воров в законе радикально изменился. Один бывший начальник тюрьмы сказал:

> В свое время я знал много воров в законе, и я спрашивал их: «Двадцать с лишним лет назад вы не имели права жениться, остепениться, иметь собственность». Они говорят: «Это было тогда, теперь жизнь другая, посмотрите на того или иного парня, этого министра или того. Они хотят жить хорошо, как вы думаете, мы тоже этого не хотим?» [R21].

---

[4] Если использовать только официальную статистику, то получается, что неравенство в 1980-х годах фактически сокращалось, и Советский Союз все еще не был таким социально неоднородным, как другие западные страны [Alexeev, Gaddy 1991]. Однако эти статистические данные не учитывают богатство, создаваемое деятельностью в рамках «второй экономики», и неравенство, вызванное благосостоянием тех, кто имел доступ к бюрократическим ресурсам.

Респонденты часто утверждали, что к 1990-м годам главной привлекательностью статуса вора в законе был сам факт возможности стать богатым. Типичный ответ на то, что так привлекательно в воровской жизни, дал начальник Кутаисской городской полиции: «Они все ездили на больших машинах, у них были деньги, люди хотели быть такими же. Все просто» [R31].

Старый кодекс чести, предусматривающий отказ от материального богатства и семьи, был под угрозой быть отмененным в пользу более обычной жизни, и все же если воры переставали следовать букве своего собственного закона, среди них все еще оставались те, кто хотел оставаться верным его духу. Высокомерная демонстрация богатства все еще не считалась правильной многими ворами в законе, часто бывала источником конфликтов или рассматривалась как заслуживающая наказания. Например, один кутаисский вор, Г., построил роскошный новый дом в центре города. Из-за такого проявления богатства он вступил в конфликт со старым вором в законе по кличке Б., который родился в 1949 году и считал себя чистым вором. Согласно полицейским описаниям этого конфликта, Г. не был впечатлен претензиями Б. к нему, полагая, что Б. не следует удивляться богатству или большим домам. Однако сам Г. выдвинул претензии к другому молодому кутаисскому вору в законе за экстравагантный и «не воровской» образ жизни [AOCU 2004].

Естественно, группа людей, которые когда-то сидели в тюрьме, будет бороться за поддержание того же уровня общественной активности за пределами тюремных стен. Такие аспекты, как проведение долгих дней вместе, совместное пользование финансами и материалами, создание и исполнение песен, отмечание праздников и контроль количества и разновидности контактов с теми, кто не входит в группу, становятся очень сложными. Институт *сходки*, например, все еще поддерживается ворами в законе, за исключением того, что если их собрания когда-то проводились в исправительных учреждениях, то теперь они проводятся в ресторанах, гостиницах, санаториях и частных домах и, как отмечалось ранее, иногда не так хорошо посещаются.

Тем не менее были сохранены и другие механизмы, которые стимулируют принятие обязательств посредством построения и укрепления символических и социальных границ, поддерживающих отличное от «внешнего» состояние. К ним относятся использование особого языка, согласованные символы, наносимые в виде татуировок, и негативные дефиниции для тех, кто находится за пределами сообщества. Эти аспекты не так сильно зависят от физической близости тюремной обстановки и все еще присутствуют в грузинском воровском мире. Грузины используют как грузинский сленг, так и заимствования из русского. Использование такого жаргона теперь является одной из улик, которые могут быть использованы против человека в соответствии с новыми грузинскими законами о борьбе с мафией, карающими тех, кто является «членом воровского мира» [R13]. Все «внешнее» воспринимается негативно, как место для неудачников или простофиль, управляемое несправедливым законом государства. Татуировки до сих пор широко используются, в том числе восьмиконечная звезда на плечах и коленях, как показывают многие фотографии грузинских воров в законе [AOCU 2004].

Нормативные обязательства: прозвища и самоидентификация

Нормативные обязательства, по [Kanter 1968: 511], можно сломить посредством двух процессов: подавления и сдачи. Первый относится к отказу от чувства автономности индивида, хорошим примером чего является практика дедовщины, используемая военными против новобранцев. Последний предполагает сдачу полномочий по принятию решений вышестоящему органу. Согласно теории лидерства М. Вебера харизматическое лидерство может привести к требуемому уважению, но харизма может также заключаться не в индивидууме, а в коллективной идеологии и идентичности, что Кантер называет «институционализированным благоговением». Оно «состоит из идеологических систем и структурных механизмов, которые упорядочивают жизнь ин-

дивида и придают ей смысл ... они не только удовлетворяют
"потребность индивида в смысле", но и обеспечивают чувство
правильности, уверенности и убежденности" [Kanter 1968: 514].
Такие структурные механизмы включают в себя окутывание
организации тайной, установление иерархии, отделение лидеров
от других членов и принятие решений, основанных на явном
мистицизме и магии.

Воры в законе принадлежат к более широкому социальному
институту [Чалидзе 1977], воровскому миру, устанавливающему
эволюционирующий набор правил и норм. В воровском законе
ясно сказано, что подчинение воровской идеологии — одно из
правил, которому полагается следовать человеку, занимающему
должное положение. Понимание воровского мира как «социального института» указывает на тот факт, что воры в законе не
просто составляют организованную преступную группу или организацию, но являются участниками более универсального механизма, который включает в себя не только правила, но и нормы,
убеждения, ценности, ролевые игры и шаблоны действий [Hall,
Taylor 1996; Scott 2000; Peters 2005]. Мифологизация и романтиза-
ция воровского мира и самих воров в законе увековечивает веру
в то, что эта криминальная субкультура на самом деле представляет собой альтернативный государству моральный порядок,
нечто, что индивид может подавить и чему подчинить себя.

Воровская идея, как бы она ни была романтизирована, имела,
по [Гуров 1995], сильную власть над людьми. Цитируется бывший
вор в законе Ч., который писал, что большинство воров скорее
откажутся от жизни, чем уйдут из воровского мира, и что «главной обязанностью члена группировки являлась безоговорочная
поддержка так называемой воровской идеи» [Гуров 1995: 107].
Воровской кодекс считался моральным стандартом. Согласно
Подлесских и Терешонку, пятое его правило гласит: «отказ от
воровского закона равносилен предательству, и кара одна —
смерть» [Подлесских, Терешонок 1995: 235]. Существовали также
сильные рациональные стимулы отдаться воровской идее. Но это
не отнимало мифологических элементов жизни по воровскому
закону как альтернативы коммунистическому правлению.

Эти мифологизация лидеров воровского мира, установление иерархий, отделяющих преступную элиту от прочих, почти мистическая сила и справедливость воровской идеи делают возможным подчинение себя этому преступному сообществу. Такая покорность влечет за собой переход от старой, личной идентичности к новой, групповой. Добиваясь этого, воры в законе исторически принимали после «крещения» клички. Кличка дается во время воровского ритуала посвящения. Выбор ее предоставлялся посвященным и иногда основывался на уже существовавших прозвищах, приобретенных в других социальных средах [Varese 2001: Appendix A].

Одной из важных функций кличек является создание социальной сплоченности путем принятия нового прозвища. Новобранец как бы проходит через процесс «перерождения» и подчиняется законам группы, в которую только что вступил. Это происходит в некоторых религиозных братствах и тайных обществах. В этом смысле клички важны для построения новой идентичности и создания чувства принадлежности. Варезе [Varese 2001] предполагает, что именно так обстоит дело с русскими ворами в законе. Новый вор заново создает себя как приверженца аскетической жизни братства.

Гамбетта [Gambetta 2009a: 230–250] также рассматривает более функциональную роль кличек в облегчении идентификации людей, особенно в обществе, таком как сицилийское (или грузинское), где имена часто совпадают. В этом случае клички, как кодовые имена, могут помогать преступникам распознавать друг друга. Они также могут использоваться для обеспечения секретности и для запутывания вопроса идентификации. Проблема, конечно, как показывают досье грузинской полиции, заключается в том, что кличка может также помогать полиции различать людей. В случае воров в законе клички, скорее всего, помогают, а не мешают идентификации и, если они как-то этому содействуют, используются для такой идентификации среди самих воров в законе. Как утверждается в главе 5, воры в законе часто перемещаются в разные места, поэтому кличка может помочь идентифицировать человека и его принадлежность к воровской фракции.

Данные полиции показывают, что использование прозвищ неуклонно сокращается [AOCU 2004]. Разбиение 278 случаев на четыре группы в зависимости от года «крещения» показывает, что чем моложе группа, тем меньше прозвищ. Это справедливо даже при включении или исключении уменьшительных имен, хотя они не подпадают под определение прозвищ. Без учета уменьшительных имен в группе 1992–2004 годов ($N = 110$) 22 % воров в законе не имеют клички, что больше, чем 8 % не имевших клички в группе 1982–1991 годов ($N = 88$).

Неясно, какое значение следует придавать этому открытию. Однако, как было показано в главе 6, младшие группы демонстрируют более низкий уровень преданности воровской жизни с точки зрения совершения преступлений и времени, проведенного в тюрьме. Не имея должного уровня социализации в воровском мире и уже безнаказанно нарушив правила в процессе рекрутирования, новобранцы, возможно, не обладали глубоким чувством «рождения заново» во время инициации. Если это так, то уменьшение частоты употребления кличек может служить еще одним показателем снижения барьеров для вступления в братство, ослабления самоидентификации с ролями воровского мира и стирания символических границ между внутренним и внешним.

Возможно, молодые воры в законе также понимали, что наличие клички делает человека более уязвимым для полицейской идентификации и возможного ареста по сфабрикованным обвинениям. Отказ от использования клички был бы в этой ситуации рациональной стратегией тех, кто явно испытывает неприязнь к тюремной жизни и хочет избежать нежелательного внимания. Если такое предположение верно, то это говорит о том, что стремление к высшему идеалу было превзойдено корыстными рациональными расчетами относительно самосохранения.

Внутренняя легитимность и преданность

В табл. 7.1, приведенной ниже, представлены некоторые из механизмов стимулирования принятия обязательств, рассмотренных ранее. Все перечисленные в таблице механизмы присутствовали в ранних формах воровского мира 1930-х годов, когда он представлял собой тюремное братство. Однако в таблице также указывается, сохранился ли данный механизм принятия обязательств или был отброшен с течением времени. Ни один из механизмов, приведенных в таблице, не является уникальным для мира воров; каждый из них взят из исследований Кантер [Kanter 1968; 1972], где они идентифицируются как значимые факторы, способствующие успеху утопических сообществ. Каждый из механизмов в таблице, согласно исследованию Кантер, присутствовал пропорционально во вдвое большем количестве успешных утопических сообществ по сравнению с неуспешными; таким образом, отбрасывая некоторые механизмы, воры в законе ставят под угрозу свою жизнеспособность как преступного сообщества.

Таблица 7.1

Механизмы соблюдения обязательств в первоначальном воровском мире, разделенные по тому, были ли они сохранены или отброшены

Механизмы принятия обязательств	
Поддерживается	Отвергнуто
• «Работа» на сообщество (*общак*) • Никакого возмещения расходов для дезертиров • Санкции за отступничество, лишение привилегий • Специальные термины для мира внутри / снаружи • Внешний мир воспринимается негативно • Стандартизированные символы (татуировки как униформа) • Специальный язык • Публичное порицание перебежчиков • Песни о сообществе • Разработаны инструкции по доктрине • Прославление моральных достоинств членов	• Разделение на резидентов и нерезидентов; допускаются только резиденты (т. е. нужно быть заключенным) • Частная собственность запрещена • Совместное пребывание большую часть дня • Ежедневные или очень частые групповые собрания • Выход как исключительный случай • Контроль над сексуальными отношениями • Запрет семей

Источник: [Kanter 1972: 80–112].

Таблица показывает, что многие механизмы, побуждающие к принятию обязательств, все еще существуют, за исключением тех, которые имеют тенденцию относиться к поддержанию символических границ, таких как использование специального языка и поддержание репутации с помощью таких средств, как обучение молодежи воровской идее. Эти символические границы важны для поддержания жизни воровского мира, пусть даже только в мифологизированной и символической форме.

Поскольку механизмы, побуждающие к принятию обязательств, утрачены, воровской мир вынужден полагаться на стимулы, отличные от принятия обязательств. Вездесущий институт *общака* и наказание перебежчиков через лишение всякой поддержки и привилегий помогают поддерживать когнитивную преданность [R40]. Одна из проблем, связанных с чрезмерной опорой на эти чисто рациональные механизмы принятия обязательств, по мнению исследователей человеческих ресурсов, заключается в том, что «сотрудники, чье пребывание в организации основано главным образом на необходимости, могут не видеть причин делать больше, чем требуется для поддержания их членства в организации» [Meyer, Allen 1991: 74]. Проблема заключается в том, что отношение к воровскому кодексу и воровской идее может определяться логикой инструментальности, а не логикой целесообразности [March, Olsen 1984, 2004]. То есть в контексте модернизации и накопления капиталистического богатства высшие цели воровской идеи становятся средством достижения цели, а не самоцелью. Как заметил Дерлугьян [Derluguian 1999], воровской мир «не централизованная организация и даже не орден. Это институциональный дизайн, заложенный в местной культуре, и он лучше всего подходит для выживания в больших репрессивных государствах, таких как царская Россия и Советский Союз». Но если нормативная и эмоциональная приверженность этому «институту» возникла наперекор репрессиям царского и советского государства, ее выживание стало зависеть от этих репрессий. Излагая то же самое другими словами, Баккер и другие [Bakker et al. 2012] делают аналогичное замечание об организациях, которые они называют «темными сетями», таких как террористические группы и повстанческие движения. Чтобы быть жизнеспособными, эти сети должны обладать внутренней легитимностью среди своих членов, а также определенной степенью внешней легитимности среди тех, кто непосредственно находится за пределами сети. То есть члены должны верить, что все они движутся в одном направлении, и каждый, кто обладает членством, заслуживает своего статуса и хочет его сохранить. Все должны заявить о своей твердой преданности общему делу. Однако с уменьшением преданности и усилением тенденции к выходу из организации внутренняя легитимность ослабевает. Начинают возникать подозрения по поводу обязательств не использовать членский статус для личной выгоды и вкладывать деньги обратно в братство. Как только эти подозрения становятся широко распространенными, они просто повышают ставку дисконта на доходность обладания статусом вора в законе, предоставляя все меньше и меньше стимулов для несения посреднических и непредвиденных расходов и поощрения скоординированных изменений в воровском институте. Краткосрочная прибыль от превращения статуса вора в законе в капитал превосходит долгосрочные инвестиции в исключительность института, создавшего ценность статуса, в первую очередь. Как только механизмы принятия обязательств утрачиваются, вся ценность статуса вора в законе оказывается под угрозой, о чем более подробно будет рассказано в следующей главе.

Причины снижения эффективности механизмов принятия обязательств, заложенных в первоначальный воровской кодекс, многочисленны. Однако главным из них является переход от исключительно тюремного братства к мафии, существующей за пределами советских лагерей. Переход к открытому обществу сделал многие механизмы, побуждающие к принятию обязательств, излишними или непрактичными. Кроме того, общество, в котором появились воры в законе, с ростом «второй экономики» и неравенства в благосостоянии менялось само. Эти изменения резко ускорились с распадом Советского Союза. Воровской кодекс и сопутствующие ему механизмы принятия обязательств в таких условиях утратили силу. Чалидзе [1977: 68] заметил это еще в 1977 году, когда писал о «постоянном соперничестве внутри руководящей [воровской] элиты ... борющейся за влияние и использующей в этой борьбе возможность неоднозначного толкования древних предписаний обычного права». Таким образом, воровской кодекс, хотя и явно предназначенный для стимулирования преданности, оказался все же восприимчивым к последствиям социально-экономических изменений или оппортунистическому поведению отдельных действующих лиц.

Заключительная часть

В советском тюремном романе С. Д. Довлатова «Зона» лагерный охранник говорит вору в законе Купцову: «Ваш закон отжил свое. Все законники давно раскололись» [Довлатов 1982: 69]. Данная глава показала, что для грузинского воровского мира это справедливо и в наши дни. В ней утверждалось, что воровской закон можно рассматривать как набор обязательных механизмов, побуждающих к преданности братству. В этой главе мы рассмотрели три таких механизма, которые через сочетание рациональных, эмоциональных и нормативных стимулов к принятию обязательств создают барьеры для выхода из братства. Делая это, они снижают затраты на контроль и санкции. Более того, их существование поддерживает среди членов воровской сети внутреннюю легитимность — веру в то, что другие члены не будут использовать свой статус только для личной выгоды. В этой главе показано, как эти механизмы ослабли или трансформировались и не смогли в полной мере смягчить организационные проблемы типа описанных в главах 5 и 6. Это потенциально катастрофично. Как предсказывает Тилли [Tilly 2005], отступление от обязательств по денежному вознаграждению подвергает сеть доверия риску успешной конкуренции со стороны других сетей доверия или организаций, которые могут предложить в качестве стимула большее вознаграждение. Это может помочь объяснить, почему некоторые преступники предпочитают либо выйти из сети воров в законе, либо вообще не входить в нее [Volkov 2002]. Более того, как только внутренняя легитимность и доверие уменьшаются, начинается гонка на износ, чтобы использовать все, что осталось от ценности статуса, не вкладывая больше средств в его поддержание.

Внутренняя легитимность влияет на внешнюю легитимность — позитивное восприятие криминального «титула» вора в законе и его репутации как маркера статуса в более широком обществе. Ценность статуса вора в законе и его признание как в тюрьме, так и в обществе в свое время привлекали в воровской мир потенциальных рекрутов. В следующей главе речь пойдет об этом жизненно важном активе репутации и о рынке воровского «бренда» в современном грузинском обществе.

8

Сохранение различий: отношение общества к криминальной знати

В своих воспоминаниях о времени, проведенном в сталинском ГУЛАГе, Б. Редер пишет: «Везде и беспрестанно система восхваляет героя социалистического труда, пионера, роботоподобного рабочего, станочника среди своих станков; но в душе народ любит элитного преступника, сильного, свободного человека» [Roeder 1958: 91]. Это впечатление, судя по всему, соответствовало действительности десятилетия спустя на улицах Тбилиси. В 2006 году шестидесятилетний житель Тбилиси А. Альпаидзе довольно четко изложил журналисту свои взгляды на воров в законе и антимафиозное законодательство: «Он [местный вор в законе] всегда готов помочь — в отличие от полиции. В новом законе [2005 года об организованной преступности] говорится, что не только эти преступники, но и их сторонники могут быть наказаны. Это значит, что они должны арестовать и меня» [Mamiashvili 2006]. Загадка изучения организованной преступности кроется в объяснении продолжающейся общественной поддержки групп, использующих насилие. Это восходит к самым ранним исследованиям мафии: в 1870-х годах итальянский политик Л. Франкетти отметил «тенденцию превращения мафиози в легендарный тип»[1] в южной Италии. В обществах с низким уровнем доверия мафия может использовать миф для поощрения идеи собственной надежности как «людей чести» и «суперменов»

---

[1] Цит. по: [Gambetta 1993: 46].

элитной группировки. Это является центральным в идее криминальной устойчивости. Социальная поддержка организованных преступных группировок дает им резерв потенциальных рекрутов, а также буфер общественного мнения, противодействующего давлению со стороны государства. Поддержка мафии не просто присутствует или отсутствует в данном обществе — мафиози сами работают на нее. Вовлечение мафии в создание собственной культуры может быть в некоторых случаях очень хорошо продуманной стратегией. Мафии в разных странах пошли на многое, чтобы сохранить хороший имидж и репутацию в обществе, в котором они существуют[2].

Репутация и манипулирование имиджем являются для мафии жизненно важными активами, как и для большинства предприятий, обеспокоенных своим бренд-менеджментом. Некоторые виды бизнеса и представители определенных профессий, такие как врачи и юристы, особенно чувствительны к изменениям репутации. Для мафии, однако, она еще более важна, поскольку репутацию можно использовать вместо их ключевого актива — насилия [Gambetta 1993]. Снижая себестоимость насилия, внушающая страх репутация может увеличить прибыль любой мафии. И когда насилие все-таки используется, как это иногда бывает для поддержания репутации, искусно управляемые общественные отношения могут свести к минимуму негативные экстерналии, вызванные применением этого насилия.

В этой главе «титул» воров в законе рассматривается как криминальный товарный знак, фиксирующий отличительную особенность их преступного статуса. Глава 6 была посвящена тому, как потенциальные воры в законе могут предъявлять свою

---

[2] Примеры включают П. Эскобара, известного колумбийского наркоторговца, который был известен как филантроп и инвестировал в больницы и жилье для самых бедных. Сицилийские мафиозные группировки вкладывают деньги в праздники и развлечения для публики в дни святых. В Америке, как известно, мафиози пошли на многое, чтобы слово «мафия» не использовалось в фильме «Крестный отец». В этом же ключе Варезе [Varese 2006] показывает, как якудза инвестировали в создание собственного положительного имиджа, финансируя японскую киноиндустрию.

репутацию в процессе рекрутинга. Эта глава посвящена рассмотрению того, как, становясь обладателями своего «титула», воры в законе могут демонстрировать этот статус тем, кто находится вне сети доверия, включая других преступников и более широкие слои общества [Spence 1973; Bacharach, Gambetta 2001; Bliege Bird, Smith 2005; Gambetta 2009a, 2009б]. В данной главе рассматриваются функционирование этой системы сигналов, проблемы управления репутацией в изменяющейся среде, а также методы, которые воры в законе использовали для сохранения непререкаемых свидетельств своей принадлежности к элите — как между собой, так и в отношении склонных к насилию конкурентов. Наконец, я опираюсь на данные опросов и интервью, чтобы предположить, что «бренду» воров в законе угрожает потенциально катастрофическая потеря репутации.

Статус на продажу

Как мы видели, воры в законе создали систему коллективного принятия решений на собраниях, известных как *сходки*. Они имеют права и обязанности друг перед другом и объединяют ресурсы в распределяемые по регионам общие фонды, известные как *общаки*.

Кроме того, воры в законе установили строгие критерии для вступления в организацию и исключения из нее через ритуальные процедуры инициации, четкие механизмы наказания нарушителей правил и общие кодифицированные нормы поведения, которые подчеркивают вечную преданность, взаимность во всем и братские отношения.

Благодаря всем этим мерам воры в законе культивируют важнейший общий ресурс: исключительный криминальный статус. Как отмечал М. Вебер, избирательность членства, а также особый прозрачный образ жизни являются классической основой статусных групп [Whimster 1993]. При создании и поддержании статусных границ воры в законе также требуют признания их со стороны прочих, находящихся за пределами этих границ [Bourdieu

1996; Ridgeway 2001]. Как пишет Бурдье, акты посвящения должны «добиться признания границы "элиты" теми, кого она исключает, не меньше, чем теми, кого она включает» [Bourdieu 1996: 104]. Такое признание в виде позитивных нормативных ориентаций отмечено многими исследователями постсоветского пространства [Humphrey 2002; Долгова 2003; Oleinik 2003]. Например, Хамфри утверждает, что поддержка организованных преступников связана не только с властью, влиянием или страхом, но и с тем, что «они [воры в законе] относятся к тому типу людей, у которых есть закон ... [и которые имеют] полное представление о себе как о людях, которые дисциплинированы, миролюбивы и подчиняются закону» [Humphrey 2002: 112]. Воровской кодекс чести может иметь инструментальную ценность для тех, кто его создает, и тех, кто ему следует, но также может быть оценен как социально приемлемый и даже этический.

Воров в законе в Грузии в таком случае можно было бы считать криминальной знатью или элитой. В поздний советский и постсоветский период это звание стало не только престижным, но и прибыльным. Инструментальная ценность статуса, как утверждает Д. Подольный [Podolny 2005; Podolny, Lynn 2009], является «биржевым товаром». Слово вора в законе приобрело ценность на рынках защиты и разрешения споров в силу того, что хозяин этого слова обладал выдающимся «титулом». Таким образом, «титул» вора в законе стал товаром, который с лихвой окупал затраты на его приобретение. Более того, коллективность этого статуса, как утверждают Гамбетта и Бахарах [Gambetta, Bacharach 2001: 166], дает ему возможность устанавливаться и распространяться гораздо быстрее, чем индивидуальная репутация. Таким образом, покупка устоявшегося статусного товарного знака дает доступ к накопленной коллективной репутации. Доход напрямую зависит от этой репутации и статуса, вот почему защита торговой марки в деловом мире так важна.

Когда мафиозный товарный знак употребляется в целях обеспечения защиты, аудитория этого товарного знака с большей вероятностью поверит, что предполагаемый мафиози действительно имеет соответствующую идентичность и принадлежит к мафии, если знаки, подтверждающие это, трудно и дорого приобрести или продемонстрировать. Эта цена может быть сформирована посредством принятых в группе болезненных процедур инициации, таких как покрывающие все тело татуировки или иное добровольное увечье, сложные и доступные только посвященному язык и жесты рук, а также тяжесть и неотвратимость наказания любого самозванца, подающего сигнал, на который он не имеет права [Gambetta 2009a]. Как только устанавливается, что лицо, предлагающее защиту, действительно принадлежит к категории означенных индивидов, ненаблюдаемые атрибуты индивида могут быть приняты во внимание на основе убеждения, что все индивиды, принадлежащие к данной категории, обладают некоторым свойством *x* и благодаря этому определенному свойству или этим определенным свойствам имеют определенную репутацию [Bacharach, Gambetta 2001: 165–166].

Именно существующее в общественном мнении специфическое убеждение, дающее понять, какие свойства можно различить по признакам идентичности отдельного мафиози, является ключом к пониманию репутации любой мафии и конвертируемости этой репутации на рынках защиты в экономическую ценность. Чтобы поддерживать позитивную веру в статус, а тем самым и в статусные различия и ценность мафиозного бренда, свидетельства идентичности должны быть защищены от самозванцев — точно так же, как авторские права на определенные бренды защищены в правовой сфере. Также жизненно важно, чтобы согласованность при демонстрации товарного знака поддерживалась и контролировалась всеми членами группы [Bacharach, Gambetta 2001: 166]. Это гарантирует, что извлечь выгоду из пользования «титулом» могут лишь истинные воры в законе и что все воры в законе работают над поддержанием эксклюзивности своего фирменного наименования. Каждый обладатель статуса несет ответственность за защиту и распространение такой исключительности. Негативный опыт общения с одним носителем статуса может повредить представлениям об этом статусе в целом среди не имеющих статуса лиц. Это снижает ценность статуса для других и уменьшает отдачу от инвестиций в его получение для потенциальных кандидатов [Ridgeway et al. 1998]. Воры в законе должны тщательно управлять своим коллективным ресурсом.

Очевидно, что здесь существует сильная связь между демонстрацией статуса с целью рекрутирования и демонстрацией статуса в результате рекрутирования, когда это делает новобранец — если он не годится для предполагаемой работы, то и его способность эффективно и успешно демонстрировать свой статус также может отсутствовать. Ослабление позитивных реакций на статус, основанное на растущем количестве негативного опыта общения с отдельными ворами в законе, может в конечном итоге повлиять на репутацию воров в законе в целом как криминальной индивидуальности, имеющей определенную рыночную ценность за рамками закона. Поэтому, если восприятие информации в процессе рекрутирования искажено и не позволяет отделить хорошее от плохого, и это положение дел не приводится в норму как можно быстрее, мы должны ожидать также последующих проблем в реакции на личность вора в законе многих других. А это выразится в негативных социальных установках.

В главах 6 и 7 мы видели, что динамика вербовки воров в законе менялась, так же как преданность и способность полагаться на партнеров — внутренняя легитимность — внутри сети доверия. В этой главе мы увидим последствия таких изменений для внешней легитимности — отношения к ворам в законе и представлений о них в широких слоях грузинского общества. Продолжение этой главы начинается с рассмотрения воров в законе как статусной в грузинском обществе группы и их демонстрации этого статуса. Затем мы перейдем к обсуждению проблемы сохранения убеждения в ценности статуса в изменяющихся социально-экономических условиях и того, какие последствия для репутации воров в законе в обществе может иметь обстоятельство, когда при подтверждении идентичности не оправдываются ожидания.

Криминальная знать: образ жизни и язык

Подобно тому, как знать проявляет свою принадлежность к высшей касте через одежду, манеры, речь и образ жизни, воры в законе также стараются отличаться множеством признаков, образующих преступный товарный знак. Теперь я кратко рассмотрю некоторые внешние аспекты, отличающие статус вора в законе: умеренность, язык и боди-арт.

Воздержанность была одной из главных ценностей воров в законе и их мифологии [Гуров 1995; Varese 2001; Oleinik 2003]. Как уже говорилось в главе 7, такой образ жизни не позволял ни жениться, ни создавать семьи, ни приобретать собственность и материальные блага. Этот аспект имиджа воров в законе также подразумевал поддержание простого и скромного внешнего вида. Еще одним отличительным признаком была особая манера речи. Для завоевания репутации человека, справедливого в принятии решений, очень важной, как отмечали респонденты, была способность хорошо говорить, быстро схватывать суть дела, применять неформальные правила — *гагеба* — и, таким образом, быть хорошим и не прибегающим к насилию арбитром. Говорить на языке *курдулад* — значит говорить на воровском наречии, уметь хорошо рассуждать и судить, копируя тех на улице, кто уже говорит на *кай бичурад*, языке членов мафии.

Кроме того, воры в законе и их последователи использовали особый лексикон, известный как *феня*. В своем антропологическом исследовании неформальных порядков и «социальных языков», которые употребляет грузинская молодежь, Келер пишет, что «решающим критерием, порождающим престиж, является не сила или жестокость, а образ суверенного и праведного: требуется противостоять угрозе насилия, придерживаясь принятых кодексов, говорить правдиво и справедливо. Таким образом создается индивидуальная честь» [Koehler 1999: 4]. Келер отождествляет семью, воровской мир и «школу улицы», считая их системой социальных институтов, в которых молодые грузины получают представления о социальной дифференциации.

Наконец, воры в законе наносят себе сложные татуировки. Татуировки рассказывают о совершенных преступлениях и местах, в которых отбывался срок тюремного заключения [Lambert 2003]. Одни татуировки могли идентифицировать кого-то индивидуально, в то время как другие были общими символами статуса. Некоторые были тщательно продуманы для того, чтобы затруднить их фальсификацию, и воры в законе защищали свои знаки отличия, наказывая любого не вора в законе, сделавшего себе такие же [Varese 2001: 154]. Имеющиеся фотографии различных грузинских воров в законе до сих пор демонстрируют одинаковые татуировки в виде восьмиконечной черно-белой звезды, изображенной на обоих плечах [AOCU 2004]. У некоторых на груди изображены ангелы, держащие крест, который как бы висит на середине груди. Такая религиозная символика проводит параллель между аскетической жизнью узников ГУЛАГа и представителей церкви.

Подобные разнообразные показатели образа жизни позволили ворам в законе и тем, кто следовал воровским понятиям, создать себе в грузинском обществе особый статус, накопив уважение к нему своими позитивными ценностными ориентациями. На то, что такое позитивное отношение к ценностям воров в законе в частности и к воровскому миру в целом существовало и может существовать в некоторых слоях грузинского общества, ссылались респонденты, правительственные отчеты, отчеты журналистов и научные труды. Серио и Разинкин [Serio, Razinkin 1994: 1] ссылаются на проведенный в 1993 году опрос школьников Грузии, согласно которому 25 % респондентов заявили, что хотят, когда вырастут, стать ворами в законе. Тевзадзе [Tevzadze без даты] упоминает, что в одну из тбилисских газет приходили письма с просьбой посоветовать, как стать вором в законе. Также Годсон и другие [Godson et al. 2003] сообщают, что учащиеся одной из школ решили избрать своего собственного представителя в преступном мире. Таким образом, грузинские ученые Глонти и Лобжанидзе, безусловно, правы, когда утверждают: можно наблюдать «широкомасштабную пропаганду "воровского движения", агитацию за "законников" как за "деловых" людей, так сказать, "воров с человеческим лицом" и романтизацию образа этих лидеров в глазах населения, и особенно молодежи» [Глонти, Лобжанидзе 2004: 74].

В Советском Союзе такая популярность подпитывалась государством, которое пренебрегало самим понятием права, но использовало правовые средства в политических целях. Соответствующую точку зрения изложил один из респондентов: «У воров в законе был свой закон, и у них была своя справедливость, но, главное, с ними можно было добиться правды, а все знают, что на суде добиться правды нельзя» [R40]. Этот сюжет, возможно, был приукрашен в грузинской статье 2006 года, которая сообщала:

> Грузины ... автоматически сопротивляются закону в любой форме ... Можно также сказать, что сообщество воров дало Грузии как стране единственную некоррумпированную и обеспечивающую исполняемость решений судебную систему, которую Грузия когда-либо знала [Nordin, Glonti 2006].

Положительные оценки воров в законе и их идеализация в грузинском обществе порождают уважение к их статусу, которое сами воры в законе стараются закрепить навсегда. Точно так же, как в тюрьме, где воры в законе поддерживают четкие границы между собой и другими заключенными посредством отличающегося от других поведения, вне тюрьмы они пытаются изобразить себя и изображаются другими как принципиально отличные от других фигуры социума, которые ведут себя в соответствии с особыми стандартами, криминальными или иными. В этом случае воры в законе извлекают выгоду из многолетней истории, которая помогла им превознести себя как несокрушимых людей чести и в глубине которой оказывается стремление выжить, несмотря на репрессии сменяющих друг друга авторитарных правительств.

Живя в тюрьме целомудренной, квазирелигиозной жизнью, отказываясь от материальных и физических удовольствий, продвигая мечту о справедливости, которую люди отождествляют с ними, отказываясь работать и сотрудничать с режимом, демонстрируя скромной одеждой и татуировками специфическую внешность, воры в законе, казалось, предлагали альтернативу в жизни тем, кто мог к ним приблизиться. В самом деле, когда религиозные обряды в Советском Союзе были запрещены, это фактически свело на нет конкурирующий образ жизни, крайне ограничив выбор. «Когда Сталин закрыл все церкви, люди не могли туда ходить, но воры в законе взяли на себя роль церкви, они не могли носить оружие или что-то в этом роде, и [у них] не было денег, поэтому именно они жили тогда аскетической жизнью» [R40]. Эта связь с церковью сознательно продолжается и по сей день, о чем будет сказано далее в этой главе.

Кто ты по жизни? Коммуникация и идентичность

Воры в законе как идентичность и высокостатусная торговая марка, сохраняющая ценность на рынках предоставления защиты и разрешения споров, сталкиваются с различными угрозами точно так же, как это может происходить с другими признанными товарными знаками. В их число входит прежде всего угроза мимикрии под них со стороны посторонних лиц, а также координация, обеспечение соблюдения и поддержание соответствия при принятии совпадающих знаков или подписи, подтверждающих идентификацию добросовестных членов статусной группы. Я начинаю с обсуждения первой проблемы и того, как воры в законе могли бы ее решить.

Как пишет Каминский [Kaminski 2004: 16], первый вопрос новичку в польской тюрьме звучит так: «Ты грипсмен [заключенный высокого статуса]?» Вопрос ставит отвечающего в затруднительное положение: ответ «нет» приведет к потере уважения, что может быть опасным, в то время как, сказав «да», вы должны это доказать. Точно так же в Грузии вопрос: «Ты кой бичи?» или «Ты следуешь понятиям?» приводит к той же ситуации. Различные *масти* и существующие внутри них различные статусные ранги, такие как «козлы», «петухи», «мужики» и т. д., при установлении истинной идентичности кого-то в этой субкультуре должны быть четко обозначены. Как же люди распознают, что они имеют дело с кем-то из этой статусной группы или ее сторонником, и каким образом свидетельствующие об этом индикаторы должны обеспечивать безопасность, предотвращая их узурпацию другими людьми из более низких статусных групп?

Аспекты бренда «воры в законе» — бережливость и тюрьма как образ жизни, уникальная вербальная и визуальная культура — полностью состоят из условных сигналов, обозначающих статус и широко понимаемых в постсоветском контексте [Gambetta 2009a]. Себестоимость таких сигналов не обязательно является недоступной для обманщика, который пожелал бы ими воспользоваться. Напротив, знаки применяются широко распространенные, построенные на взаимно понятных конвенциях, и потому требуют других форм сдерживания мошенников, таких, например, как угроза наказания за демонстрацию татуировки, на которую имеют исключительное право только воры в законе. Но даже в этом случае еще не вполне ясно, насколько правильно можно идентифицировать вора в законе. Ясно видных отличительных черт образа жизни для этого недостаточно. Манеры поведения, язык и татуировки, которые могут быть сделаны только в исправительно-трудовых лагерях, могут быть с легкостью воспроизведены самозванцами, особенно в странах, где в какой-то момент оказались в заключении очень многие люди. Уголовная субкультура навязывала заключенным различные идентичности, и эти идентичности постепенно становились частью контркультуры за пределами тюрьмы [Dobson 2009].

Решая проблему мимикрии под них, воры в законе используют прежде всего такой вариант доказательства аутентичности, который в высшей степени трудно имитировать, — распознавание по лицу и имени. Респонденты неизменно сообщали, что идентификация вора в законе основана на личном знании того, кто является им в данной местности, по крайней мере, по прозвищу. Это, по-видимому, подтверждает мысль о том, что воры в законе, по крайней мере на ранних этапах своей криминальной карьеры, контролировали места, связанные с ними персонально, часто те, в которых они выросли, и это согласуется с данными, представленными ранее (см. главу 5). Кроме того, описанным выше способом можно было легко выяснить, действуют преступники более низкого ранга от имени конкретного вора в законе или нет.

Для того чтобы кто-то осознал, с кем он имеет дело, репрезентация характерных признаков принадлежности к группе вторична по сравнению с простой демонстрацией лица. Один из респондентов опознал конкретного вора в законе на встрече, устроенной, чтобы вернуть украденную машину: «Я не знаю точно, что он [вор в законе Д.] сделал ... Я не очень много знаю о нем или о том, что он контролировал, но я знал его в лицо и по имени. Ведь здесь все друг друга знают, верно?» [R23].

Или, как рассказывал другой респондент, «вся Грузия знала, кто был вор в законе ... [это] круг авторитетных преступников и ... было известно ... кто в Грузии вор в законе, кто ниже их, кто сегодня или завтра может стать вором в законе и так далее ... если вы выйдете на улицу и спросите ребенка, он может вам сказать, кто там вор в законе» [R20].

Таким образом, воры в законе в Грузии полагаются на идентификацию по лицу и по имени и имеют отличительные манеры и речь. Может возникнуть вопрос, почему тогда ворам в законе нужно принимать активное участие в долгом процессе подготовки собственной инициации и получения статуса в результате, а не просто полагаться на свою личную репутацию. Ответ на этот вопрос заключается в том, что, как уже упоминалось, коллективные репутации распространяются гораздо быстрее, чем индивидуальные. Франшиза действует по аналогичной схеме. Франшизодатели могут развивать свой бизнес быстрее, избегая полных инвестиций и ответственности за каждое предприятие. Вместо этого они контролируют покупателей франшизы, связывая их с ее судьбой, требуя охраны и стандартизации товарных знаков, бизнес-концепций и методов работы. Для покупателей франшизы, с другой стороны, репутация бренда может выполнить всю работу по привлечению клиентов. Для воров в законе это сработало ничуть не хуже. Один из респондентов резюмировал:

> Я помню, как жена друга моего отца, очень достойная
> женщина, вы бы никогда не подумали, что она имеет ка-
> кое-то отношение к подобным вещам, пришла и спросила
> меня: «Вы знаете какого-нибудь вора в законе? У меня есть
> проблема, которую мне нужно решить». Она понятия не
> имела, о чем просит, просто слышала, что воры в законе
> могут вам помочь [R17].

Здесь бренд делает всю работу по рекламе услуг воров.

Кроме того, в контексте советских и постсоветских тюрем,
в которых наблюдается большая текучесть заключенных, а ар-
хитектура предусматривает большие открытые пространства,
обеспечивая широкий круг общения узников, принадлежность
к статусной группе может снизить затраты, связанные с созданием индивидуальной репутации с тем, чтобы не доказывать
свою идентичность снова и снова всякий раз, когда происходит
перемещение из одной тюрьмы в другую [Gambetta 2009a]. Об
этом свидетельствуют ответ на упомянутый Каминским вопрос
[Kaminski 2004], задаваемый в польских тюрьмах, — вы *грипсмен*? — и его варианты в Грузии. Каминский утверждает, что
наилучший ответ на упомянутый вопрос: «спросите других
грипсменов». Те, кто уже известен как преступники с высоким
статусом, смогут сказать, являетесь ли вы также одним из них
или нет. Эта система рекомендаций подразумевает сеть связей,
посредством которых поддерживается информация о том, кто
имеет высокий статус и кто его не имеет. В таком государстве,
как Советский Союз с его высокой текучестью заключенных,
такие средства, как *воровской прогон* — криминальный экви-
валент информационного бюллетеня, распространяемого по
тюрьмам, — были незаменимы для предотвращения непрерыв-
ного самоутверждения по прибытии в новые тюрьмы и обеспечивали статусу вора в законе большую мобильность. Одна
из респонденток, работница тюрьмы [R25], утверждала, что
там, где она работала, на то, чтобы выяснить положение нового заключенного в тюремной иерархии, требуется не больше
часа. Подобным образом перемещение из региона в регион за

пределами тюрьмы может быть значительно облегчено путем инвестирования в приобретение статуса вора в законе. В то время как в маленьком городке вор в законе может быть известен всем лично и иметь репутацию независимо от его принадлежности к ворам в законе, за пределами этого места его лицо и имя менее важны, чем сам факт того, что он является вором в законе.

«Титул» вора в законе обеспечивает его носителям большую мобильность и позволяет пользоваться высоким статусом в разных местах. Это создает особую проблему для правоохранительных органов и может помочь объяснить кажущееся легким перемещение мафиозных организаций из постсоветского региона в другие страны [Williams 1997]. Как отметил один грузинский эксперт, занимающийся реформой пенитенциарной системы, одной из самых больших проблем в поиске подходящей политики для борьбы с ворами в законе была мобильность их власти [R42]. В криминальном преступном мире, находящемся под постоянной угрозой репрессий со стороны государства, возможность переехать в новую среду, в тюрьму или за ее пределы, и быстро утвердиться является ключевым фактором выживания лица, строящего успешную криминальную карьеру. То, что человек обладает определенными криминальными качествами, может стать понятным из гораздо более широкой коллективной криминальной репутации, сопровождающей понятие «вор в законе», которая уже сформировалась во времени и пространстве.

Подводя итог вышесказанному, укажем, что есть веские причины инвестировать в то, чтобы стать вором в законе. Вложение личной репутации в более объемную репутацию воров в законе защищает статус от самозванцев, персонализируя отношения с клиентами в определенном регионе и используя распознавание лиц и имен, в то же время снижая затраты на рекламу и производство насилия за счет использования фирменного наименования. В частности, бренд «воры в законе» обеспечивает отдачу немедленно после того, как носитель «титула» попадает в тюремную систему или переезжает в другой регион.

Отношение общества к ворам в законе

Как было показано выше, ценность статуса вора в законе полностью зависит от позитивных представлений общества о личных свойствах носителей статуса. Можно предположить, что статусные представления о ворах в законе существовали только в определенных слоях общества. Однако у респондентов не было четкого консенсуса относительно влияния принадлежности к определенному социальному слою на общественное отношение к воровскому миру. Один тбилисский ученый считал, что преступный мир в основном открыт для низших классов города [R8]. Анализ происхождения воров в законе из тех или иных районов Тбилиси не мог ни подтвердить, ни опровергнуть эту гипотезу. Действительно, основными районами, откуда пришли воры в законе, были рабочие пригороды Глдани и Самгори, но они также являются более густонаселенными районами, а кроме того, значительное число воров происходило из старых, ассоциирующихся с более высокими социальными статусами и менее густонаселенных районов, таких как Вера и Мтацминда [AOCU 2008].

Такая же ситуация сложилась и в Кутаиси, где воры в законе происходили из районов, связанных с различными сословными категориями [AOCY 2004]. На это было указано одним респондентом из Кутаиси, который, когда его спросили, что привлекает молодежь в воровском мире, предположил, что притягательность этого мира действует на представителей разных классов:

> Я не думаю, что это классовое, я имею в виду, что Гора [часть Кутаиси, которая дала некоторых воров в законе] — это смешанный район с детьми из всех классов. Это новый район по сравнению с Сапичхией [частью Кутаиси, которая также давала воров в законе] и населен рабочим классом больше, чем Сапичхия. Сапичхия — старинный, традиционный имеретинский район Кутаиси. Таким образом, [позитивное отношение к ворам] может быть просто связано с чувством справедливости или правды, честных действий, [такими вещами] как менталитет и образ жизни [R35].

Хотя Сапичхия была более зажиточным районом с традиционным жильем и некоторыми семьями, претендующими на знатное происхождение, регион давал столько же, если не больше, воров в законе, сколько рабочие районы, построенные вокруг заводов в советское время. Из этого, конечно, не следует, что популярность воров в законе существовала только в определенных слоях общества. Однако все факты указывают на то, что, независимо от класса, эта популярность пришла в упадок.

Грузины сейчас часто проводят любопытное различие, говоря о ворах в законе: в советское время те были людьми чести, а в 1990-е годы превратились в «мафию». Хотя воры в законе, вероятно, всегда были мафией в аналитическом смысле, используемом в этой книге, и смысл общего различия заключается в том, что воры в законе в 1990-х годах отошли от своего первоначального кодекса и начали «заниматься этим ради денег». Это, даже больше, чем подлинные исторические свидетельства, говорит о коллективной памяти о менее тревожном советском прошлом, когда даже преступники были честными. На самом деле воры в законе, по-видимому, всегда выставляли свои правила напоказ и адаптировали их, отходя от своих прежних аскетических ценностей, когда их это устраивало. Однако вышеприведенное мнение также, несомненно, свидетельствует о размывании статусных различий, на которых воры в законе основывали свои индивидуальные репутации, так эффективно действующие в грузинском обществе.

Респонденты отмечали изменения в образе жизни воров в законе, как правило, с оттенком сожаления о завершении честных времен. Ссылаясь на другое название воров, *рамкиани курдеби*, «воры в рамке», что означает рамки правил жизни, один респондент сказал, что в прошлом

> они просто жили по правилам заключенных — «в рамке», — но потом они вышли за рамки, вы понимаете? Они должны были четко определить свои действия. Как только один из них выходил за рамки, а это раньше случалось, он уже не был вором в законе. Но в последние несколько лет они вышли за рамки [R21].

Другой респондент, ссылаясь на рекрутирование в воры в законе недостойных людей, подвел этому итог, проведя аналогию с футболом:

> Да, это была проблема. Представьте себе, что «Манчестер Юнайтед» нанял какого-то ужасного игрока ... А потом вы видите, что он не в силах играть, пожалуй, он может бить по мячу, но это все, что он способен сделать ... если вы сделаете кого-то вором в законе и он не сможет нормально работать, тогда у вас будут проблемы [R10].

Потеря коллективной репутации может иметь быстрые и непосредственные последствия для отдельных воров в законе. Имелись сообщения, что некоторые из них начали терять лицо, находясь среди заключенных, те для забавы толкали их и даже бросали им вызов физически, давая пощечину, огромное оскорбление для вора в законе [R6].

Конечно, к 2009 году данные опроса показали, что 78 % респондентов считали «никогда не приемлемым» решение проблемы с помощью «криминального авторитета», и только 1 % респондентов считал это «всегда приемлемым» [CRRC 2009]. Это ничего не говорит нам об изменении отношения к ворам в законе с течением времени и, в частности, о том, какими эти отношения были непосредственно перед антимафиозной кампанией и введением политики нулевой терпимости. Поэтому мы можем использовать данные проводимого два раза в год Gallup Corporation и USAID для Международного республиканского института (IRI), американского аналитического центра по продвижению демократии, в период с 2003 по 2007 год национального опроса избирателей, в котором участвовало 1,5 тыс. человек в возрасте старше восемнадцати лет. В разделе «доверие к институтам» отношение к ворам в законе фиксировалось как «благоприятное», «неблагоприятное» или «отсутствие мнения» наряду с отношением к более формальным институтам, таким как политические партии, президент и церковь. С точки зрения благоприятного отношения воры в законе, или «мафиозная сеть "воров в законе"», как они описываются в результатах опроса, находятся в нижней части выборки в каждом опросе, опережая только профсоюзы. Церковь неизменно возглавляет все институты с рейтингом благоприятного отношения, колеблющимся около 90 %. Это дает стимул ворам в законе, наименее любимому «институту» Грузии, ассоциировать себя с почти совершенной непогрешимостью церкви в глазах грузинского народа, о чем будет сказано ниже.

Воры в законе были включены в опрос с июня 2004 года. На рис. 8.1 представлены результаты исследований.

На воров в законе в то время, по крайней мере в указанный период, респонденты смотрели не особенно доброжелательно. Пик благоприятного отношения, составлявшего 19 % в июне 2005 года, является исключением из общей тенденции к снижению, которая достигла низшей точки в последнем опросе с 7 % благоприятного отношения в сентябре 2007 года.

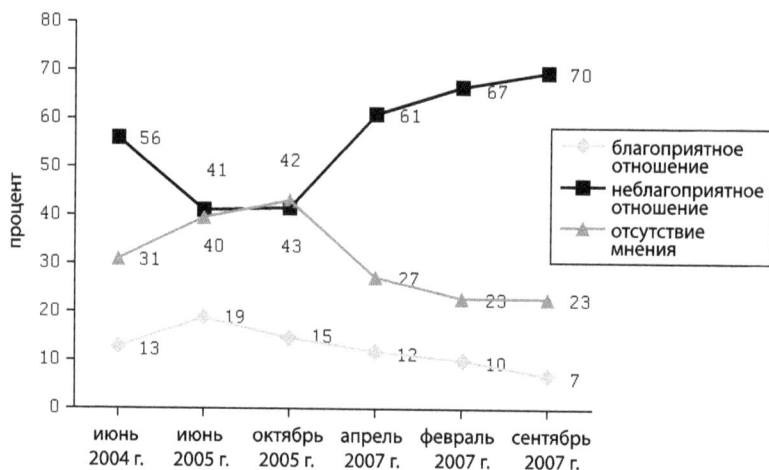

Рис. 8.1. Отношение к ворам в законе в 2004–2007 годах. *Источник*: Международный Республиканский институт: национальные опросы избирателей Грузии

Гораздо более выраженное изменение происходит, однако, с течением времени в распределении тех, кто не имеет никакого мнения, и тех, кто смотрит на воров в законе неблагоприятно;

тенденция для каждого из вариантов отрицательно коррелирует с октября 2005 года и далее. В октябре 2005 года доля тех, кто не имеет мнения о ворах в законе, и тех, кто смотрит на них неблагоприятно, была почти одинаковой (43 % против 42 % соответственно). К апрелю 2006 года между респондентами наметился явный раскол (61 % отрицательно против 27 % без мнения). Этот раскол со временем неуклонно расширяется, составляя 70 % против 23 % к сентябрю 2007 года.

Трудно избежать вывода о том, что снижение числа тех, у кого нет мнения, и увеличение числа тех, чье мнение неблагоприятно для воров в законе, имеет какое-то отношение к антимафиозной кампании государства. В конце концов, антимафиозное законодательство было введено в декабре 2005 года, то есть именно тогда, когда произошел этот всплеск неблагоприятного отношения к ворам в законе в опросах. Одним из объяснений этой связи может быть страх перед государством и опасение обнаружить общность с ворами в законе, поскольку она только что превратилась в новое преступление. С другой стороны, могло просто оказаться, что мощное давление государства на воров в законе через публичные заявления и использование средств массовой информации наконец возымело результат.

Третья интерпретация, однако, может заключаться в том, что давление государства подтолкнуло тех, кто раньше не хотел говорить о ворах в законе из-за страха перед ними, выразиться более решительно, когда они увидели, что государство одержало всрх в борьбе с организованной преступностью. Важность сказанного заключается в том, что если это действительно так, то внезапный переход от отсутствия мнения к неблагоприятной оценке воров в законе показывает, что социальная поддержка этих преступников основывалась не столько на общих ценностях в аномичных условиях постсоветского общества, как предполагает, например, Олейник [Oleinik 2003], или на глубоком уважении к воровскому образу жизни и совместимости грузинских ценностей с нормами воровского мира, как иногда утверждают [Godson et al. 2003; Nordin, Glonti 2006], сколько на чем-то гораздо более поверхностном.

Например, арест в январе 2004 года в селе Терджола под Кутаиси вора в законе З. А. Амbroladзе вывел на улицу 150 человек. Протестуя против ареста, сторонники Амbroladзе перекрыли главную трассу Тбилиси — Зугдиди — и вступили в столкновения с полицией [ИТАР-ТАСС 2004]. С одной стороны, это можно рассматривать как проявление глубоко укоренившейся поддержки воров в законе и сильных антигосударственных настроений. Однако местная полиция имела иное мнение:

> Вы знаете, люди уважали его, и наверняка он помогал людям в деревне, без сомнения, он давал им деньги, если они нуждались, также там были еще и бизнесмены, и они боялись его, он был вовлечен в их бизнес, и они думали, что, если не проявят поддержку, могут быть неприятности [R29; R30].

Из данного случая следует, что, хотя общество и поддерживало конкретного вора в законе из-за выгод, которые можно было извлечь из этого, протест также был основан на страхе перед последствиями того, что кто-то не будет замечен в том, чтобы помочь в контексте сплоченности жителей грузинской деревни.

Это не значит, что не существовало какой-то подлинной нормативной веры в воров в законе, как социально полезное для Грузии явление, и что это убеждение не существует до сих пор; ясно, что существует. Как сказал один респондент:

> Лично я могу вам сказать, что мой родственник был убит, молодой человек, 18 лет, убит в какой-то ссоре, и его отец винил в его смерти Саакашвили. Знаете почему? Потому что в том месяце в районе арестовали местного вора в законе, и он напрямую связал смерть своего сына с этим [R17].

Однако, несмотря на это, мне представляется, что часто позитивное отношение к ворам в законе основывалось не на логике правильности в отношении норм воров в законе, а, скорее, на логике инструментальности в отношении того, что можно получить от их поддержки или потерять от противостояния им. Эта последняя логика могла довольно быстро утратить силу, как только государство успешно атаковало организованную преступность в 2005 году.

Воры в законе и церковь

В качестве коды к сказанному выше стоит отметить, что, борясь за сохранение статусных отличий и сталкиваясь с падением репутации во внешнем мире и легитимности в своем собственном, воры в законе могут использовать определенную стратегию, чтобы попытаться сохранить свою репутацию. Эта стратегия относительно незатратна в том смысле, что не подразумевает уличения друг друга в декадентской жизни или самостоятельного отказа от роскоши. Воры в законе, по-видимому, сознательно пытаются компенсировать упадок своего нынешнего образа жизни, трансформируя старые воровские традиции и ценности ради поддержки института, который, на первый взгляд, сберег свое статусное отличие через сохранение аскетизма и воздержания, а именно Грузинской православной церкви.

Тюремный лагерь Хони является одним из примеров этого[3]. Расположенный в широкой долине, где чайные плантации обеспечивают заключенным работу, лагерь находится в ужасном состоянии. Исключение составляет небольшая, красиво построенная кирпичная церковь, возвышающаяся посреди тюремной территории. Внутри церковь скромно украшена в традициях, обычных для грузинской церкви. Однако если благоговейно опустить голову, посреди пола можно увидеть восьмиконечную черно-белую звезду. Это торговая марка воров в законе. Хони была «черной» тюрьмой до 2004 года [R24].

---

[3] Я благодарен Penal Reform International и тюремной администрации за то, что они позволили мне посетить тюрьму в Хони — одно из немногих не перестроенных заведений советского типа, оставшихся в Грузии. Отмечу также, что эта тюрьма была закрыта после выхода английского издания моей книги.

Прогуливаясь по Кутаиси, можно найти еще больше примеров. Один вор в законе по кличке Т. построил свой дом в районе Горы с видом на город рядом с собором Баграта XI века, хотя после завершения строительства жители стали жаловаться, что в нарушение местных законов, действовавших целое тысячелетие, этот дом загораживает вид на древнее святое место. А вор в законе П. превратил классические сталинские многоквартирные дома неподалеку от железнодорожного вокзала в жилье для различных воров в законе и их семей. На деньги, предоставленные этими семьями, примерно в 150 метрах вверх по дороге на берегу реки Риони была построена новая церковь [R29]. Неподалеку за мостом вор в законе З. построил огромный новый дом с английскими дубовыми дверями, с планировкой, напоминающей воровскую восьмиконечную звезду, и комнатой для проведения *сходок* на верхнем этаже, которая, по мнению полиции, была устроена так, чтобы в подражание Ватикану при крещении новых воров в законе из нее исходил дым [R29]. Хотя эта история, скорее всего, апокрифична, тот факт, что ее рассказывают и в нее верят местные жители, скорее всего, является продуктом прошлой репутации воров и управления их имиджем.

Вор в законе Амброладзе, с которым мы познакомились ранее как с хорошо обеспеченным членом местной общины в Тержоле, жил в единственном доме этой деревни, который был выше двух этажей. Однако прокурор сообщает: «Он построил церковь в Тержоле, и церковь дает людям что-то, похожее на благословение. Я думаю, что они [воры в законе] хотят откупиться от своего греха ... Когда я разговаривал с Амброладзе в тюрьме ... он говорил о добре, которое сделал для людей» [R30]. Точно так же вор в законе Х. контролировал маленький городок Цаленджиха, расположенный к западу от Кутаиси, и отдал свой дом, большой особняк с бассейном и вертолетной площадкой, церкви. Сам он переехал в Барселону до того, как в 2006 году государство конфисковало его имущество у удивленного священника [Gerzmava 2007].

Может быть, некоторые воры в законе — просто относительно богатые люди, которые к тому же очень религиозны. Однако

Рис. 8.2. Церковь на реке Риони якобы построена на деньги местных воров в законе, Кутаиси, Грузия. (Фото автора)

Рис. 8.3. Дом Гии Звиададзе, вора в законе из Кутаиси, выделяется на фоне других построек в этом районе. Говорят, что дым из трубы идет, когда коронуют нового вора, подражая Ватикану. Вероятно, это легенда, но местные жители любят ее рассказывать. (Фото автора)

Рис. 8.4. Дом, ранее принадлежавший Гии Кварацхелия, вору в законе, который контролировал город Цаленджиха в Западной Грузии. Дом с площадкой для вертолета и бассейном был передан церкви до того, как был конфискован государством в 2007 году. (Фото автора)

можно сказать, что помощь церкви не вредит их репутации в обществе, которое видит в своей религии высшее выражение нации. Такая политика также поддерживает сравнение между аскетизмом церкви и воров в законе, тем самым помогая сохранять символическое отличие их статуса.

Заключительная часть

Один грузинский ученый пишет:

> В 1990-е годы многие молодые люди мечтали стать «ворами в законе», что ассоциировалось с властью, влиянием и богатством. В настоящее время молодое поколение понимает, что быть «вором в законе» значит провести остаток жизни в тюрьме. Короче говоря, репутация грузинских «воров в законе», как и других влиятельных преступников, была серьезно подорвана [Kukhianidze 2009: 230].

Здесь стоит добавить, что репутацию воров в законе подорвал не только сдерживающий фактор тюремного заключения. Само то, что воры в законе стали «ассоциироваться с властью, влиянием и богатством», стало фактором, способствующим снижению поддержки этих преступников, которые когда-то славились своим аскетизмом.

В то время как поддержка воров в законе, возможно, была в большой степени основана на соображениях денежной выгоды или страха перед наказанием, она также была основана на том факте, что они рекламировали себя как честных, правдивых и справедливых людей и поддерживали соответствующую репутацию. Отличаясь характерным образом жизни — явным отказом от сотрудничества с государством, отсутствием меркантильности, уникальными арго и татуировками, — воры в законе считались в Грузии элитной криминальной группировкой. Однако тенденция превращать воров в законе в «легендарный тип» могла быть оправдана только тогда, когда они действительно вели образ жизни, содержащий в себе символическую границу, которая позволяла так долго держаться мнениям об их статусе. С крахом такого образа жизни воры в законе вернулись к распространению мифов о себе — в частности, делая социальные инвестиции и увеличивая свою близость к церкви. Это могло бы объяснить, почему организованная преступность и мафия стали восприниматься как укоренившийся культурный феномен и природная часть ландшафта Грузии. Подобная оценка этой страны и ее региона просто возникла в силу мифов, которые мафия любила о себе распространять.

Статус вора в законе был общим ресурсом пула, в который вносили свой вклад все его члены. Что касается использования этого ресурса, то новый мир 1990-х годов и, в частности, снижение барьеров для рекрутирования добавили смазки скользкому склону. Была запущена цепь положительной обратной связи. Грузинские воры в законе, мотивированные ценой, которую их статус получил на недавно возникших и нерегулируемых рынках разрешения споров и защиты, но неспособные ожидать преданности или соответствия каким-либо правилам, хотя бы и измененным, со стороны других носителей статуса и поэтому не стесненные бременем и ограничениями взаимного контроля, стремились просто максимизировать доступные им прибыли. В свою очередь, ставки дисконта на инвестиции в бренд увеличились, что сделало мониторинг, обязательства, соблюдение правил и институциональную адаптацию еще более дорогостоящими. Остром видел потенциал этой проблемы при управлении общим ресурсом: «простое следование краткосрочной максимизации прибыли в ответ на рыночную цену за единицу ресурса может ... быть именно той стратегией, которая разрушит [общий ресурс], оставив всех в худшем положении» [Ostrom 1990: 207]. В любом бизнесе обналичивание рыночной стоимости бренда без полного реинвестирования в него является очень краткосрочной стратегией.

С исчерпанием рыночной стоимости бренда ситуация может перемениться, и репутация начнет влиять на рекрутирование. Запас людей иссякает, так как исключительность статуса теряется. Это фатально для любой преступной группы, поскольку означает катастрофическую потерю ее устойчивости. Один из респондентов рассказал о своем близком родственнике, который имел все права «смотреть в будущее»: «воры в законе хотели, [чтобы он стал вором в законе]. Они признавали его авторитет, но он сам этого не хотел. Он чувствовал, что титул ему не нужен. И он не очень-то уважал этих ребят, они теперь живут неправильно» [R1].

9
Грузия вне «понятий»?

На парламентских выборах в Грузии в октябре 2012 года Единое национальное движение Саакашвили (ЕНД) столкнулось с коалицией оппозиционных партий, известной как «Грузинская мечта», возглавляемой миллиардером Б. Г. Иванишвили. Предвыборная кампания обернулась для правящей партии проблемами, когда стало ясно, что ее противники вступили в настоящую предвыборную схватку. И Саакашвили, и его премьер-министр, он же бывший министр внутренних дел И. С. Мерабишвили, разъезжали по стране, громогласно предупреждая о повторном пришествии воров в законе и их нормативного мира, основанном на криминальных «понятиях», если «Грузинская мечта» победит. Саакашвили призывал «не уступать нашу страну ворам в законе и организованным преступным группировкам» [Civil Georgia 2012]. На телевидении появились полученные в результате прослушивания переговоров компрометирующие материалы, в которых лидеры «Грузинской мечты», в том числе бывший футболист «Милана» К. К. Каладзе, хвастались встречами с ворами в законе за рубежом [Грузия Online 2012a]. Были распространены полученные от французской полиции кадры, на которых известный оппозиционер Г. Л. Хаиндрава встречался с ворами в законе во Франции [GHN.ge 2012].

Распространение компрометирующих материалов велось обеими сторонами. Всего за несколько дней до выборов живущий в Бельгии в изгнании бывший работник тюрьмы опубликовал для прессы шокирующие видео. На записях демонстрируется, как в тюрьме № 8 в тбилисском пригороде Глдани заключенных избивали, насиловали различными предметами и унижали. На одном видео человека во время пыток постоянно спрашивают: «Ты вор в законе?» На что мужчина продолжает кричать: «Я вор в законе» [Slade 2012в]. Данные опросов показывают, что эти душераздирающие видео стали решающим фактором в победе «Грузинской мечты», такой шок они вызвали в обществе. С момента прихода к власти «Грузинская мечта» освободила по массовой амнистии тысячи заключенных, несмотря на сильное сопротивление смещенного, но все еще могущественного президента Саакашвили.

На момент написания данной книги революция Саакашвили, который так много вложил в нулевую терпимость уголовного правосудия и очистку страны от организованной преступности и коррупции, похоже, потерпела неудачу. Впрочем, слухи о возвращении к власти воров в законе тоже кажутся преувеличенными. Через несколько дней после выборов 1 октября 2012 года были распространены дикие заявления о том, что Л. П. Шушанашвили вернется в страну, несмотря на то что этот закоренелый преступник и заговорщик сидит в греческой тюремной камере. Эти опасения способствовали тому, что в январе 2013 года было принято решение отказать семье Усояна в просьбе похоронить преступного крестного отца в Грузии после его убийства.

Это показывает, насколько важными персонами продолжают выглядеть в воображении грузинского общества воры в законе. Миф и мафия, как мы видели, тесно связаны. Правительство Саакашвили с 2006 года постоянно использовало образ вора в законе для объяснения каждого кризиса или вызова своей власти. На родине воров в законе изображали как продолжающих оказывать коварное влияние. Политические вопросы стали обрамляться проблемой воров в законе в не связанных с ними сферах. Это стало особенно заметно при аргументации правительства в пользу размещения подготовленных МВД офицеров в школах по всей Грузии в рамках проводившейся в 2010 году реформы образования, имевшей целью борьбу с установившимся воровским менталитетом [R46]. В этом случае противоречивая образовательная политика, которая, казалось бы, должна была контролировать учителей так же, как и учеников, была продана общественности как способ уничтожить последние остатки воровского мира.

С 2003 года очень многое в грузинской политике стало определяться риторикой Единого национального движения о выборе между прогрессивным, правовым и современным государством и традиционным, управляемым отжившими нормами и отсталым. Воры в законе оказались удобными представителями последнего варианта. Будь то тюремные беспорядки в 2006 году, уличные протесты в 2007 году или мятеж на военной базе Мухровани в 2009 году, ЕНД быстро называло это угрозой, исходящей от стоящих за всем этим воров в законе. Их изображали как участников международного мафиозного заговора и марионеток враждебных государств, в частности России.

Аналогичным образом, однако, как мы видели в предыдущей главе, продолжающий существовать «миф о мафии» устраивает самих мафиози, помогая им популяризовать себя и чрезмерно подчеркивать свои власть и влияние. Члены мафии только рады подыграть заговорщической риторике государства. Вот почему мафии никогда не умирают, или почему их, по крайней мере, никто никогда не осмеливается объявить мертвыми. Люди, которым существование мафии удобно, найдутся всегда. Скрытность мафии и мифы о ней порождают подозрение, что она все еще где-то существует, бесшумно перегруппировываясь, как сжатая пружина или волк, готовый укусить [Gambetta 2009: 214]. Это впечатление подпитывается в Грузии и на более широких постсоветских пространствах бесконечными сенсационными сообщениями об организованной преступности и мафиозных группировках. Потоки книг, фильмов, сериалов и даже линий одежды, которые намекают на криминальную субкультуру воров в законе, показывают, что эта субкультура все еще имеет власть над массовым сознанием. Именно они, легенды и мифы о мафии, связанные с культурными проявлениями мужественности и чести, уходящими в глубь веков [Gawinek 2010], возможно, остаются распространенными в сегодняшней Грузии, в чем и заключена опасность. Зажатый между навязчивой идеей правительства и СМИ и собственным мифотворчеством мафии, грузинский народ продолжает считать воров в законе постоянным источником беспокойства.

Эта книга призвана развеять некоторые из этих тревог и дать беспристрастный отчет о криминальном мире Грузии. Мной ставится под сомнение эссенциалистское положение о том, что в грузинских менталитете или национальной культуре есть что-то специфическое, что делает власть мафии неизбежной. Как утверждалось в главе 3, сосредоточив внимание на потребности в защите в непропорционально большой «второй экономике» Советской Грузии, за которой последовал столь же непропорциональный крах государства после обретения независимости в 1991 году, мы можем начать лучше понимать корни влияния в грузинском обществе воров в законе и ответить, почему они стали доминировать здесь сильнее, чем в других частях постсоветского региона. Как и на Сицилии, где мафия возникла в основном на западе острова [Bandiera 2003], некоторые регионы Грузии давали особенно много воров в законе, в то время как другие почти их не давали, как показано в главе 5. Культура и менталитет в этих регионах не настолько различны, чтобы объяснить упомянутую разницу. Таким образом, в ворах в законе и их влиянии в Грузии нет ничего по своей сути грузинского, кроме определенных символических черт и форм. Затем в этой книге доказывается, что долгая история отчуждения от государства и существования вне закона не приводит к неотвратимости существования организованной преступности и мафиозного правления в Грузии или, если на то пошло, где-либо еще.

Продолжая в том же ключе, книга также стремится внести коррективы в точку зрения, согласно которой над Грузией нависает огромный преступный заговор. Она ставит под сомнение идею о том, что воровской мир представляет собой некую всеобъемлющую противозаконную систему, которая легко расчленяет территорию и без особых усилий навязывает свое мировоззрение, подрывая при этом стабильность целых стран. Воры в законе, как и все тайные общества, сталкиваются с серьезными проблемами координации, организации и преданности. Таким образом, бедственное положение этого преступного братства, зависящее от сохранения политической воли к тому, чтобы выйти на цель, предполагает, что судьба Грузии не должна по-прежнему быть связана с этим остатком ГУЛАГа.

Грузинское «дело» и теория устойчивости организованной преступности

В июле 2010 года Московский суд приговорил Ониани, общепризнанного босса кутаисской группировки грузинских воров в законе, к десяти годам лишения свободы за похищение людей и вымогательство [Galeotti 2010; Криминальная 2010]. Его рассеянные по всей Европе грузинские соратники были атакованы и убиты конкурирующей тбилисской группировкой, принадлежащей ныне покойному Усояну. Между тем единственный вор в законе, сохранившийся в Кутаиси, родном городе Ониани, расположенном в западной Грузии, остается на воле и может свободно ходить по улицам, правда, лишь по причине преклонного возраста и нездоровья. Однако всего семь лет назад Ониани руководил масштабной операцией по отмыванию денег в Испании, и грузинское правительство обращалось с ним как с государственным деятелем. В тбилисском аэропорту его встречали сотрудники МВД и обеспечивали охрану его кортежа.

Предыдущие главы должны помочь объяснить многие аспекты бедственного положения Ониани: фракционность, конфронтацию с соперниками, эмиграцию и потерю влияния в Грузии. Положение Ониани свидетельствует о судьбе многих воров в законе, по крайней мере в Грузии. Эта преступная сеть, которую я определил как мафию, адаптировалась и пережила множество потрясений и социально-политических преобразований и сохранила сильное социальное влияние в Грузии после распада Советского Союза. Однако организационные проблемы в сочетании с политикой борьбы с мафией, начатой после «революции роз» 2003 года, поставили под вопрос выживание этой мафии. Воры в законе в данном случае не смогли ни устоять, ни приспособиться. К сегодняшнему дню ландшафт организованной преступности в Грузии с 1990-х годов сильно изменился. С момента крушения коммунизма и особенно с 2003 года эта страна прошла через процесс реорганизации преступности во многих смыслах.

В этой книге особое внимание уделяется пониманию динамики криминального мира в Грузии, чтобы объяснить, как и почему у воров в законе оказался низкий уровень устойчивости к начавшемуся в 2005 году государственному давлению.

Были определены четыре основные переменные, влияющие на зависимую от них переменную устойчивости: ресурсы, внешние отношения, внутренние отношения, а также символические и социальные границы. В исследовании была предпринята попытка описать метаморфозы этих переменных и, по возможности, объяснить их. Анализ на основе сделанных в предыдущих главах наблюдений позволяет на примере Грузии сделать об этих переменных некоторые выводы, которые могут быть ориентировочно использованы для построения теорий устойчивости в мафии и развиты в остальных случаях. Я подробно расскажу об этом ниже:

1. С точки зрения мафии внешние связи играют ключевую роль в снижении ее уязвимости при агрессии со стороны государства. Многочисленные связи мафии с различными политическими деятелями защищают ее от последствий политических изменений. Однако смена режима на объединенную враждебную машину политической партии, которая активно реформирует коррумпированные элементы и обеспечивает конформность политических деятелей на региональном и национальном уровнях, создает большую опасность давления на мафию.

2. Рост предложения ресурсов из разнообразных источников оказывает на устойчивость варьирующееся воздействие. Это позволяет экспансии и ресурсам адаптироваться к экзогенным изменениям, однако ориентация на обогащение снижает стимулы, основанные исключительно на преданности, действуя в пользу накопления капитала, что, в свою очередь, может иметь негативные последствия для исключительности и престижа членства в мафии и его последующей ценности на рынках защиты и разрешения споров. Кроме того, расширение возможностей для

увеличения богатства увеличивает накладные расходы на регулирование остальных фрагментов сети. Рост числа и возможностей источников дохода влечет за собой конкуренцию и конфликты, которые, в свою очередь, вызывают необходимость приспосабливаться.

3. Ослабление границ, то есть снижение барьеров для входа и выхода, при наличии конфликтов и конкуренции положительно влияет на устойчивость в краткосрочной перспективе. Однако в долгосрочной перспективе ослабление границ влияет на устойчивость негативно. Во-первых, увеличение числа членов мафии затрудняет координацию и вызывает фракционность, а следовательно, конфронтацию. Во-вторых, набор некачественных членов негативно влияет на репутацию группы, что может повлиять на исключительность и желательность членства в ней в долгосрочной перспективе, а также на снижение социальной поддержки.

4. Фракционность, уменьшение паритетности связей и централизация оказывают на устойчивость переменное влияние. Используя авторитарные формы командования и разрешения споров, они позволяют повысить эффективность координации и управления, а также преодолеть проблемы мониторинга и коллективных действий. Однако эти факторы способны породить конфликт между влиятельными и харизматичными личностями и помешать масштабной реакции на угрожающие всей сети экзогенные угрозы. Кроме того, преданность как стимул имеет важное значение для поддержания внутренней легитимности и взаимного притяжения между членами. Без этого коллективные ресурсы могут быть израсходованы по мере того, как распадаются общие убеждения и повышаются ставки дисконта на членство.

В случае с Грузией, конечно, трудно точно сказать, когда начались изменения. Не следует попадать в ловушку, принимая за данность некое идеализированное прошлое, в котором честные преступники были гораздо более дисциплинированными, лучше организованными и хорошо себя вели. Это прошлое никогда не существовало, и иллюзорная память о нем является продуктом недавней травматической истории Грузии. Правда, есть немало свидетельств того, что в далеком прошлом воровское братство действительно было более аскетичным и дисциплинированным, если не совсем честным. Однако с течением времени оно постепенно менялось, и некоторые из отмеченных здесь изменений начались задолго до распада Советского Союза. Все данные свидетельствуют о том, что в период, начавшийся сразу после 1991 года и длившийся вплоть до «революции роз» 2003 года, изменения ускорились, а процессы адаптации усилились.

Настоящее исследование не утверждает, что там, где происходит адаптация, она обязательно является продуктом целенаправленных, хорошо продуманных стратегий повышения устойчивости или снижения уязвимости к давлению государства. Вместо этого, в соответствии с литературой по организационным изменениям (см. главу 2), грузинский случай предполагает, что полное понимание того, почему и когда преступные организации меняются или не меняются, возможно только при принятии в расчет множества вмешивающихся в этот процесс переменных. Таким образом, поскольку элементы устойчивости, упомянутые выше, различаются, это может происходить или не происходить в соответствии с любой рациональной стратегией повышения устойчивости. Хотя снижение устойчивости нежелательно, в неопределенной и быстро меняющейся среде оно может привести к непредвиденным последствиям. Учитывая, что после распада Советского Союза Грузия демонстрировала наличие этих условий, о причинных факторах, приводящих к изменениям, трудно сделать четкие выводы. Хотя в исследовании была предпринята попытка выявить главные причины, вызывающие необходимость адаптации и последующие изменения в устойчивости, причинно-следственные эффекты не могли быть точно измерены, равно как и не могли быть предусмотрены все возможные промежуточные переменные. Однако в качестве первичных причинных движущих сил изменений некоторые факторы все-таки выделялись.

Одним из таких факторов был уровень жесткой конкуренции в окружающей среде после краха советской власти. Эта конкуренция стала важной переменной во многих областях. Незащищенные права собственности, деморализованные полицейские силы и пористые государственные границы усилили в 1990-е годы поток ресурсов, доступных грузинским ворам в законе. Тем не менее эти факторы также привели к росту жестокой конкуренции в борьбе за добычу, оставшуюся после распада государства, оказывая на воров в законе давление, к которому они не смогли успешно приспособиться. Непредсказуемость окружающей среды затрудняла координацию коллективных изменений, в конечном счете оставляя воров в законе уязвимыми для давления со стороны государства. Это открытие является важной коррективой в восприятии того мнения, что мафии любят вакуум власти и процветают, когда государство слабо.

Рост конкуренции со стороны других вооруженных групп, военизированных формирований и коррумпированных государственных органов стал катализатором изменения структуры и практики рекрутирования воров в законе, а также смещения стимулов от преданности к личной выгоде. Как показывают другие исследования мафий [Reuter 1995; Paoli 2007; 2008; Gambetta 2009a], рекрутирование может быть ключом к их выживанию. От него зависит институциональное воспроизводство. Однако изменения в практике рекрутирования, вызванные главным образом усилением конкуренции, имели для воров в законе огромные непредвиденные последствия. Коррупция, проникшая в эту практику, вызвала снижение доверия среди самих воров в законе и привела к тому, что их репутация начала ухудшаться. Поскольку она является одним из самых важных активов любой мафии, с ней нужно обращаться осторожно. В то время как другие ресурсы для рэкета росли, статус, коллективный ресурс, который делал этот рэкет экономически эффективным, падал. Как только коллективный ресурс статуса был исчерпан, игра была закончена. Общие убеждения в том, что другие носители статуса также будут вкладывать средства в поддержание коллективного ресурса, принадлежащего всем, то есть статуса, вызвали в игре с этим статусом «гонку на износ» в целях получения быстрой выгоды, используя всю его ценность.

Могли ли воры в законе повернуть вспять изменения, которые препятствовали их выживанию, например, остановив распад коллективных убеждений, который распространялся как зараза? Так, в Италии социальная и политическая реакция на действия мафии, убившей судей и устроившей ряд взрывов в начале 1990-х годов, была настолько негативной, что Бернардо Провенцано, босс боссов мафии, *капо ди тутти капо*, попытался потом предпринять меры по спасению ситуации и возвращению утраченной репутации. Эти меры включали в себя сдержанность, отстранение от определенных отраслей деятельности, ужесточение требований при рекрутировании, отбор в мафию только образованных и культурных людей [Paoli 2007]. Пока нет никаких оснований предполагать, что разрозненная и противоречивая сеть грузинских воров в законе провела или могла бы провести такую скоординированную реформу, как в Италии.

Фактически, управляя своим коллективным ресурсом элитного криминального статуса, воры в законе должны были иметь дело с набором дилемм, изложенных Остром [Ostrom 1990] в ее работе о проблемах коллективных действий в управлении общими ресурсами пула. Даже когда правила создаются для преодоления индивидуалистического оппортунизма, это оставляет только дальнейшие нерешенные проблемы, касающиеся того, как можно снабдить институт правилами изменения правил. Как участники процесса могут сигнализировать о своей непоколебимой преданности соблюдению этих правил? Какие существуют стимулы контролировать и наказывать других, учитывая, что само наказание является общим благом, которое приносит меньшую отдачу карателю, чем институту?

Остром [Ostrom 1990: 211] (см. также [Tilly 2005: 40]) утверждает, что при сохранении коллективного ресурса искупительные изменения могут произойти только в том случае, если: бенефициары ресурса разделяют мнение, что им будет вредно, если они не примут альтернативные правила, и все будут затронуты аналогичным способом предлагаемыми изменениями правил; бенефициары ресурса высоко ценят продолжение деятельности этого общего ресурса и сталкиваются с относительно низкими затратами на информацию, изменения и принуждение; обобщенные нормы взаимности и доверия разделяются, а группа относительно мала и стабильна. Ни одно из этих условий, как мы видели, не годится для воров в законе. Таким образом, в будущем трудно ожидать выживания воров в законе как преступной сети. Скорее всего, как это представляется, действующие за пределами Грузии воры в законе распадутся на иерархические, более локализованные и территориальные мафиозные группы, связанные между собой минимумом взаимодействия, в которых «титул» вора в законе имеет все меньшее значение.

Можно опираться на умозрительные выводы этого исследования данного сюжета, изучая переменные и этиологические факторы, выявленные здесь в каждом конкретном случае. Однако ничто не отменяет того факта, что в случае с Грузией важно также понять, как государство могло начать такую мощную кампанию по борьбе с мафией в той части мира, которая не известна эффективным управлением. Хотя такой анализ не был акцентом книги и такой акцент был сделан в другом месте (см. [Kupatadze 2012]), есть некоторые особенности, связанные с грузинским периодом «революции роз» 2003 года, которые заслуживают упоминания в заключении.

Объясняя способность грузинского правительства проводить и на деле осуществлять самую широкую антимафиозную политику на постсоветском пространстве, прежде всего следует отметить, что после свержения Шеварднадзе в 2003 году правительство Саакашвили пользовалось беспрецедентной популярностью. Эта популярность явно была основана на обещании бороться с коррупцией и преступностью и очистить страну от воров в законе. Переход к новой политике произошел в отсутствие какой-либо договоренности с ними, поэтому в новом революционном правительстве не существовало никакого раскола или оппозиции и повестка дня сохранялась неизменной. К тому же политико-экономическая стратегия массовой приватизации и либерализации экономики с целью привлечения прямых иностранных инвестиций требовала, чтобы правительство могло обеспечить инвесторам физическую безопасность на всей своей территории. Кроме того, опасения по поводу подверженности грузинских сил безопасности вредоносным иностранным, в особенности российским, влияниям, создали сильный стимул для принятия против коррумпированной полиции и защищаемых ею скрытых в тени двуличных мафиозных фигур крутых мер. С самого начала Саакашвили, наделив президента бо́льшими полномочиями, внес в конституцию поправки, что позволило исполнительной власти принимать требуемые решения и проводить свою политику быстро, так что все происходило легко и без особых политических разногласий, а также без значительных упущений и ненужных дебатов [Areshidze 2007; Berglund 2013]. В то же время при отсутствии сдержек и противовесов злоупотребление властью через политически зависимую судебную систему продолжалось практически беспрепятственно. Использовались досудебные и административные задержания, имели место непрозрачные сделки о признании вины и аресты активов для извлечения ресурсов и формирования государственного бюджета в рамках того, что Всемирный банк, описывая, как Грузия преуспела в своей борьбе с преступностью и коррупцией, с малой долей критики назвал «необычными решениями» [World Bank 2012: 97].

В то время существовала смесь возможностей и стимулов, характерных для переходного периода в жизни Грузии, революционного контекста и экономической и геополитической ситуации. Наряду с этим институциональная политическая перестройка и внесудебная практика, сформировавшаяся на фоне рвения и истинной веры в свое дело преимущественно молодых и получивших образование на Западе революционеров, позволили успешно развернуть антикоррупционную и антикриминальную кампанию, которая захлестнула практически все, оказавшееся на ее пути. Из-за специфики данного случая неясно, может ли такая политика применяться и будет ли она работать в других странах региона. Кроме того, с учетом разоблачений широкомасштабных нарушений прав человека и пыток в тюремной системе Грузию не следует рассматривать в качестве образца для других. Какими бы ни были преимущества борьбы с мелкой коррупцией и организованной преступностью, предельная ориентация на карательные меры, используемая для достижения этой цели, невероятно тяжело давит на грузинское общество. Чрезмерное использование системы уголовного правосудия как средства решения проблемы преобразования общества и имевшие место злоупотребления дорого обошлись как в социальном, так и в юридическом плане. Правительство Саакашвили убедилось, что на улицах и на избирательных участках они могут вызвать сильную негативную реакцию. Из-за этого грузинская модель борьбы с преступностью, которая так активно продвигалась на международном уровне, может со временем выглядеть все менее и менее привлекательной. Более того, как явствует из этой книги, в других контекстах антимафиозная политика может не обязательно преуспеть так, как это сделала политика грузинская. Это будет зависеть от степени устойчивости и способности к адаптации ее объектов — в той же степени, как и все остальное.

Смотрящие в будущее

Грузинские воры в законе изо всех сил пытались приспособиться к новой социально-экономической реальности. Там, где такая адаптация, как реструктуризация и расширение членства, действительно происходила, это имело неблагоприятные последствия для устойчивости структуры, приведя в движение мощную и неконтролируемую цепь обратной связи, которая разрушала позитивные представления о статусе вора в законе — как внутри мафиозной организации, так и снаружи. Как только вера в статус была исчерпана, воры в законе оказались уязвимыми для успешного давления государства. Этот общий вывод, содержащийся в посвященном единичному случаю исследовании, таком как это, трудно экстраполировать на другие случаи. Однако это исследование может, как мы надеемся, пролить свет на процессы в других местах, где государства борются с мафией. От Албании до Южной Италии, Ямайки, Мексики и Колумбии устойчивость организованных преступных группировок с точки зрения «снизу вверх» является ключевым вопросом для безопасности и развития. В этой книге обосновывается необходимость отказа от исключительно государственно-ориентированного анализа антимафиозной политики в пользу оценки такой политики через изучение ее влияния на процессы, происходящие в криминальном мире до, во время и после ее осуществления.

Что касается будущего, то относительно того, в какой степени «титул» вора в законе сможет сохранить отчетливый криминальный статус и продолжать использоваться на рынках защиты и разрешения споров в Грузии, существуют сомнения. Однако важно не демонстрировать чрезмерную самонадеянность и поспешно объявлять конец воров в законе в этой стране или исключать возможность появления альтернативных мафий в разных обличьях. Благодаря своей антикоррупционной политике, борьбе с мафией и войне с преступностью правительство Саакашвили сразу же нажило большой политический капитал, однако безработица, бедность и неравенство остаются в Грузии на чрезвычайно высоком уровне [Macfarlane 2011; Slade 2012б]. В условиях социально-экономической запущенности многих районов страны и при наличии тысяч людей, проходящих через тюрьмы, неясно, не обратятся ли некоторые из них при ослаблении политики нулевой терпимости к преступности как средству выживания снова, возможно, используя для оформления своих действий старый шаблон воровского мира.

Более того, в то время как полиция, прокуратура и тюрьмы Грузии были перестроены и в них были закачаны ресурсы, суды страны по-прежнему в значительной степени не реформированы и не пользуются доверием общественности. В такой ситуации, учитывая роль воров в законе как арбитров, остаются и спрос на альтернативное разрешение споров, и ниша для тех, кто может его обеспечить. По иронии судьбы, крайне карательный характер уголовного правосудия при Саакашвили только укрепил мнение о несправедливости государственного права. Как и в советский период, сегодня в Грузии нет социальной стигмы, связанной с пребыванием в тюрьме, оно стало нормализованным. В то время как подобные убеждения о наказании со стороны государства и законе сохраняются, альтернативные внеправовые поставщики средств управления, которые используют внедренные социальные нормы и нравы, всегда найдут спрос на свои услуги; однако будут ли они по-прежнему называть себя «ворами в законе» в будущем, остается неясным.

Словарь терминов

Грузинский	Русский	Объяснение
авторитети	*авторитет*	Высокопоставленный преступник, иногда равный вору в законе
апельсин, лаврушник	*апельсин, лаврушник*	Вор в законе, который получил этот «титул» с использованием коррупции, покупая рекомендации для «крещения» у сильных людей
гагеба	*понятия*	Воровской кодекс чести
ганапи	*без пяти минут*	Человек, который в самое ближайшее время будет инициирован как вор в законе
гарчева	*разборка*	Практика разрешения споров
дзмаоба	*братва*	«Братство» — термин, используемый в постсоветский период для обозначения небольшой группы рэкетиров, которую мог контролировать вор в законе
кай бичи	*хорошлак*	«Член мафии». Тот, кто следует воровским правилам или понятиям
канониери курди, рамкиани курди	*вор в законе, законник*	Высший ранг в криминальном мире
крыша	*крыша*	Защита преступника, рэкет
кучис скола	—	Школа улицы — неформальные правила уличной жизни, которая, в принципе, отделена от воровского мира, но может подпитывать его

Грузинский	Русский	Объяснение
курдули самкаро	*воровской мир*	Совокупность статусных рангов, практик, правил и поведенческих норм, которых придерживаются те, кто исповедует этот образ жизни
макурэбэли	*смотрящий*	«Надсмотрщик». Представитель вора в законе в тюрьме или на данной территории. Может собирать и хранить общак
малява (прогон)	*малява (прогон)*	Распространение информации среди воровского сообщества
момевали	—	Тот, кто «смотрит в будущее». Человек, который дал обязательство жить воровской жизнью и пытается стать вором в законе
натвла	*коронование*	«Крещение» или «коронование». Процесс посвящения в воры в законе
общаки	*общак*	Общий фонд взаимопомощи, должен использоваться в интересах тех воров, которые нуждаются в нем по уважительным причинам, таким как плохое здоровье или трудности в тюрьме
сходняки	*сходка*	Воровские «суды» или собрания, на которых обсуждаются вопросы, разрешаются споры и инициируются рекруты
харифи	*мужик*	Тот, кто работает на тюремный режим и потому находится вне воровских понятий, отчего его можно эксплуатировать

Источники

Архивные источники

Архив Центрального Комитета Коммунистической партии Грузинской ССР

Архив Центрального комитета. Ф. 14. О. 144. Д. 453, 1969 — Ф. 14. О. 144. Д. 453:

Центральный комитет Коммунистической партии Грузии, 1969. Справка о состоянии и мерах борьбы с преступностью в Грузинской ССР за 1968 год и первое полугодие 1969 года. О проделанной следственным аппаратом МВД ГССР работе по расследованию уголовного дела по обвинению группы бывших работников Тбилисской трикотажной фабрики № 4, Тбилиси.

Архив Центрального комитета. Ф. 14. О. 117. Д. 331, 1978 — Ф. 14. О. 117. Д. 331:

Центральный комитет Коммунистической партии Грузии, 1978. Информация секретаря ЦК в ЦК КПСС о результатах борьбы с преступностью в 1978 году, о разоблачении групп преступников, занимающихся хищениями государственного имущества в особо крупных размерах, о проделанной работе по искоренению негативных явлений.

Архив Центрального комитета. Ф. 14. О. 123. Д. 360, 1980 — Ф. 14. О. 123. Д. 360:

Центральный комитет Коммунистической партии Грузии, 1981. О состоянии работы органов внутренних дел республики Грузии по борьбе с кражами в свете постановления бюро ЦК КП Грузии от 13 мая 1980 года «О ходе выполнения постановления ЦК КП Грузии от 14.08.73 г. "О мерах по укреплению борьбы с кражами в Грузинской ССР"».

Архив Центрального комитета. Ф. 14. О. 125. Д. 348, 1984 — Ф. 14. О. 125. Д. 348:

Центральный комитет Коммунистической партии Грузии, 1984. Материалы Республиканского Совещания по подведению итогов борьбы с преступностью за первое полугодие 1984 года.

Архив Центрального комитета. Ф. 19. О. 127. Д. 329, 1986 — Ф. 19. О. 127. Д. 329:

Центральный комитет Коммунистической партии Грузии, 1986. Справка о проделанной работе органами внутренних дел по борьбе со спекуляцией в республике за 1985 год.

Архив Центрального комитета. Ф. 14. О. 127. Д. 330, 1986 — Ф. 14. О. 127. Д. 330:

Центральный комитет Коммунистической партии Грузии, 1986. Материалы по подведению итогов борьбы с преступностью за I квартал 1986 г. 15 апреля 1986 г.

Архив Центрального комитета. Ф. 14. О. 128. Д. 143, 1987 — Ф. 14. О. 128. Д. 143:

Центральный комитет Коммунистической партии Грузии, 1987. Протокол № 76 и приложения к протоколу заседания бюро ЦК КП Грузии.

Архив Министерства внутренних дел Грузинской ССР (неупорядочен)

Министерство внутренних дел Грузинской Советской Социалистической Республики, 1982. Приказ Министерства внутренних дел ГССР № 0152.

Министерство внутренних дел Советского Союза, 1985. Приказ Министерства внутренних Дел СССР № 0033.

Судебные дела и обвинительные заключения

Кутаисский городской суд 2008. 1–1252–07.
Тбилисский городской суд 2006а. 1–1906–06.
Тбилисский городской суд 2006б. 1–1982–06.
Тбилисский городской суд 2006в. 1–4567–06.
Тбилисский городской суд 2006г. 1–5482–06.
Тбилисский городской суд 2007. 1–2411–06.
Прокуратура Грузии 2005. Обвинительный акт: 051695.
Прокуратура Грузии 2006а. Обвинительный акт: 073060366.
Прокуратура Грузии 2006б. Обвинительный акт: 09060040.
Прокуратура Грузии 2006в. Обвинительный акт: 90060064.

Официальные документы и отчеты

AOCU 2004 — Anti-Organised Crime Unit, Special Operations Department (AOCU), Tbilisi and Kutaisi 2004. Database of Thieves-in-Law.

AOCU 2008 — Anti-Organised Crime Unit, Special Operations Department (AOCU), Tbilisi 2008. List of Thieves-in-Law.

AOCU 2009 — Anti-Organised Crime Unit, Special Operations Department, (AOCU) Tbilisi 2009. Thief-in-Law Deaths 1988–2009.

CRRC 2004–2007 — Caucasus Research Resource Center (CRRC). Caucasus Barometer Survey Datasets 2004–2007. URL: http://www.crrccenters.org/caucasusbarometer/ (дата обращения: 25.08.2021).

CRRC 2009 — Caucasus Research Resource Center (CRRC), 2009. Georgian Public Opinion — Attitudes towards European Integration. Tbilisi. URL: http://www.epfound.ge/english/programs-activities/european-neighborhood-policy.html (дата обращения: 05.12.2013).

CIS Statistical Bulletin 2003–2007 — CIS Statistical Bulletin, 2003–2007. Criminality in the Countries of the CIS. URL: http://udbstat.eastview.com/catalog/edition.jsp?id=1820&uid=23 (дата обращения: 25.08.2010).

Darchiashvili D., Nodia G. 2003 — Darchiashvili D. and Nodia G., 2003. Power Structures, the Weak State Syndrome and Corruption in Georgia. Building Democracy in Georgia. Discussion Paper 5. Institute for Democracy and Electoral Assistance.

Darchiasvili D. et al. 2003 — Darchiasvili D. et al., 2003. The Capital and the Regions of Georgia. Building Democracy in Georgia. Discussion Paper 10. Institute for Democracy and Electoral Assistance.

Dolidze A., De Waal T. 2012 — Dolidze A. and De Waal T., 2012. A Truth Commission for Georgia. Washington DC: Carnegie Endowment for International Peace. URL: http://www.carnegieendowment.org/2012/12/05/truth-commission-for-georgia/eqdm (дата обращения: 07.12.2012).

ESI 2010 — European Stability Initiative, 2010. Reinventing Georgia: The Story of a Libertarian Revolution. URL: http://www.esiweb.org/index.php?lang=en&id=322&debate_ID=3 (дата обращения: 09.08.2010).

Godson, R. et al. 2003 — Godson R. et al., 2003. Building Societal Support for the Rule of Law in Georgia. Washington DC: National Strategy Information Center.

GORBI 2010 — GORBI (Georgian Opinion Research Business International), 2010. Crime Survey of Georgia. Tbilisi: Ministry of Justice.

GORBI 2011 — GORBI (Georgian Opinion Research Business International), 2011. Crime survey of Georgia. Tbilisi: Ministry of Justice.

Government of Georgia 2007 — Government of Georgia, 2007. Georgia's Democratic Transformation: An Update Since the Rose Revolution. URL: http://www.mfa.gov.ge/fi les/303_3411_444498_dem_transform_2.pdf (дата обращения: 05.06.2009).

HRIDC 2007 — Human Rights Information and Documentation Centre (HRIDC), 2007. What was the Result of the Amendments Introduced to the Law after Girgvliani's Murder? Gori, Georgia. URL: http://georgienblogspot-com.wordpress.com/2007/03/30/4938/ (дата обращения: 27.08.2021).

International Prison Studies Centre 2012 — International Prison Studies Centre, 2012. World Prison Populations List. University of Essex.

Krunic, Siradze 2005 — Krunic Z. and Siradze G., 2005. The Ministry of Internal Affairs of Georgia/Report on the Current Situation with Recommendations for Reform. Ministry of Internal Affairs: Tbilisi, Georgia.

OSCE 2004a — Office for Democratic Institutions and Human Rights (OSCE), 2004. Office for Democratic Institutions and Human Rights — Elections — 2004 Presidential Election. URL: http://www.osce.org/odihr-elections/14466.html (дата обращения: 09.08.2010).

OSCE 2004b — Office for Democratic Institutions and Human Rights (OSCE), 2004. Office for Democratic Institutions and Human Rights — Elections — 2004 Repeat Parliamentary Elections. URL: http://www.osce.org/odihr-elections/14465.html (дата обращения: 09.08.2010).

International Republican Institute 2003–2007 — International Republican Institute, 2003–2007. Georgian National Voters Survey. URL: http://www.iri.org.ge/eng/welcome.htm (дата обращения: 20.08.2010).

Penal Reform International 2009 — Penal Reform International, 2009. An Assessment of Penal Legislation in Georgia. URL: http://www.penalreform.org/publications/assessment-penal-legislation-georgia (дата обращения: 25.08.2010).

President's Office 2007 — President's Office, 2007. The Administration of the President of Georgia — Annual Reports. URL: http://www.president.gov.ge/index.php?lang_id=ENG&sec_id=231&info_id=2484 (дата обращения: 09.08.2010).

President's Office 2009 — President's Office, 2009. The Administration of the President of Georgia — Speeches. URL: http://www.president.gov.ge/index.php?lang_id=ENG&sec_id=228&info_id=4153 (дата обращения: 24.08.2010).

Prison Service 2006 — Prison Service of Georgia, 2006. Reform Progress Report. Ministry of Justice, Tbilisi.

Prosecution Service 2005 — Prosecution Service of Georgia, 2005. Law on Organised Crime. Tbilisi.

Prosecution Service 2006 — Prosecution Service of Georgia, 2006. Report on the Criminological Situation in Georgia. Tbilisi, Georgia.

Prosecution Service 2008 — Prosecution Service of Georgia, 2008. Criminal Code of Georgia. Tbilisi.

Prosecution Service 2009 — Prosecution Service of Georgia, 2009. Revised Law on Imprisonment, Tbilisi.

Public Defender 2007 — Public Defender of Georgia, 2007. Human Rights in Georgia: First Half of 2006. Tbilisi, Georgia.

Public Defender 2007 — Public Defender of Georgia, 2007. Human Rights in Georgia: Second Half of 2006. Tbilisi, Georgia.

Rimple 2012 — Rimple P. Who Owned Georgia (2003–2012). Transparency International Georgia. URL: http://transparency.ge/en/post/who-ownedgeorgia-2003–2012 (дата обращения: 28.01.2013).

Special Anti-Corruption Prosecutor's Office and Central Court of Inquiry 2005 — Special Anti-Corruption Prosecutor's Office and Central Court of Inquiry, 2005. Investigation 194/05, 'Operation Wasp'. Madrid, Spain.

Statistics Agency of Georgia — Statistics Agency of Georgia. Criminal Justice Statistics. URL: http://www.geostat.ge/index.php?action=page&p_id=602&lang=eng (дата обращения: 25.08.2010).

Supreme Court of Georgia 2007 — Supreme Court of Georgia, 2007. Judiciary Reform 2005–2009. Tbilisi, Georgia.

Transparency International 2003 — Transparency International, 2003. Corruption Perception Index. URL: http://www.transparency.org/policy_research/surveys_indices/cpi/2003 (дата обращения: 09.08.2010).

Transparency International 2010 — Transparency International Georgia, 2010. Plea Bargaining in Georgia: Negotiated Justice [online]. URL: http://www.transparency.ge/en/post/report/plea-bargaining-georgia-negotiated-justice (дата обращения: 12.02.2011).

UNICEF 2008 — UNICEF, 2008. National Study on School Violence in Georgia. Tbilisi. URL: http://www.unicef.org/georgia/School_Violence ENG%281%29.pdf (дата обращения: 05.01.2013).

World Bank 2012 — World Bank, 2012. Fighting Corruption in Public Services: Chronicling Georgia's Reforms. World Bank. URL: https://openknowledge.worldbank.org/handle/10986/2234 (дата обращения: 12.09.2013).

Библиография

Ботяков 2004 — Ботяков Ю. М. Абреки на Кавказе: Социокультурные аспекты явления. СПб.: Петербургское востоковедение, 2004.

Ваксберг 1992 — Ваксберг А. И. Русская мафия. Paris: Albin Michel, 1992.

Глонти, Лобжанидзе 2004 — Глонти Г., Лобжанидзе Г. Воры в законе: Профессиональная преступность в Грузии. Тбилиси: American University Press, 2004.

Гуров 1995 — Гуров А. Красная мафия. М.: Самоцвет, 1995.

Добсон 2014 — Добсон М. Холодное лето Хрущева. Возвращенцы из ГУЛАГа, преступность и трудная судьба реформ после Сталина / пер. с англ. Д. А. Благова. М.: Политическая энциклопедия, 2014.

Довлатов 1982 — Довлатов С. Зона: Записки надзирателя. Анн-Арбор: Эрмитаж, 1982.

Долгова 2003 — Долгова А. Преступность: ее организованность и криминальное сообщество. М.: Российская криминологическая ассоциация, 2003.

Кухианидзе 2006 — Кухианидзе А. Коррупция и преступность в Грузии после «революции роз». Тбилиси: Transnational Crime and Corruption Center, 2006.

Лихачев 1935 — Лихачев Д. С. Черты первобытного примитивизма воровской речи // Язык и мышление — Le langage et la mentalité, № III–IV. М; Л.: Изд-во АН СССР, 1935. С. 47–100.

Монахов 1957 — Монахов В. Группировки воров-рецидивистов и некоторые вопросы борьбы с ними. М.: Изд. политического отдела главного управления исправительно-трудовых колоний МВД СССР, 1957.

Монтефиоре 2014 — Монтефиоре С. Молодой Сталин / пер. Л. Оборина. М.: ACT, CORPUS, 2014.

Нозик 2008 — Нозик Р. Анархия, государство и утопия. М., 2008.

Подлесских, Терешонок 1995 — Подлесских Г., Терешонок А. Воры в законе: Бросок к власти. М.: Художественная литература, 1995.

Ростиашвили 2002 — Ростиашвили К. Социально-экономическое развитие Грузии в период разрядки (1969–1974) по материалам Президентского архива Грузии. Б. и., 1995.

Солженицын 1973–1975 — Солженицын А. И. Архипелаг ГУЛАГ: Опыт художественного исследования, 1918–1956: в 3 т. Paris: YMCA-Press, 1973–1975.

Тіллі 2016 — Тіллі Ч. Война и строительство государства как организованная преступность, 2016. URL: https://commons.com.ua/uk/vojna-i-stroitelstvo-gosudarstva-kak-organizovannaya-prestupnost/ (дата обращения: 12.04.2021). (На украинском языке)

Чалидзе 1977 — Чалидзе В. Н. Уголовная Россия. Нью-Йорк: Хроника-Пресс, 1977.

Шаламов 1978 — Шаламов В. Колымские рассказы. London: Overseas Publications, 1978.

Эпплбаум 2015 — Эпплбаум Э. ГУЛАГ. Паутина Большого террора. М.: Corpus, 2015.

Adger 2000 — Adger W. N. Social and Ecological Resilience: Are They Related? // Progress in Human Geography, 2000. 24 (3). P. 347–364.

Akers et al. 1977 — Akers R. L., Hayner N. S., and Gruninger W. Prisonization in Five Countries: Type of Prison and Inmate Characteristics // Criminology, 1977. 14 (4). P. 527–554.

Albini, McIllwain 2012 — Albini J. L. and McIllwain J. S. Deconstructing Organized Crime: An Historical and Theoretical Study. Jefferson: McFarland, 2012.

Alexeev, Gaddy 1991 — Alexeev M. and Gaddy C. Trends in Wage and Income Distribution Under Gorbachev: Analysis of New Soviet Data // Berkeley-Duke Occasional Papers on the Second Economy in the USSR, 1991. P. 1–31.

Alexeev, Pyle 2003 — Alexeev M. and Pyle W. A Note on Measuring the Unofficial Economy in the Former Soviet Republics // The Economics of Transition, 2003. 11 (1). P. 153–175.

Amburgey et al. — Amburgey T. L., Kelly D. and Barnett W. P. Resetting the Clock: The Dynamics of Organizational Change and Failure // Administrative Science Quarterly, 1993. 38 (1). P. 51–73.

Anderson 1995 — Anderson A. The Red Mafia: A Legacy of Communism / In E.P. Lazear, ed. // Economic transition in Eastern Europe and Russia: Realities of Reform. Stanford: Hoover Institution Press, 1995.

Anderson 1996 — Anderson A. Organised Crime, Mafia and Governments / In Fiorentini, Gianluca, and Sam Peltzman, eds. // The Economics of Organised Crime. Cambridge: Cambridge University Press, 1996.

Applebaum 2003 — Applebaum A. Gulag: A History. New York: Random House Digital, Inc., 2003.

Areshidze 2007 — Areshidze I. Democracy and Autocracy in Eurasia: Georgia in Transition. East Lansing: Michigan State University Press, 2007.

Arlacchi 1988 — Arlacchi P. Mafia Business: The Mafia Ethic and the Spirit of Capitalism. Oxford: Oxford University Press, 1988.

Bacharach, Gambetta 2001 — Bacharach M. and Gambetta D. Trust in Signs / In K. Cook, ed. // Trust in Society. New York: Sage Publications, Inc., 2001. P. 148–184.

Backman 2000 — Backman J. The Hyperbola of Russian Crime and the Police Culture / In A. Ledeneva and M. Kurchiyan, eds. // Economic Crime in Russia. Dordrecht: Kluwer, 2000.

Bakker et al. 2012 — Bakker R. M., Raab J. and Milward H. B. A Preliminary Theory of Dark Network Resilience // 31 J. of Policy Analysis and Management, 2012. P. 33–62.

Barnett, Carroll 1995 — Barnett W. and Carroll G. Modeling Internal Organizational Change // Annual Review of Sociology, 1995. 21. P. 217–236.

Becker 1960 — Becker H. S. Notes on the Concept of Commitment // The American Journal of Sociology, 1960. 66 (1). P. 32–40.

Berglund 2013 — Berglund C. Georgia / In S. Berglund, J. Ekman, K. Deegan-Krause and T. Knutsen, eds. // The Handbook of Political Change in Eastern Europe, 3rd edn. Cheltenham: Edward Elgar Publishing, 2013. P. 775–821.

Blauvelt 2008 — Blauvelt T. K. Patronage and Betrayal in the Post-Stalin Succession: The Case of Kruglov and Serov // Communist and Post-Communist Studies, 2008. 41/1. P. 105–120.

Blauvelt 2011 — Blauvelt T. K. March of the Chekists: Beria's Secret Police Patronage Network and Soviet Crypto-Politics // Communist and Post-Communist Studies, 2011. 44/1. P. 73–88.

Bliege Bird, Smith 2005 — Bliege Bird R. and Smith E. A. Signalling Theory, Strategic Interaction, and Symbolic Capital // Current Anthropology, 2005. 46 (2). P. 221–248.

Block 1980 — Block A. East Side, West Side: Organizing Crime in New York, 1930–1950. Cardiff: University College Cardiff Press, 1980.

Boda, Kakachia 2006 — Boda J. and Kakachia K. The Current Status of Police Reform in Georgia / In P. Fluri and G. Lortkipanidze, eds. // After

Shevardnadze: Georgian Security Sector Governance after the Rose Revolution. Geneva: Democratic Control of the Armed Forces, 2006.

Bonvin 2006 — Bonvin B. Public Security in Georgia and the Region Bordering Abkhazia: Revisiting some Received Ideas. 2006. Available at: < http://www. traccc.cdn.ge/resources/articles/Blaise_Bonvin/Public_Security_in_Georgia.pdf > [дата обращения: не указана].

Bouchard 2007 — Bouchard M. On the Resilience of Illegal Drug Markets // Global Crime, 2007. 8 (4). P. 325.

Bourdieu 1996 — Bourdieu P. The State Nobility. Cambridge: Polity Press, 1996.

Buchanan 1974 — Buchanan II B. Building Organizational Commitment: The Socialization of Managers in Work Organizations // Administrative Science Quarterly, 1974. 19 (4). P. 533–546.

Burt 1995 — Burt R. S. Structural Holes: The Social Structure of Competition. Cambridge: Harvard University Press, 1995.

Caparini, Marenin 2005 — Caparini M. and Marenin O. Crime, Insecurity and Police Reform in Post-Socialist CEE // The Journal of Power Institutions in Post-Soviet Societies. 2005. Available at: < http://www.pipss.org/document330.html > [дата обращения: не указана].

Carpenter et al. 2001 — Carpenter S. et al. From Metaphor to Measurement: Resilience of What to What? // Ecosystems, 2001. 4 (8). P. 765–781.

Celentani et al. 1995 — Celentani M., Morelli M. and Martina R. Regulating the Organised Crime Sector / In G. Fiorentini and S. Peltzman, eds. // The Economics of Organised Crime. Cambridge: Cambridge University Press, 1995.

Chetwin 2001 — Chetwin M. Tamadoba: Drinking Social Cohesion at the Georgian Table / In I. D. Garine and V. D. Garine, eds. // Drinking: Anthropological Approaches. Oxford: Berghahn Books, 2001.

Chu 1999 — Chu Y. K. The Triads as Business. 1st edn. New York: Routledge, 1999.

Coles 2001 — Coles N. It's Not What You Know — It's Who You Know That Counts. Analysing Serious Crime Groups as Social Networks // British Journal of Criminology, 2001. 41 (4). P. 580–594.

Coppieters, Legvold 2005 — Coppieters B. and Legvold R. Statehood and Security: Georgia after the Rose Revolution. Cambridge, Mass. American Academy of Arts and Sciences: MIT Press, 2005.

Darchiashvili 2006 — Darchiashvili D. Georgian Security — Challenged from Within and from Without / In Fluri and Lortkipanidze, eds. // After

Shevardnadze: Georgian Security Sector Governance after the Rose Revolution. Geneva: DCAF, 2006.

Derluguian 2005 — Derluguian G. Bourdieu's Secret Admirer in the Caucasus: A World-System Biography. Chicago: Chicago University Press, 2005.

Derluguian 1999 — Derluguian G. The Invisible Fist: Russia's Criminal Predators Against Markets and Themselves // Program on New Approaches to Russian Security (PONARS) Washington: Center for Strategic and International Studies, 1999. Available at: <http://www.csis.org/files/media/csis/pubs/pm_0077.pdf> [дата обращения: 26.08.2013].

Dolowitz, Marsh 2000 — Dolowitz D. P. and Marsh D. Learning from Abroad: The Role of Policy Transfer in Contemporary Policy-Making // Governance, 2000. 13 (1). P. 5–23.

Ekedahl, Goodman 2001 — Ekedahl C. M. and Goodman M. A. The Wars of Eduard Shevardnadze. Washington, D. C: Potomac Books Inc., 2001.

Erickson 1981 — Erickson B. H. Secret Societies and Social Structure // Social Forces, 1981. 60 (1). P. 188–210.

Etzioni 1961 — Etzioni A. Complex Organisations: A Sociological Reader. New York: Holt, Rinehart and Winston, 1961.

Fairbanks, Charles 1983 — Fairbanks Jr. and Charles H. Clientelism and Higher Politics in Georgia, 1949–1953 / In R.G. Suny, ed. // Transcaucasia, Nationalism and Social Change: Essays in the History of Armenia, Azerbaijan, and Georgia. Ann Arbor: University of Michigan, 1983. P. 339–370.

Feige 1989 — Feige E. L. The Underground Economies: Tax Evasion and Information Distortion. Cambridge: Cambridge University Press, 1989.

Feldbrugge 1989 — Feldbrugge F. The Soviet Second Economy in a Political Legal Perspective / In E. Feige, ed. // The Underground Economies: Tax Evasion and Information Distortion. Cambridge: Cambridge University Press, 1989.

Finckenauer, Waring 1998 — Finckenauer J. O. and Waring E. J. Russian Mafia in America: Immigration, Culture, and Crime. Boston: Northeastern University Press, 1998.

Fiorentini, Peltzman 1996 — Fiorentini G. and Peltzman S. The Economics of Organised Crime. Cambridge: Cambridge University Press, 1996.

Friedgut 1974 — Friedgut T. Participation and Soviet Local Government: The Case of Kutaisi / In H. Morton et al. // Soviet Politics and Society in the 1970s. Columbia: Studies of the Russian Institute, 1974.

Friedman 2000 — Friedman R. I. Red Mafiya: How the Russian Mob has Invaded America. New York: Warner Books Inc., 2000.

Frisby 1998 — Frisby T. The Rise of Organised Crime in Russia: Its Roots and Social Significance // Europe-Asia Studies, 1998. 50 (1). P. 27–50.

Galeotti 2002 — Galeotti M. Russian and Post-Soviet Organized Crime. Aldershot: Ashgate, 2002.

Galeotti 2008 — Galeotti M. The World of the Lower Depths: Crime and Punishment in Russian History // Global Crime, 2008. 9 (1). P. 84.

Gambetta 1993 — Gambetta D. The Sicilian Mafia: The Business of Private Protection. Cambridge: Harvard University Press, 1993.

Gambetta 2009a — Gambetta D. Codes of the Underworld: How Criminals Communicate. Oxford: Oxford University Press, 2009.

Gambetta 20096 — Gambetta D. Signalling // In The Handbook of Analytical Sociology. Oxford: Oxford University Press, 2009.

Gambetta, Reuter 1996 — Gambetta D. and Reuter P. Conspiracy among the Many: The Mafia in Legitimate Industries / In G. Fiorentini and S. Peltzman, eds. // The Economics of Organised Crime. Cambridge: Cambridge University Press, 1996.

Ganev 2005 — Ganev V. I. Post-Communism as an Episode of State Building: A Reversed Tillyan Perspective // Communist and Post-Communist Studies, 2005. 38 (4). P. 425–445.

Gibbons 1992 — Gibbons P. R. Primer in Game Theory. 1st edn. Harlow: Pearson Education, 1992.

Glazov 2002 — Glazov Y. 'Thieves' in the USSR / In M. Galeotti, ed. // Russian and Post-Soviet Organised Crime. Farnham: Ashgate, 2002.

Grossman 1977 — Grossman G. The Second Economy of the USSR // Problems of Communism, 1977. 26 (5). P. 25–40.

Grossman 1998 — Grossman G. Subverted Sovereignty: The Historic Role of the Soviet Underground / In S. S. Cohen, A. Schwartz and J. Zysman, eds. / The Tunnel at the End of the Light: Privatization, Business Networks, and Economic Transformation in Russia. University of California Press, 1998. URL: http://repositories.cdlib.org/uciaspubs/research/100/3 (дата обращения: 12.04.2021).

Grossman et al. 1991 — Grossman G., Treml V. G. and Gaddy C. G. Wealth Estimates Based on the Berkeley-Duke Emigre Questionnaire: A Statistical Compilation. Bala Cynwyd, PA: WEFA Group, 1991.

Gunderson 2000 — Gunderson L. H. Ecological Resilience in Theory and Application // Annual Review of Ecology and Systematics, 2000. 31 (1). P. 425–439.

Gunderson et al. 1995 — Gunderson L. H., Holling C. S. and Light S. S. Barriers and Bridges to the Renewal of Ecosystems and Institutions. New York: Columbia University Press, 1995.

Hall, Taylor 1996 — Hall P. T. and Taylor R. C. Political Science and the Three New Institutionalisms // Political Studies, 1996. 44 (4). P. 936–957.

Hall 1995 — Hall R. Organizations: Structures, Processes and Outcomes. Upper Saddle River, NJ: Prentice Hall Gale, 1995.

Handelman 1995 — Handelman S. Comrade Criminal: Russia's New Mafiya. Yale: Yale University Press, 1995.

Hannan, Freeman 1984 — Hannan M. T. and Freeman J. Structural Inertia and Organizational Change // American Sociological Review, 1984. 49 (2). P. 149–164.

Haveman 1992 — Haveman H. A. Between a Rock and a Hard Place: Organizational Change and Performance Under Conditions of Fundamental Environmental Transformation // Administrative Science Quarterly, 1992. 37 (1). P. 48–75.

Hedström, Swedberg 1998 — Hedström P. and Swedberg R. Social Mechanisms: An Analytical Approach to Social Theory. Cambridge: Cambridge University Press, 1998.

Hill 2006 — Hill P. B. E. The Japanese Mafia: Yakuza, Law, and the State. New edn. Oxford: Oxford University Press, 2006.

Hiscock 2006 — Hiscock D. The Commercialisation of Post-Soviet Private Security / In A. Bryden and M. Caparini, eds. // Private Actors and Security Governance. Geneva: Democratic Control of the Armed Forces, 2006.

Hobsbawm 1971 — Hobsbawm E. J. Primitive rebels: Studies in archaic forms of social movement in the 19th and 20th centuries. Manchester: Manchester University Press, 1971.

Huber et al. 1993 — Huber G. et al. Understanding and Predicting Organizational Change / In Huber et al., eds. // Organizational Change and Redesign: Ideas and Insights for Improving Performance. Oxford: Oxford University Press, 1993.

Huisman, Nelen 2007 — Huisman Wim and Hans Nelen. Gotham Unbound Dutch Style: The Administrative Approach to Organized Crime in Amsterdam // Crime, Law and Social Change, 2007. 48 (3/5). P. 87–103.

Humphrey 2002 — Humphrey C. The Unmaking of Soviet Life: Everyday Economies After Socialism. Ithaca: Cornell University Press, 2002.

Jacobs et al. 2001 — Jacobs J. B., Friel C. and Raddick R. Gotham Unbound: How New York City Was Liberated from the Grip of Organized Crime. New York: New York University Press, 2001.

Jamieson, Violante 2000 — Jamieson A. and Violante L. The Antimafia: Italy's Fight Against Organized Crime. London: Palgrave Macmillan, 2000.

Jankowski 1991 — Jankowski M. S. Islands in the Street: Gangs and American Urban Society. Berkeley: University of California Press, 1991.

Johnson, Soeters 2008 — Johnson H. N. and Soeters J. L. Jamaican Dons, Italian Godfathers and the Chances of a 'Reversible Destiny' // Political Studies, 2008. Vol. 56 (1). P. 166–191.

Jones, Moskoff 1991 — Jones A. and Moskoff W. Ko-ops: The Rebirth of Entrepreneurship in the Soviet Union. Bloomington: Indiana University Press, 1991.

Kaminski 2004 — Kaminski M. M. Games Prisoners Play: The Tragicomic Worlds of Polish Prison illustrated edn. Princeton: Princeton University Press, 2004.

Kanter 1968 — Kanter R. M. Commitment and Social Organization: A Study of Commitment Mechanisms in Utopian Communities // American Sociological Review, 1968. 35. P. 499–517.

Kanter 1972 — Kanter R. M. Commitment and Community: Communes and Utopias in Sociological Perspective. Cambridge: Harvard University Press, 1972.

Karstedt 2003 — Karstedt S. Legacies of a Culture of Inequality: The Janus Face of Crime in Post-communist Countries // Crime, Law and Social Change, 2003. 40. P. 295–320.

Kaufmann, Kaliberda 1996 — Kaufmann D. and Kaliberda A. Integrating the Unofficial Economy into the Dynamics of Post-socialist Economies: A Framework of Analysis and Evidence. The World Bank, 1996. Available at: < http://ideas.repec.org/p/wbk/wbrwps/1691.html > [дата обращения: 16.08.2010].

Kelly, Amburgey 1991 — Kelly D. and Amburgey T. L. Organizational Inertia and Momentum: A Dynamic Model of Strategic Change // The Academy of Management Journal, 1991. 34 (3). P. 591–612.

Kelman 1958 — Kelman H. Compliance, Identification and Internalization: Three Processes of Attitude Change // Journal of Conflict Resolution, 1958 (1). P. 51–60.

Khinitibidze 2006 — Khinitibidze T. Patrol Police and Drivers — System of Fines and Appeals. Tbilisi: Transnational Crime and Corruption Center, 2006.

King et al. 1994 — King G. et al. Designing Social Inquiry. Princeton: Princeton University Press, 1994.

Koehler 1999 — Koehler J. The School of the Streets: Organizing Diversity and Training Polytaxis in a (Post-) Soviet Periphery // Anthropology of East Europe Review, 1999. 17 (2). P. 39–52.

Kukhianidze 2003 — Kukhianidze A. Criminalization and Cross-Border Issues // Conference Paper. Geneva: DCAF, 2003. Available at: <http://www.conflicts.rem33.com/images/Georgia/crim_geor_kukhian.pdf > [дата обращения: 05.09.2012].

Kukhianidze 2009 — Kukhianidze A. Corruption and organized crime in Georgia before and after the 'Rose Revolution' // Central Asian Survey, 2009. 28. P. 215–234.

Kukhianidze et al. 2007 — Kukhianidze A., Kupatadze A. and Gotsiridze R. Smuggling in Abkhazia and the Tskhinvali Region in 2003–2004 / In L. Shelley and E. K. Scott, eds. // Organised Crime and Corruption in Georgia. New York: Routledge, 2007.

Kupatadze 2012 — Kupatadze A. Organized Crime, Political Transitions and State Formation in Post-Soviet Eurasia. London: Palgrave Macmillan, 2012.

Kupatadze et al. 2007 — Kupatadze A., Siradze G. and Mitagvaria G. Policing and Police Reform in Georgia / In L. Shelley and E. K. Scott, eds. // Organised Crime and Corruption in Georgia. New York: Routledge, 2007.

Lambert 2003 — Lambert A. Russian Prison Tattoos: Codes of Authority, Domination, and Struggle. Atglen PA: Schiffer Publishing, 2003.

Lamont, Molnár 2002 — Lamont M. and Molnár V. The Study of Boundaries in the Social Sciences // Annual Review of Sociology, 2002. 28 (1). P. 167–195.

Lampert 1984 — Lampert N. Law and Order in the USSR: The Case of Economic and Official Crime // Soviet Studies, 1984. 36 (3). P. 366.

Landesco 1968 — Landesco J. Organized Crime in Chicago: Part 3 of The Illinois Crime Survey 1929. Chicago: University of Chicago Press, 1968.

Lane 1958 — Lane F. Economic Consequences of Organized Violence // The Journal of Economic History, 1958. XVII, 4. P. 401–417.

Lauchs et al. 2012 — Lauchs M., Keast R. and Chamberlain D. Resilience of a Corrupt Police Network: The First and Second Jokes in Queensland Crime, Law and Social Change, 2012. Volume 57. Issue 2. P. 195–207.

Lavezzi 2008 — Lavezzi A. M. Economic Structure and Vulnerability to Organised Crime: Evidence from Sicily // Global Crime, 2008. 9 (3). P. 198.

Law 1974 — Law D. Corruption in Georgia // Critical Journal of Social Theory, 1974. 3 (1). P. 99–107.

Leeson, Rogers 2012 — Leeson P. T. and Rogers D. B. Organizing crime // Supreme Court Economic Review, 2012. 20 (1). P. 89–123.

Legvold 2006 — Legvold, R. Outlining the Challenge / In B. Coppieters and R. Legvold, eds. // Statehood and Security: Georgia After the Rose Revolution. Cambridge: MIT Press, 2006.

Levin et al. 1998 — Levin S. A. et al. Resilience in Natural and Socioeconomic Systems // Environment and Development Economics, 1998. 3 (02). P. 221–262.

Light 2013 — Light M. Police Reforms in the Republic of Georgia: The Convergence of Domestic and Foreign Policy in an Anti-corruption Drive // Policing and Society, 2013 (ahead of print). P. 1–28.

Lotspeich 1995 — Lotspeich R. Crime in the Transition Economies // Europe-Asia Studies, 1995. 47 (4). P. 555–589.

Maas 2003 — Maas P. The Valachi Papers. New York: HarperCollins, 2003.

MacFarlane 2011 — MacFarlane SN. Post-Revolutionary Georgia on the Edge? // Chatham House Briefing Paper, 2011. REPBP2011/01. URL: http://www.chathamhouse.org.uk/files/18919_bp0311_macfarlane.pdf (дата обращения: 18.05.2011).

March 1981 — March J. G. Footnotes to Organizational Change // Administrative Science Quarterly, 1981. 26 (4). P. 563–577.

March, Olsen 1984 — March J. G. and Olsen J.P. The New Institutionalism: Organizational Factors in Political Life // The American Political Science Review, 1984. 78 (3). P. 734–749.

March, Olsen 2004 — March J. G. and Olsen J. P. The Logic of Appropriateness. Working Paper 04/09. Oslo: Arena, 2004.

Mars, Altman 1983 — Mars G. and Altman Y. The Cultural Bases of Soviet Georgia's Second Economy // Soviet Studies, 1983. 35 (4). P. 546–560.

McIllwain 1999 — McIllwain J. Organised Crime: A Social Network Approach // Crime, Law and Social Change, 1999. 32 (4). P. 301–323.

McIllwain 2001 — McIllwain Jeffery Scott. Organizing Crime in Chinatown — Race Racketeering in New York City, 1890–1910. Jefferson, North Carolina: McFarland and Company, 2001.

Mcycr, Allen 1991 — Meyer J. P. and Allen N. J. A Three-component Conceptualization of Organizational Commitment // Human Resource Management Review, 1991. 1 (1). P. 61–89.

Meyer 1975 — Meyer M. W. Leadership and Organizational Structure // The American Journal of Sociology, 1975. 81 (3). P. 514–542.

Miles, Huberman 1994 — Miles M. B. and Huberman M. Qualitative Data Analysis: An Expanded Sourcebook. 2nd edn. London and Thousand Oaks, California: Sage Publications, Inc., 1994

Milhaupt, West 2000 — Milhaupt C. J. and West M. D. The Dark Side of Private Ordering: An Institutional and Empirical Analysis of Organized Crime // The University of Chicago Law Review, 2000. 67. P. 41–98.

Mitchell 2000 — Mitchell J. Case and Situation Analysis / In R. Gomm, ed. // Case Study Method. London and Thousand Oaks, California: Sage, 2000.

Morselli 2008 — Morselli C. Inside Criminal Networks. New York: Springer, 2008.

Morselli et al. 2011 — Morselli C. et al. The Mobility of Criminal Groups // Global Crime, 2011. 21 (3). P. 165–188.

Naylor 1997 — Naylor R. T. Mafias, Myths and Markets: On the Theory and Practice of Enterprise Crime // Transnational Organized Crime, 1997. 3 (3). 1–45.

Nelken 1995 — Nelken D. Review of Gambetta D. 'The Sicilian Mafia' // British Journal of Criminology, 1995. 35 (2). P. 287–289.

Nordin, Glonti 2006 — Nordin V. and Glonti G. Thieves of the Law and the Rule of Law in Georgia // Caucasian Review of International Affairs, 2006. 1 (1). P. 49–64.

North 1990 — North D. Institutions, Institutional Change and Economic Performance. Cambridge: Cambridge University Press, 1990.

Nozick 1974 — Nozick R. Anarchy, State and Utopia. Oxford: Oxford University Press, 1974.

Oleinik 2003 — Oleinik A. Organised Crime, Prison and Post-Soviet Society. Aldershot: Ashgate, 2003.

O'Reilly, Chatman 1986 — O'Reilly C. A. and Chatman J. Organizational commitment and psychological attachment: The effects of compliance, identification, and internalization on prosocial behavior // Journal of applied psychology, 1986. 71 (3). P. 492.

Orlando 2001 — Orlando L. Fighting the Mafia & Renewing Sicilian Culture. San Franscisco: Encounter Books, 2001.

Ouchi 1979 — Ouchi W. G. A Conceptual Framework for the Design of Organizational Control Mechanisms // Management Science, 1979. 25 (9). P. 833–848.

Paoli 2003 — Paoli L. Mafia Brotherhoods. Organized Crime, Italian Style. Oxford: Oxford University Press, 2003.

Paoli 2007 — Paoli L. Mafia and Organised Crime in Italy: The Unacknowledged Successes of Law Enforcement // West European Politics, 2007. 30 (№ 4). P. 854–880.

Paoli 2008 — Paoli L. The Decline of the Italian Mafia / In J. M. Nelen and D. Siegel, eds. // Organised Crime: Culture, Markets and Policies. Studies of Organised Crime. Springer Science, 2008. P. 15–29.

Peters 2005 — Peters B. G. Institutional Theory in Political Science: The 'New Institutionalism'. London and New York: Continuum International Publishing Group, 2005.

Pfeffer, Leblebici 1973 — Pfeffer J. and Leblebici H. The Effect of Competition on Some Dimensions of Organizational Structure // Social Forces, 1973. 52 (2). P. 268–279.

Philip, Berruecos 2012 — Philip George and Berruecos Susana, eds. Mexico's Struggle for Public Security: Organized Crime and State Responses. London: Palgrave Macmillan, 2012.

Plekhanov 2003 — Plekhanov S. Organised Crime, Business and the State in Post-Communist Russia / In F. Allum and R. Siebert, eds. // Organised Crime and the Challenges to Democracy. New York: Routledge, 2003.

Podolny 2005 — Podolny J. M. Status Signals: A Sociological Study of Market Competition. Princeton University Press, 2005.

Podolny, Lynn 2009 — Podolny J. M. and Lynn F. Status // The Handbook of Analytical Sociology. Oxford: Oxford University Press, 2009.

Poggi 1990 — Poggi G. The State: Its Nature, Development, and Prospects. Palo Alto, CA: Stanford University Press, 1990.

Rawlinson 1997 — Rawlinson P. A Brief History of Organised Crime in Russia / In P. Williams, ed. // Russian Organised Crime: The New Threat? London: Frank Cass, 1997.

Rawlinson 2008 — Rawlinson P. Mafia, Methodology and 'Alien' Culture // Doing Research on Crime and Justice. Oxford: Oxford University Press, 2008.

Reddaway, Glinski 2001 — Reddaway P. and Glinski D. The Tragedy of Russia's Reforms: Market Bolshevism Against Democracy. Washington: US Institute of Peace Press, 2001.

Reuter 1985 — Reuter P. Disorganised Crime: Illegal Markets and the Mafia. Cambridge: MIT Press, 1985.

Reuter 1995 — Reuter P. The Decline of the American Mafia // The Public Interest, 1995. 120. P. 89–99.

Ridgeway 2001 — Ridgeway C. L. Inequality, Status, and the Construction of Status Beliefs // In Handbook of Sociological Theory. New York: Kluwer, 2001. P. 323–342.

Ridgeway et al. 1998 — Ridgeway C. L. et al. How Do Status Beliefs Develop? The Role of Resources and Interactional Experience // American Sociological Review, 1998. 63 (3). P. 331–350.

Robinson 1951 — Robinson W. S. The Logical Structure of Analytic Induction // American Sociological Review, 1951. 16 (6). P. 812–818.

Roeder 1958 — Roeder B. Katorga: An Aspect of Modern Slavery. 1st edn. London: Heinemann, 1958.

Sacco 1997 — Sacco P. Comment on Polo, M. 'Internal Cohesion and Competition among Criminal Organisations' / In A. Fiorentini and S. Peltzman, eds. // The Economics of Organised Crime. Cambridge: Cambridge University Press, 1997.

Sampson 1987 — Sampson S. The Second Economy of the Soviet Union and Eastern Europe // Annals of the American Academy of Political and Social Science, 1987. 493. P. 120–136.

Satter 2003 — Satter D. Darkness at Dawn: The Rise of the Criminal Russian State. New Haven: Yale University Press, 2003.

Schelling 1984 — Schelling T. C. Choice and Consequence. Cambridge: Harvard University Press, 1984.

Schneider, Schneider 2003 — Schneider P. T. and Schneider J. C. Reversible Destiny: Mafia, Antimafia, and the Struggle for Palermo. Berkeley: University of California Press, 2003.

Scott J. 2000 — Scott J. Social Network Analysis: A Handbook. London: Sage Publications, Inc., 2000.

Scott 1995 — Scott W. Symbols and Organisations: From Barnard to the Institutionalists // Organization Theory: From Chester Barnard to the Present and Beyond. Oxford: Oxford University Press, 1995. P. 38–56.

Scott W. 2000 — Scott W. R. Institutions and Organizations. 2nd edn. London: Sage Publications, Inc., 2000.

Serio 2008 — Serio J. Investigating the Russian Mafia: An Introduction for Students, Law Enforcement, and International Business. Durham, N. C.: Carolina Academic Press, 2008.

Serio, Razinkin 1994 — Serio J. and Razinkin V. Thieves Professing the Code: The Traditional Role of Vory-v-zakone in Russia's Criminal World and Adaptations to a New Social Reality // Crime and Justice International Magazine, 1994.

Shelley 1999 — Shelley L. Transnational Organized Crime: The New Authoritarianism / In H. R. Friman and P. Andreas, eds. // The Illicit Global Economy and State Power. Lanham MD: Rowman and Field, 1999. P. 25–51.

Shelley 2007 — Shelley L. Georgian Organised Crime / In L. Shelley and E.K. Scott, eds. // Organised Crime and Corruption in Georgia. New York: Routledge, 2007.

Shelley et al. 2007 — Shelley L., Scott E. and Latta A. Organised Crime and Corruption in Georgia. 1st edn. New York: Routledge, 2007.

Sheptycki 2003 — Sheptycki James. Against Transnational Organized Crime // Critical Reflections on Transnational Organized Crime, Money Laundering, and Corruption / Margaret E. Beare, ed. Toronto: University of Toronto Press, 2003. P. 120–144.

Shortland, Varese 2012 — Shortland A. and Varese, F. The Business of Pirate Protection // Economics of Security Working Paper 75. Berlin: Economics of Security, 2012. P. 1–17.

Skaperdas 2001 — Skaperdas S. The Political Economy of Organized Crime: Providing Protection when the State Does Not // Economics of Governance, 2001. 2 (3). P. 173–202.

Skaperdas, Syropoulos 1995 — Skaperdas S. and Syropoulos C. Gangs as Primitive States / In G. Fiorentini and S. Peltzman, eds. // The Economics of Organised Crime. Cambridge: Cambridge University Press, 1995. P. 61–82.

Slade 2007 — Slade G. The Threat of the Thief: Who Has Normative Influence in Georgian Society? — Dispatches // Global Crime, 2007. 8 (2). P. 172.

Slade 2011 — Slade G. The State on the Streets: The Changing Landscape of Policing in Georgia // Caucasian Analytical Digest № 26. Zurich: Center for Security Studies, 2011.

Slade 2012a — Slade G. Georgia's War on Crime: Creating Security in a Post-Revolutionary Context // European Security, 2012. 21:1. P. 37–56.

Slider 1997 — Slider D. Democratization in Georgia / In K. Dawisha and B. Parrot, eds. // Conflict, Cleavage and Change in Central Asia and the Caucasus. Cambridge: Cambridge University Press, 1997. P. 156–200.

Smith, Dwight 1976 — Smith Jr., Dwight C. Mafia, the Prototypical Alien Conspiracy // Annals of the American Academy of Political and Social Science 423 (Jan. 1976). P. 75–88.

Southerland, Potter 1993 — Southerland M. D. and Potter G. W. Applying Organization Theory to Organized Crime // Journal of Contemporary Criminal Justice, 1993. 9 (3). P. 251–267.

Sparrow 1991 — Sparrow M. K. The Application of Network Analysis to Criminal Intelligence: An Assessment of the Prospects // Social Networks, 1991. 13 (3). P. 251–274.

Spence 1973 — Spence M. Job Market Signaling // The Quarterly Journal of Economics, 1973. 87 (3). P. 355–374.

Stefes 2006 — Stefes C. Understanding Post-Soviet Transitions. New York: Palgrave, 2006.

Sterling 1994 — Sterling C. Thieves' World: The Threat of the New Global Network of Organized Crime. New York: Simon & Shuster, 1994.

Suny 1994 — Suny R. The Making of the Georgian Nation. Bloomington: Indiana University Press, 1994.

Tangiashvili, Slade 2014 — Tangiashvili N. and Slade G. Zero Tolerance Schooling: Education Policy, Crime and Democracy in Georgia // Post-Soviet Affairs, 2014. 30 (5). P. 416–440.

Tevzadze без даты — Tevzadze G., n. d. Thieves-in-Law: New Facts for the History of Social Control. Unpublished article.

Thompson 2003 — Thompson G. Between Hierarchies and Markets: The Logic and Limits of Network Forms of Organization. Oxford: Oxford University Press, 2003.

Thorelli 1986 — Thorelli H. B. Networks: Between Markets and Hierarchies // Strategic Management Journal, 1986. 7 (1). P. 37–51.

Tilly 2005 — Tilly C. Trust and Rule. Cambridge: Cambridge University Press, 2005.

Treml 1992 — Treml V. A Study of Labor Inputs into the Second Economy of the USSR // Berkeley-Duke Occasional Papers on the Second Economy in the USSR, Issue # 33. Bala Cynwyd, PA: WEFA Group, 1992.

Varese 1994 — Varese F. Is Sicily the Future of Russia? Private Protection and the Rise of the Russian Mafia // European Journal of Sociology / Archives Européennes De Sociologie, 1994. 35 (02). P. 224–258.

Varese 2001 — Varese F. The Russian Mafia: Private Protection in a New Market Economy. Oxford: Oxford University Press, 2001.

Varese 2006 — Varese F. The Secret History of Japanese Cinema: The Yakuza movies // Global Crime, 2006. 7 (1). P. 105.

Varese 2010 — Varese F. What is Organized Crime? // Organized Crime (Critical Concepts in Criminology). Vol. 1. 1st edn. New York: Routledge, 2010.

Varese 2011 — Varese F. Mafias on the Move: How Organized Crime Conquers New Territories. Princeton: Princeton University Press, 2011.

Vigna 2006 — Vigna P. L. Fighting Organized Crime, with Particular Reference to Mafia Crimes in Italy // Journal of International Criminal Justice, 2006. Vol. 4 (3). P. 522–527.

Volkov 1999 — Volkov V. Violent Entrepreneurship in Post-Communist Russia // Europe-Asia Studies, 1999. 51 (5). P. 741–754.

Volkov 2002 — Volkov V. Violent Entrepreneurs: The Use of Force in the Making of Russian Capitalism. Ithaca: Cornell University Press, 2002.

Weber 1992 — Weber M. Economy and Society. New edn. Berkeley: University of California Press, 1992.

Wheatley 2005 — Wheatley J. Georgia from National Awakening to Rose Revolution: Delayed Transition in the Former Soviet Union. Ashgate Publishing Ltd., 2005.

Whimster 2003 — Whimster S. The Essential Weber: A Reader. 1st edn. New York: Routledge, 2003.

Williams 1997 — Williams P. Russian Organized Crime. 1st edn. Routledge, 1997.

Williamson 1983 — Williamson O. E. Markets and Hierarchies: Analysis and Antitrust Implications. New edn. New York: Macmillan USA, 1983.

Woodiwiss, Hobbs 2009 — Woodiwiss M. and Hobbs D. Organized Evil and the Atlantic Alliance // British Journal of Criminology, 2009. 49 (1). P. 106–128.

Zhang, Chin 2003 — Zhang S. and Chin K.-L. The Declining Significance of Triad Societies in Transnational Perspective // British Journal of Criminology, 2003. 43. P. 469–488.

Zurcher 2006 — Zurcher C. Georgia's Time of Troubles 1989–1993. In Statehood and Security. Georgia After the Rose Revolution. Cambridge, Mass. American Academy of Arts and Sciences: MIT Press, 2006.

Репортажи журналистов

Ворособин 2006 — Ворособин В., 2006. Тбилисские «авторитеты» выдавили из столицы чеченцев // Комсомольская правда. URL: http://www.kp.ru/daily/23786/58340/ (дата обращения: 17.08.2010).

Гондусов 2009 — Гондусов В., 2009. Воры пилят бюджет Олимпиады в Сочи // Московская правда. URL: http://www.compromat.ru/page_28358.htm (дата обращения: 17.08.2010).

Данилкин 2006 — Данилкин А., 2006. Апельсины из страны мандаринов // Труд. URL: http://www.trud.ru/article/14–06–2006/104902_apelsiny_iz_strany_mandarinov/print (дата обращения: 09.08.2010).

Дятликович 2007 — Дятликович В., 2007. Воры и виноградная лоза // Эксперт. URL: http://www.expert.ru/printissues/russian_reporter/2007/22/news_vory_i_vinogradnaya_loza/ (дата обращения: 14.04.2021).

Емсльянов 2006 — Емельянов А., 2006. Грузинские воры делят Украину по просьбе России? // Профиль (11). URL: http://ura-inform.com/ru/politics/2006/04/09/gruzija (дата обращения: 26.08.2013).

Калинин 2001 — Калинин О., 2001. Грузинская мафия. URL: http://www.aferizm.ru/criminal/ops/ops_gryzia.htm (дата обращения: 09.08.2010).

Козырев, Павлова 2009 — Козырев М., Павлова О., 2009. «Лукойл» и трудности перевода. Крупнейшая частная нефтяная компания России никак не может пробиться на рынок Испании. При чем здесь «русская мафия»? // Forbes Russia. URL: http://www.forbes.ru/forbes/issue/2009–04/6895-%c2%ablukoil%c2%bb-i-trudnosti-perevoda (дата обращения: 17.08.2010).

Корчинский 2008 — Корчинский А., 2008. Вор в законе Антимоз: в мире нас всего 700 человек // Сегодня. URL: http://primecrime.ru/news/2008–05–22_3779 (дата обращения: 12.05.2013).

Крутер, Насыров 2009 — Крутер М. и Насыров Е., 2009. Адвокат Япончика: «Иванькова убили из-за Олимпиады в Сочи» // gzt.ru. URL: http://www.gzt.ru/topnews/accidents/265762.html (дата обращения: 17.08.2010).

Модестов 2008 — Модестов Н., 2008. Кто есть вор в законе и какие у него функции в государстве? // Вечерняя Москва. URL: https://vm.ru/news/44030-kto-est-vor-v-zakone-i-kakie-u-nego-funkcii-v-gosudarstve (дата обращения: 14.04.2021).

Насыров 2009 — Насыров Е., 2009. Смерть Япончика грозит глобальной войной воров в законе // gzt.ru. URL: http://www.gzt.ru/topnews/accidents/265707.html (дата обращения: 17.08.2010).

Никулина 1999 — Никулина Н., 1999. Корона уголовника за 300 тысяч долларов // Слово. URL: http://dlib.eastview.com/searchresults/article.jsp?art=17&id=2108809 (дата обращения: 12.12.2011).

Новиков 2003 — Новиков В., 2003. Тбилисские зеки готовились к войне [Tbilisi prisoners were preparing for war] // Коммерсант. № 2615, 27.01.2003. Москва.

Родкин 2006 — Родкин А., 2006. Кто такие грузинские «воры в законе»? // Комсомольская правда. 26 октября.

Тарабин 2003 — Тарабин А., 2003. Короли преступного мира. Кто ты, вор в законе? // Московская правда.

Утицин 2006 — Утицин О., 2006. Кремль дал команду покончить с грузинской мафией // Аргументы недели.

Anjaparidze 2006 — Anjaparidze Z., 2006. Protests, Accusations and Riots Shake Georgia // The Jamestown Foundation. URL: http://www.jamestown.org/single/?no_cache=1&tx_ttnews%5Btt_news%5D=31541 (дата обращения: 09.08.2010).

Basilaia 2004а — Basilaia L., 2004. Georgians Following Italian Mafia by the Tracks: Italian and Georgian Methods of Forfeiture of Illegal Property // Axali Versia.

Basilaia 2004б — Basilaia L., 2004. In the Epicenter of Italian Mafia: Italian Law Enforcers Shared their Experience with their Georgian Colleagues // Axali Versia.

Crawford 2010 — Crawford D., 2010. Crime Group Funded Anti-Georgia Rallies, Report Says — WSJ.com // Wall Street Journal. URL: http://online.

wsj.com/article/SB10001424052748704699604575343000053285786.
html#printMode (дата обращения: 11.08.2010).

Devdariani 2003 — Devdariani J., 2003. Barbs Over Kidnapping Reach
Dangerous Pitch in Georgia // EurasiaNet.org. URL: http://www.eurasi-
anet.org/departments/insight/articles/eav062303.shtml (дата обращения:
08.07.2010).

DiPuppo 2006 — DiPuppo L., 2006. Georgia's War on the Criminal
World: Is the State's Arm Long Enough? // Caucaz.com. URL: http://www.
caucaz.com/home_eng/breve_contenu.php?id=232 (дата обращения:
11.08.2010).

Edilashvili 2006 — Edilashvili M., 2006. Georgian Jurisdiction Restored
in Abkhazia's Kodori Gorge. URL: http://www.geotimes.ge/index.php/?m=
home&newsid=1131 (дата обращения: 09.08.2010).

Galeotti 2009 — Galeotti M., 2009. Hard Times For Russia's Crime Bosses //
Radio Free Europe/Radio Liberty. URL: http://www.rferl.org/content/
Hard_Times_For_Russias_Crime_Bosses/1851617.html (дата обращения:
17.08.2010).

Galeotti 2010 — Galeotti M., 2010. Russia's Gangsters With Convictions //
Radio Free Europe/Radio Liberty. URL: http://www.rferl.org/content/Rus-
sias_Gangsters_With_Convictions/2118249.html (дата обращения:
04.08.2010).

Galeotti 2013 — Galeotti M., 2013. Ded Dead. The Assassination of Russian Crime Boss Aslan Usoyan (Ded Hasan) // In Moscow's Shadows. URL:
http://inmoscowsshadows.wordpress.com/2013/01/16/ded-dead-theassas-
sination-of-russian-crime-boss-aslan-usoyan-ded-khasan/ (дата обращения: 26.08.2013).

Gawinek 2010 — Gawinek M., 2010. It is a Men's Concept: the Legacy of
the Thieves-in-Law in Georgia // The Georgian Times. URL: http://www.geo-
times.ge/index.php?m=home&newsid=2064 (дата обращения: 08.07.2010).

Gerzmava 2007 — Gerzmava N. et al., 2007. New Crime Crackdown:
Spectacular Confiscations of Property Belonging to Alleged Criminal King-
pins // Institute of War and Peace Reporting.

Glinsky 2009 — Glinsky Y., 2009. Interview: On the State of Organized
Crime in Russia // Radio Free Europe/Radio Liberty. URL: http://www.rferl.
org/content/Interview_On_The_State_Of_Organized_Crime_In_Rus-
sia/1851746.html (дата обращения: 17.08.2010).

Kokhodze 2006 — Kokhodze G., 2006. Bride Theft Rampant in Southern
Georgia // Institute of War and Peace Reporting. URL: http://iwpr.net/report-
news/bride-theft-rampant-southern-georgia (дата обращения: 17.08.2010).

Koridze 2009 — Koridze A. 2009. Export of Thieves-in-Law from Georgia Goes On // Georgia Times. URL: http://www.georgiatimes.info/en/articles/ 20380–1.html (дата обращения: 10.05.2013).

Lomsadze 2002 — Lomsadze G., 2002. Georgian Kidnapping: A Deadly Trend // Institute of War and Peace Reporting. URL: http://iwpr.net/report-news/georgian-kidnapping-deadly-trend (дата обращения: 26.08.2013).

Mamiashvili 2006 — Mamiashvili F., 2006. Georgia's Resilient Mafia // Institute of War and Peace Reporting. URL: http://iwpr.net/report-news/georgia% E2%80%99s-resilient-mafia (дата обращения: 20.08.2010).

Schwirtz 2008 — Schwirtz M., 2008. In a River Raid, a Glimpse of Russia's Criminal Elite // The New York Times. URL: http://www.nytimes.com/2008/ 07/30/world/europe/30russia.html?pagewanted=1&_r=2 (дата обращения: 17.08.2010).

Slade 2012б — Slade G., 2012. Georgia: The Politics of Punishment // Open Democracy. URL: http://www.opendemocracy.net/gavin-slade/georgiapolitics-of-punishment (дата обращения: 15.12.2012).

Slade 2012в — Slade G., 2012. Georgia's Prisons: Roots of Scandal // Open Democracy. URL: http://www.opendemocracy.net/gavin-slade/georgiaprisons-roots-of-scandal (дата обращения: 15.12.2012).

Информационные агентства

Грузия Online 2012 — Грузия Online, 2012. Вор в законе Шушанишвили готов отсидеть срок везде, кроме Грузии. URL: http://www.apsny. ge/2012/soc/1328308624.php (дата обращения: 15.12.2012).

Грузия Online 2012a — Грузия Online, 2012. МВД Грузии распространило компромат на «Грузинскую мечту». URL: http://www.apsny.ge/2012/ mil/1348687202.php (дата обращения: 15.12.2012).

GHN.ge 2012 — GHN.ge, 2012. Прокуратура Грузии обвинила экс-госминистра Гогу Хаиндрава в сговоре с «ворами в законе». URL: http:// www.rus.ghn.ge/news-23242.html (дата обращения: 15.12.2012).

Day.az 2007 — Day.az, 2007. Министр внутренних дел Грузии Вано Мерабишвили: В Грузии никогда не будет воров в законе. URL: http:// www.day.az/news/georgia/95959.html (дата обращения: 10.08.2010).

Интерпресс 2004 — Интерпресс, 2004. Вице-мэр Кутаиси считает акцию водителей управляемой преступниками. URL: http://primecrime. ru/news/2004–08–08_2291 (дата обращения: 17.08.2010).

ИТАР-ТАСС 2004 — ИТАР-ТАСС, 2004. Около 150 человек перекрыли автотрассу Тбилиси — Зугдиди недалеко от Кутаиси. URL: http://www. primecrime.ru/chronicle/2004/?type=other (дата обращения: 25.08.2010).

Коммерсантъ 2009 — Коммерсантъ, 2009. Вор в загоне. URL: http://www.kommersant.ru/doc-y.aspx?DocsID=1243661 (дата обращения: 09.08.2010).

Компромат 1999 — Компромат, 1999. Грузинская ОПГ. URL: http://www.compromat.ru/main/mafi amsk/gruziny.htm (дата обращения: 17.08.2010).

Криминальная 2008а — Криминальная, 2008. В Москве задержан «ворович» Шалва Хучуа. URL: http://criminalnaya.ru/news/2008–04–08–6603 (дата обращения: 17.08.2010).

Криминальная 2008б — Криминальная, 2008. В Подмосковье органы с помощью вертолета настигли корабль с грузинскими «авторитетами»: задержаны около полусотни «воров в законе». URL: http://criminalnaya.ru/news/2008–07–09–5567 (дата обращения: 17.08.2010).

Криминальная 2008в — Криминальная, 2008. Подарки от Деда Хасана ко дню милиции. В Москве «короновано» сразу 10 воров в законе. URL: http://criminalnaya. ru/news/2008–11–10–7757 (дата обращения: 19.08.2010).

Криминальная 2010 — Криминальная, 2010. Прокурор попросил для Тариэла Ониани 15 лет. URL: http://criminalnaya.ru/news/prokuror_poprosil_dlja_tariela_oniani_15_let_foto/2010–07–04–15849 (дата обращения: 08.07.2010).

Лента 2006 — Лента, 2006. В Грузии поймали всех «воров в законе». URL: http://lenta.ru/news/2006/04/11/eliminate/ (дата обращения: 11.08.2010).

Лента 2007 — Лента, 2007. Преступность: В Западной Грузии задержали 18 «воров в законе». URL: http://lenta.ru/news/2007/10/25/kutaisi/ (дата обращения: 11.08.2010).

Новости Грузии 2004 — Новости Грузии, 2004. Глава МВД Грузии: Сотрудники полиции задержали у «генерального секретаря воров в законе». URL: http://www.novosti.ge/incidents/20040415/250089.html (дата обращения: 17.08.2010).

Полит.ру 2012 — Полит.ру, 2012. В Грузии вора в законе «короновали» через скайп. URL: http://polit.ru/news/2012/09/26/vory/ (дата обращения: 15.12.2012).

Прайм Крайм 2005 — Прайм Крайм, 2005. Тюрьмами и колониями управляют воры в законе. URL: http://www.primecrime.ru/news/2005–06–14_2884 (дата обращения 27.08.2021).

Прайм Крайм 2006 — Прайм Крайм, 2006. Среди задержанных в Грузии авторитетов нет ни одного коронованного «вора в законе»:

стали известны фамилии криминальных авторитетов, подозреваемых в принадлежности к воровскому миру. URL: http://www.primecrime.ru/news/2006–12–21_3287 (дата обращения: 15.12.2012).

Прайм Крайм 2007 — Прайм Крайм, 2007. Вор в законе пролил чужую кровь при сборе общака. URL: http://russianmafi aboss.com/print/ 3381/ (дата обращения: 16.08.2010).

Прайм Крайм 2008а — Прайм Крайм, 2008. Осужденный «вор в законе» Сумбат Абасов переведен со строгого режима на тюремный. URL: http://www.primecrime.ru/news/2008–05–22_3780 (дата обращения: 19.08.2010).

Прайм Крайм 2008б — Прайм Крайм, 2008. Оревуар, Шушана. URL: http://www.primecrime.ru/news/2008–09–22_3909 (дата обращения: 19.08.2010).

Регнум 2005а — Регнум, 2005а. Тюремный бунт в Грузии: заключенные требуют «смотрящих» и сотовые телефоны. URL: http://www.regnum.ru/news/georgia/564462.html (дата обращения: 11.08.2010).

Регнум 2005б — Регнум, 2005. 8 тысяч грузинских заключенных объявили голодовку: воровских законов в тюрьмах не будет? URL: http://www.regnum.ru/news/accidents/565627.html (дата обращения: 11.08.2010).

Росбалт 2010 — Росбалт, 2010. Вор в законе Ониани сел на 10 за $20 тысяч. URL: http://www.rosbalt.ru/2010/07/19/754940.html (дата обращения: 17.08.2010).

Русский Newsweek 2009 — Русский Newsweek, 2009. Царь-дедушка. У российского криминалитета появился крестный отец. Доступно по адресу: < http://www.runewsweek.ru/economics/31200/ > [дата обращения: 17.08.2010].

BBC 2010 — BBC, 2010. Georgian Mafi a Suspects Arrested in Six Countries. URL: http://news.bbc.co.uk/1/hi/8567653.stm (дата обращения: 11.01.2010).

Civil Georgia 2004 — Civil Georgia, 2004. Saakashvili Wants New Chief Prosecutor, Vows to Crackdown on Criminals. URL: http://civil.ge/eng/article.php?id=6000&search=rose%20revolution (дата обращения: 11.08.2010).

Civil Georgia 2006 — Civil Georgia, 2006. Inmates Die in Tbilisi Prison Riot. URL: http://www.civil.ge/eng/article.php?id=12177 (дата обращения: 09.08.2010).

Civil Georgia 2009 — Civil Georgia, 2009. Senior MP Claims Russian Link to Mukhrovani Mutiny. URL: http://www.civil.ge/eng/article.php?id=20974 (дата обращения: 11.08.2010).

Civil Georgia 2012 — Civil Georgia, 2012. In Televised Address President Appeals for Unity. URL: http://www.civil.ge/eng/article.php?id=25211 (дата обращения: 26.08.2013).

Georgian Times 2008 — Georgian Times, 2008. The Members of the Thieves' World have been Detained. URL: http://www.geotimes.ge/index.php?m =home&newsid=14354 (дата обращения: 11.08.2010).

The Guardian 2010 — The Guardian, 2010. US Embassy Cables: Russia is a Virtual 'Mafia State' Says Spanish Investigator. URL: http://www.guardian.co.uk/world/us-embassy-cables-documents/247712 (дата обращения: 11.01.2011).

Interpress 2010 — Interpress, 2010. Law-Enforcers Detain Footballer Giorgi Demetradze. URL: http://new.interpressnews.ge/en/justice/19030-lawenforcers-detain-footballer-giorgi-demetradze.html (дата обращения: 11.08.2010).

The Messenger 2009 — The Messenger, 2009. 'Meeting Place-Ukraine. URL: http://www.messenger.com.ge/issues/1824_march_30_2009/1824_mzia_bitz.html (дата обращения: 11.08.2010).

Oxford Analytica Ltd 2010 — Oxford Analytica Ltd, 2010. Georgia/Europe: Coordinated Police Action Deters OC. URL: http://www.oxan.com/display.aspx?ItemID=DB159380 (дата обращения: 09.08.2010).

Список интервью

Респондент	Положение	Место	Дата
R1	Безработный; связи с криминальными «авторитетами»	Тбилиси	09.05.08
R2	Бывший майор полиции и следователь по уголовным делам	Кутаиси	21.05.08
R3	Советник по программе тюремной реформы, Министерство юстиции	Тбилиси	25.05.08
R4	Работник прокуратуры	Тбилиси	25.05.08
R5	Преподаватель; инструктор полицейской академии	Тбилиси	27.05.08
R6	Преподаватель; директор НПО, имеющего дело с преступностью	Тбилиси	30.05.08
R7	Начальник отдела аналитики и разведки МВД	Тбилиси	31.05.08 и 08.06.12
R8	Преподаватель; активист НПО по программе «Культура законности»	Тбилиси	03.06.08
R9	Глава ПБОП в ДОЗ, МВД	Тбилиси	04.06.08
R10	Главный следователь по уголовным делам ПБОП в ДОЗ, МВД	Тбилиси	04.06.08

Респондент	Положение	Место	Дата
R11	Бывший полицейский	Тбилиси	04.06.08
R12	Помощник директора Криминальной полиции, МВД	Тбилиси	05.06.08
R13	Глава Центральной администрации	Тбилиси	05.06.08
R14	Директор проекта «Безопасные школы», МО	Тбилиси	10.06.08
R15	Преподаватель; бывший сотрудник полиции и парламентарий	Тбилиси	11.06.08
R16	Журналист; бывший телохранитель	Тбилиси	11.03.09
R17	Профессор права	Тбилиси	19.03.09
R18	Безработный; связи с криминальными «авторитетами»	Тбилиси	26.03.09
R19	Адвокат защиты; бывший прокурор Кутаиси	Тбилиси	07.04.09
R20	Работник НПО по реформе пенитенциарной системы; бывший работник тюрьмы	Тбилиси	08.04.09
R21	Бывший начальник тюрьмы	Тбилиси	14.04.09
R22	Полицейский	Зугдиди	20.04.09
R23	Преподаватель	Кутаиси	04.05.09
R24	Начальник тюрьмы	Хони	27.04.09

Респондент	Положение	Место	Дата
R25	Бывший глава администрации тюрьмы Гегути	Кутаиси	27.04.09
R26	Начальник тюрьмы	Гегути	28.04.09
R27	Начальник тюрьмы	Кутаиси	28.04.09
R28	Начальник тюрьмы	Зугдиди	29.04.09
R29	Начальник Кутаисского ПБОП в ДОЗ, МВД	Кутаиси	30.04.09
R30	Глава прокуратуры г. Кутаиси	Кутаиси	01.05.09
R31	Начальник криминальной полиции города Кутаиси	Кутаиси	01.05.09
R32	Следователь по уголовным делам	Кутаиси	01.05.09
R33	Бывший судья	Кутаиси	03.05.09
R34	Заместитель директора школы	Кутаиси	04.05.09
R35	Директор школы	Кутаиси	05.05.09
R36	Губернатор Имеретинского региона	Кутаиси	06.05.09
R37	Директор школы	Кутаиси	07.05.09
R38	Адвокат в НПО правовой помощи	Кутаиси	07.05.09
R39	Известный журналист	Тбилиси	20.05.09
R40	Адвокат защиты; бывший политзаключенный	Тбилиси	28.05.09

Респондент	Положение	Место	Дата
R41	Бывший президент	Тбилиси	01.06.09
R42	Советник начальника тюремного управления	Тбилиси	02.06.09
R43	Омбудсмен	Тбилиси	04.06.09
R44	Бывший прокурор, разработал законопроект о борьбе с мафией	Тбилиси	05.06.09
R45	Советник миссии ЕС «СПРАВЕДЛИВАЯ ФЕМИДА» в 2004 году	Тбилиси	02.05.11
R46	Заместитель министра образования	Тбилиси	06.06.11
R47	Руководитель проекта правовой социализации, проект «Гармония»	Тбилиси	08.06.11
R48	Директор НПО Международная пенитенциарная реформа, южно-кавказский офис	Тбилиси	09.06.11
R49	Глава администрации, Министерство юстиции	Тбилиси	05.07.11
R50	Директор Полицейской академии	Тбилиси	09.06.12
R51	Архитектор; бывший заключенный, осужден по делу, связанному с ворами в законе	Тбилиси	16.06.12

Список рисунков и таблиц

Рисунки

Рис. 3.1. Распределение предприятий, рэкетируемых определенными ворами в законе, по секторам экономики и количеству.

Рис. 4.1. Плакат в центре Тбилиси, посвященный 6-й годовщине «революции роз», ноябрь 2009 года. На плакате над фотографиями арестованных криминальных авторитетов написано «Обещания выполнены: Грузия без воров в законе». Тариэл Ониани изображен в центре плаката за решеткой, хотя на самом деле на фото он находится в России.

Рис. 4.2. Дом вора в законе в городе Телави на востоке Грузии. Дом был конфискован государством и превращен в полицейский участок.

Рис. 4.3. Мемориал полицейским, погибшим в борьбе с организованной преступностью, Кутаиси, Грузия.

Рис. 5.1. Структура воровского мира за пределами тюрьмы.

Рис. 5.2. Регионы Грузии и количество воров в законе в каждом из них.

Рис. 6.1. Число воров в законе, убитых в 1988–2009 годах.

Рис. 8.1. Отношение к ворам в законе в 2004–2007 годах.

Рис. 8.2. Церковь на реке Риони якобы построена на деньги местных воров в законе, Кутаиси, Грузия.

Рис. 8.3. Дом Гии Звиададзе, вора в законе из Кутаиси, выделяется на фоне других построек в этом районе. Говорят, что дым из трубы идет, когда коронуют нового вора, подражая Ватикану. Вероятно, это легенда, но местные жители любят ее рассказывать.

Рис. 8.4. Дом, ранее принадлежавший Гии Кварацхелия, вору в законе, который контролировал город Цаленджиха в Западной Грузии. Дом с площадкой для вертолета и бассейном был передан церкви до того, как был конфискован государством в 2007 году.

Таблицы

Предметно-именной указатель[1]

---

[1] Ссылки, такие как «178–179», указывают на обсуждение темы (не обязательно непрерывное) на разных страницах. Там, где это возможно, в случаях тем с большим количеством ссылок они либо были разделены на подтемы, либо приводятся только наиболее важные обсуждения темы. Поскольку вся работа посвящена «Грузии» и «мафии», использование этих терминов (и некоторых других, которые постоянно встречаются на протяжении всей книги) в качестве основания для вхождения в индекс было сведено к минимуму. Информацию можно найти в соответствующих подробных разделах.

Содержание

Научное издание

Гэвин Слейд
РЕОРГАНИЗОВАННАЯ ПРЕСТУПНОСТЬ
Мафия и антимафия в постсоветской Грузии

Директор издательства *И. В. Немировский*
Заведующий редакцией *М. Вальдеррама*

Ответственный редактор *И. Знаешева*
Дизайн *И. Граве*
Редактор *А. Тюрин*
Корректоры *А. Филимонова, А. Нотик*
Верстка *Е. Падалки*

Подписано в печать 23.09.2021.
Формат издания 60 × 90 $^1/_{16}$. Усл. печ. л. 19,0.
Тираж 500 экз.

Academic Studies Press
1577 Beacon Street, Brookline, MA 02446 USA
https://www.academicstudiespress.com

ООО «Библиороссика».
190005, Санкт-Петербург, 7-я Красноармейская ул., д. 25а

Эксклюзивные дистрибьюторы:
ООО «Караван»
ООО «КНИЖНЫЙ КЛУБ 36.6»
http://www.club366.ru
Тел./факс: 8(495)9264544
email: club366@club366.ru

Книги издательства можно купить
в интернет-магазине: www.bibliorossicapress.com
e-mail: sales@bibliorossicapress.ru

12+

www.ingramcontent.com/pod-product-compliance
Lightning Source LLC
Chambersburg PA
CBHW070401100426
42812CB00005B/1594